壹、書　影

圖一：柳宗元像（見聖賢畫冊）

圖二：柳宗元像（見晚笑堂畫傳）

圖三：柳子厚像（今人孫多慈教授繪）

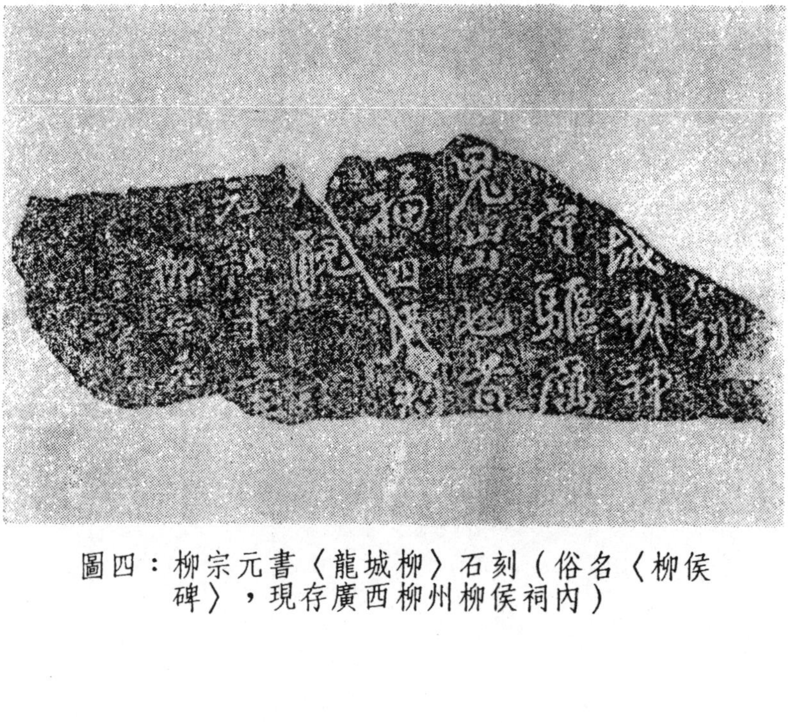

圖四：柳宗元書〈龍城柳〉石刻（俗名〈柳侯碑〉，現存廣西柳州柳侯祠內）

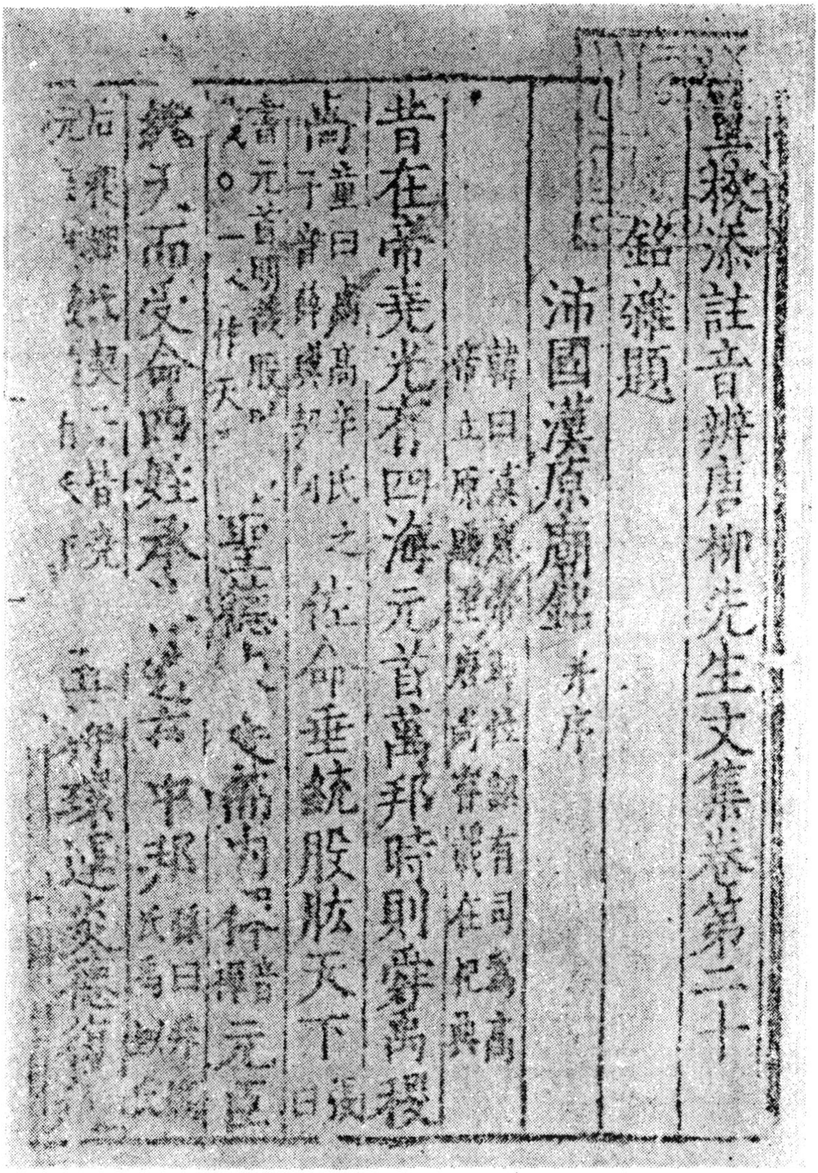

圖五：宋刻鄭定本《重校添註音辨唐柳先生文集》（現藏臺灣國立中央圖書館）

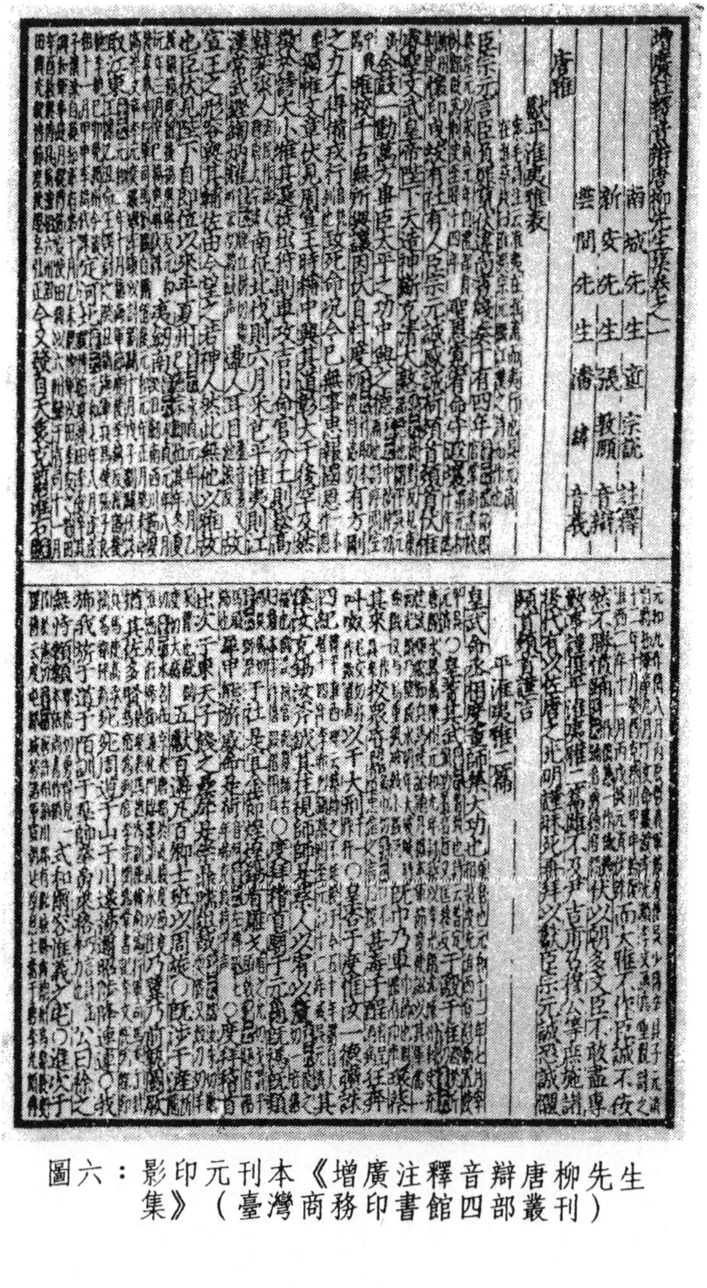
增廣注釋音辯唐柳先生集卷之一

南城先生童宗說註釋

新安先生張敦頤音辯

雲間先生潘緯音義

唐雅

獻平淮夷雅表

平淮夷雅二篇

圖六：影印元刊本《增廣注釋音辯唐柳先生集》（臺灣商務印書館四部叢刊）

貳、序例

一、柳宗元是唐代傑出的文學家和思想家。雖然在永貞革新中，坐王叔文牽連而貶謫永州；但當他待罪南荒的十多年間，由於政治的桎梏和精神的壓抑，使他在感懷身世之餘，將滿腔悲憤，盡化爲血淚交織的作品。並投入古文運動行列，與昌黎韓愈並成文壇雙星。對中國散文發展和創作，起著重要作用。爲了振興古代優秀散文，作爲當前寫作的借鏡，故有《柳宗元散文研讀》之撰。

二、柳宗元在短短四十七年的人生歲月裡，留下了五百多篇散文；除去部分例行公事和應景的表啓碑銘外，一般而言，最具代表性的作品莫過於議論、傳記、遊記、寓言等，爲了眞實反映柳宗元散文成就的眞象，本書在選讀方面，議論文選五篇，傳記文三篇，遊記文十篇，寓言文四篇，共得二十二篇。這和他五百多篇散文的總數相較，雖然懸殊甚遠，但讀者如能以此作爲觀瀾索源的基礎，進而索其神，通其微，自不難得柳氏之門而升堂入室。

三、柳宗元出身世家大族，自幼得母親盧太夫人的教誨，十三歲卽以一篇〈爲崔中丞賀平李懷光表〉嶄露才華，迨後第博學宏詞科，參與王叔文的永貞革新。不意，正春風得意之時，而有「二王八司馬事件」之變。但他不因事與願違而心灰意懶，往往藉書札傳情，假山水寄意，在那峻潔、峭麗、靈動、多變的作品裡，隱含著一股沈鬱、孤獨、憤激、淒清的志節。本書〈導言〉的內容，包括柳宗元的家世、生平、思想，與古文運動的關係、文學主張、散文藝術、散文成就，以及韓柳兩家在散文造詣上的比較。期能使讀者藉著知人論世，達成知世論文的學習效果。

四、文前列書影數幀，前三幅爲柳宗元像，皆出自古今名家，柳宗元書〈龍城柳〉石刻，現存廣西柳州柳侯祠內，殘碑斷塹，得來不易；惟柳氏自詡能書，今傳於世者絕少見。至於柳先生文集，在臺可見者有多種，玆錄宋刻鄭定本和影印元刊本兩種書影，以饗讀者。讀其書，思其爲人，亦感發興起的一助。

五、書末附錄有五：爲補充〈導言〉中所述柳宗元家世與生平的語焉不詳，並參酌實際需要，首附〈柳宗元簡譜〉。又古今學者爲柳宗元立傳者頗不乏人；惟以當時之人，論當世之事，最是眞切近實，於是轉錄兩唐書〈柳宗元傳〉及各家祭文，因而有附錄二、附錄三之設。柳宗元以文章名天下，遺書託劉禹錫、韓愈代爲整理編輯；但經過五代的亂離，墳籍散落，百家陵夷，柳先生文集的全貌，已屬難見。幸兩宋學者於倡導古文的同時，起而收拾殘編，廣輯佚文，從事注釋音辯者，頗不乏人。於是設〈柳宗元文集敍錄〉，以彰顯柳文成書的來龍去脈。時至今日，柳氏已成馳名中外的文學家，從事研究又有著作行世的，難可屈指。於是分門別類，加以甄擇，而有附錄五〈研究柳宗元散文參考資料類列〉之目。

六、本書選錄的柳宗元二十二篇作品，雖係參酌各家版本，但在是非難定之際，則取決於臺灣河洛圖書出版社所印「夏學叢書」之一的《柳河東全集》。此書除音、校、注釋完備外，前有集評，後附年譜，文清字爽，信勝坊間俗本甚多。

七、本書既為初習柳文者而設，故於注釋文字力求簡明詳實；如非確有必要，則只標出處，不出原典，以免因為資料煩重，通讀困難，影響學者的情緒。

八、「題解」與「賞析」，為本書選讀柳文的主體部分。題解係據題解義，或說明主旨，或解析體裁，或考證寫作時間，或明辨章法布局。至於賞析，大致是化用劉勰《文心雕龍》「將閱文情，先標六觀」之法，從布局、修辭、通變、語言、材料、聲調等方面，根據行文方便，或增或減，形式容或不同，精神並無二致。惟柳氏的文學造詣，具有一定的高度，想要賞析得恰如其分，頗為不易；讀者如能由實際生發，勿故意求深，則本書之「題解」與「賞析」，定可善盡導引的功能。

九、正文之上加有細注，旨在以言簡意賅的文字，說明當段大意，絕無是非得失之見存乎其間。此與明清學者的眉批或評點，以印象方式，作主觀的論斷者有所不同。

十、本書的編著，曾參考並汲取前賢今人研究的成果，有的在行文時已注明出處；有的為了實際需要，曾作適度的改寫。在此表示衷心的感謝。至於因為編著者的見淺識拙，手法粗疏，所造成的缺點和錯誤，更竭誠歡迎同好諸君批評指正。

王更生　書於民國八十三年六月五日
大陸來臺之第四十五年也。

叁　導　言

一、柳宗元的家世與生平

柳宗元是中唐時期傑出的思想家、政治家和文學家，在唐代古文運動中的地位，僅次於韓愈，他以自己特色獨具的散文創作，爲中唐的古文運動、爲中國古代散文的發展，作出了傑出貢獻。

(一) 家庭世系

柳宗元（七七三—八一九）字子厚，祖籍河東解縣（今山西省運城縣）。他在〈送獨孤申叔侍親往河東序〉中說：「河東，古吾土也。」又自稱「河東解人」，故世稱柳河東。後曾遷居吳縣（今江蘇省蘇州）。因其祖上世代爲官，早已離開原籍，連祖墳都已遷到長安萬年縣（今陝西省臨潼縣東），而柳宗元卻出生長安，並在長安長大。

柳宗元曾伯祖柳奭以上，四世爲宰相。但在柳奭爲相時，與褚遂良、韓瑗、長孫無忌等人，因王皇后事得罪武則天而被處死，此後，柳氏即從皇親貴戚的地位降爲中低級官員。他的曾祖父柳從裕，祖父柳察躬，都只做過縣令一類的小官。父親柳鎮，舉明經，唐玄宗天寶末年曾任太常博士。安史之亂爆發時，奉其母避難於王屋山。亂稍平，又携家逃往吳縣，生活困頓，全家飽嘗了戰亂之苦。柳鎮是一個有濟世才能的人物，肅宗起兵討伐安史叛軍時，柳鎭曾多次上書言事，後在郭子儀部下任左衞率府兵曹參軍。郭子儀任朔方節度使，柳鎭又充任節度推官、掌書記等職。此後又歷任晉州（今山西省臨汾縣東北）錄事參軍、長安主簿、宣城（今安徽省宣城縣）令、閿鄉（今河南省靈寶縣）令、鄂岳沔都團練判官等職，因軍功升任殿中侍御史。柳鎭爲人正直，不畏權奸。在任晉州錄事參軍時，刺史是個凶悍嗜殺的武夫，柳鎭常對其暴行據理力爭，並寫詩爲文加以抨擊。任殿中侍御史後，又因平反寃案得罪宰相竇參，被貶爲夔州（今四川省奉節縣東）司馬，直到貞元八年（七九二），竇參被貶死，柳鎭才沉寃昭雪，官復原職，但在第二年就因病辭世了。母親盧氏，出身於涿郡范陽的世家大族，頗有文化教養，所以柳宗元兒時的文化知識主要是由她傳授的。

(二) 生平事迹

柳宗元聰穎過人，勤奮好學，四歲就能背誦古代辭賦。其父任鄂岳沔都團練判官時，長安附近成了軍閥混戰的戰場，爲了避亂，柳宗元到其父任職的夏口（今湖北省武昌縣），曾隨父到過湖北、湖南、江西等地，不但目睹了安史之亂後社會的動盪不安，而且飽嘗了藩鎭割據的戰火，這對十三歲的柳宗元來說，是一次認識社會，增長閱歷，學習知識，開拓胸襟的好機會。從這時起，柳宗元開始了他的社交活動，交結朋友，並已小有文名，他撰的〈爲崔中丞賀平李懷光表〉，便表達了反對藩鎭割據，希望國家統一的思想。才華初露的少年，受到了人們的重視。也就在此時，柳宗元與禮部郎中楊憑的女兒訂了婚。

貞元三年（七八七），柳宗元的伯祖父柳渾爲兵部侍郎同中書門下平章事。次年，柳鎭入朝爲侍御史，柳宗元隨父回到長安，時年十六。雖然不久柳鎭因觸犯權奸竇參被貶官，但他那種「守正爲心，疾惡不懼」的精神，使柳宗元深受影響。

柳宗元因爲受到家庭的影響，從小就選定了讀書作官的人生之路。因此，他早年便在詩、賦、駢文上下功夫，準備應試。但才華橫溢的柳宗元在入仕的道路上並不十分順暢。他從十七歲到二十歲，曾幾次求鄉里保舉爲「鄉貢」，但因其父得罪竇參被貶而未獲成功，直到二十歲時，父冤昭雪，他才被舉爲「鄉貢」，次年入試，中進士。但不久，其父病逝，柳宗元要爲其父守喪三年，而這三年期間他既不能參加吏部的制科考試，也不能自謀其他出路。於是就利用這三年時間，去看望在邠寧節度使府中任職的叔父柳縝。這期間，他廣泛地考察了西北邊防形勢，接觸不少老校、退卒和平民百姓，了解當地已故之循吏逸事，加深了他對社會生活各方面的認知，突破了他原來狹小的生活格局，對當時社會上存在的各種弊端和人民的苦難，有了更清晰的了解。

貞元十二年（七九六），柳宗元服喪期滿，出任秘書省校書郎，並與楊氏結婚。同年，參加吏部博學宏詞科考試，未中。

貞元十四年，二十六歲的柳宗元，中博學宏詞科，被調爲集賢殿書院正字，從此正式步入仕途。集賢殿正字的職務與校書郎略同，主要是掌管編輯出版經籍，和搜集整理散佚的圖書、文獻資料。此一工作，使他有機會博覽羣書，廣泛接觸前代的文獻，開闊了視野，豐富了知識，使他有更多的機會考慮國家的盛衰得失。同時，也使他有機會接觸朝廷大臣，了解官場情況。這時的柳宗元，以其過人的才華脫穎而出，成爲京城中受人重視的人物，所謂：「俊傑廉悍，議論證據今古，出入經史百子，踔厲風發，率常屈其座人，名聲大振，一時皆慕與之交，諸公要人，爭欲令出我門下，交口薦譽之。」（韓愈〈柳子厚墓志銘〉）

貞元十五年（七九九），楊氏病逝，柳宗元十分悲痛，寫下了〈亡妻弘農楊氏志〉一文，以志悼念之情。

貞元十七年（八〇一），柳宗元被調補京兆府藍田縣尉（今陝西省藍田縣）。由於他文名遠播，被京兆尹韋夏卿留在府庭作文書工作，並未去藍田實際擔任縣尉。他仍居住長安，交結朋友，研究學問，同時，也進一步接觸到官場的黑暗與醜惡。後來他回憶這段生活時寫道：「及爲藍田尉，留府庭，旦暮走謁於大官堂下，與卒伍無別。居曹則俗吏滿前，更說買賣，商算贏縮。又二年爲此，度不能去，益學《老子》，和其光，同其塵，雖自以爲得，然已得號爲『輕薄人』矣。」（〈與楊誨之第二書〉）這種官場的閱歷，更加深他對當時吏治腐敗的認識。

貞元十九年，柳宗元調任監察御史里行（見習御史），與韓愈、劉禹錫同官，感情十分融洽。此一時期對他影響最大的，則是同王伾、王叔文、韋執誼等人結下的友誼。德宗是一個昏庸、貪婪、剛愎自用的人，當時社會政治十分黑暗。太子李誦對現實也頗爲不滿，力求變革。李誦的侍讀王伾、侍棋王叔文等就以李誦爲靠山，逐漸形成一個政治革新集團。由於思想接近的緣故，柳宗元和他們交往密切，在朝廷內部革新與保守的鬬爭中，他開始站到革新集團這一邊，並積極投入。

貞元二十一年（八〇五）正月，做了二十多年太子的李誦卽位，他力圖擺脫宦官、豪族的控制，重用王伾、王叔文、韋執誼等人進行改革。柳宗元和他的好友劉禹錫都積極支持改革，並很快成爲核心人物，柳宗元被任命爲禮部員外郎，爲禮部起草文件政令，掌管尙書表箋。這樣，以二王和柳、劉等爲核心的革新派就和以宦官、豪族、官僚爲代表的保守派，展開了尖銳激烈的政治鬪爭。

順宗從卽位的前一年起，就患中風病，不能親政，一切大權都交由二王、韋、柳等人掌握，於是引起宦官和保守派的不滿。永貞革新所推行的一系列主張，又都直接觸犯宦官和保守派的利益。在宦官和豪族官僚的聯合反對下，王叔文在同年五月卽被免除翰林學士之職，失去了到翰林院議政的機會；七月，宦官和豪族官僚又聯合請太子李純「監國」。貞元二十一年八月，改元爲永貞元年，八月五日，李誦被迫讓位於太子李純(憲宗)。這樣，革新集團就如曇花一現似的，很快的失去了強有力的政治支持，而遭到無情的鎭壓。

憲宗於八月五日卽位，六日，卽貶王叔文爲渝州（今四川省巴縣）司戶，王伾爲開州（今四川省開縣）司馬，王伾不久病死，王叔文次年被殺。九月，貶柳宗元爲邵州（今湖南省邵陽）刺史，十一月又加貶爲永州（今湖南省永州）司馬。同時，還有劉禹錫、韓泰、韓曄、韋執誼等七人被貶爲遠州的司馬，這就是歷史上所謂的二王八司馬事件。

被貶永州，不僅是對柳宗元政治上的沉重打擊，也是他生活、思想、創作上的一個重要轉折點。永州——爲一荒僻之地，司馬是個閑散之職，三十三歲的柳宗元開始了他「待罪南荒」的十年拘囚生活。他到永州半年，老母盧氏卽因不能適應南方生活而病故，這對柳宗元的精神又是一次沉重打擊。柳宗元在永州職務的全稱，是「永州司馬員外置同正員」。司馬已是「閑員」，現在又屬編外，其政治處境之艱難可想而知。被貶後，他的政敵們並未放鬆對他的攻擊和迫害。他在〈與蕭翰林俛書〉中說：「貶黜甚薄，不能塞衆人之怒。謗語轉侈，囂囂嗷嗷，漸成怪民。飾智求仕者，更詈僕以悅讎人之心，日爲新奇，務相喜可，自以速援引之路。而僕輩坐益困辱，萬罪橫生，不知其端。」政治上的失意，物質上的困乏，精神上的鬱悶，嚴重摧殘着他的健康。在永州只過了三、四年時間，他已經「百病所集，痞結伏積，不食自飽。或時寒熱，水火互至，內消肌骨，非獨瘴癘爲也。」（〈寄許京兆孟容書〉）「每聞人大言，則蹶氣震怖，撫心按膽，不能自止。」（〈與楊京兆憑書〉）但這一切並沒有使他放棄自己的政治思想，也沒能消磨他對政敵反擊的意志，更沒削弱他對社會問題的關心。他曾多次表示：「道苟直，雖死不可回也」。（〈與韓愈論史官書〉）「雖萬受擯棄，不更乎其內」。（〈答周君巢餌藥久壽書〉）他在此一時期，不但寫了很多論文闡述自己的政治理想、哲學思想，發表對社會上一系列重大問題的意見，而且還利用文學作品揭露社會弊端，抨擊自己的政敵。

柳宗元貶爲永州司馬，十年未遷。名是官吏，實爲囚徒。他曾寫過〈囚山賦〉一文，將永州的山看作囚禁自己的牢牆，眞實地反映了自己對生活的感受。他的政治理想無法實現，生活也頗爲窘迫。爲政治出路計，爲生活計，柳宗元曾迫不得已的向一些達官貴人投獻詩文以求提携。他不但給京兆尹許孟容寫信，陳述苦衷，表示希望再受朝廷重用，而且還給淮南節度使李吉甫，荆南節度使嚴綬，劍南節度使武元衡，山南東道節度使李夷簡等人投書，足見其無可奈何，不擇人而求的苦衷。

元和九年十二月，朝廷發布詔令，召「八司馬」中仍在貶所的柳宗元、劉禹錫、韓泰、韓曄、陳諫等人入京。柳宗元於元和十年正月接到詔命，一時悲喜交集，寫下了〈朗州竇常員外寄劉二十八詩見促行騎走筆酬贈〉一詩：「投荒垂一紀，新詔下荆扉。疑比莊周夢，情如蘇武歸。」從此，結束了永州十年的貶謫生活，回到了渴望已久的長安。

柳宗元以洗雪沉冤的勝利者姿態回到京城後，滿懷著「復起爲人」的熱望，但等待他的卻是一次新的政治打擊。當時雖有人主張重用永貞革新中的有才之士，但朝廷中的多數人對這些革新派人物懷有疑懼，竭力壓制他們。特別是唐憲宗李純和新任宰相武元衡，對他們都深懷舊恨。因此，他們返京不到一個月，就又被一次新的任命逐出了京城：柳宗元被任命爲柳州刺史，劉禹錫爲播州（今貴州省遵義）刺史，其時劉禹錫有八十多歲的老母相隨，柳宗元出於對劉禹錫的友情，上疏朝廷，請「以柳易播」，後得御史中丞裴度相助，劉禹錫改爲連州（今廣東省連縣）刺史。此事表現了柳宗元高尚的友情，也反映了朝廷內部對待革新派人物，手段上的嚴苛。

被貶柳州，使柳宗元深深認識到朝廷對自己的敵意和不信任，使他更感到政治前途渺茫。加之體弱多病，家境淒涼，心情十分抑鬱。柳州當時屬桂管經略使管轄，是一個極其荒僻落後，人煙稀少，毒蛇遍野，疾疫流行，社會動盪，民不聊生之地。但柳宗元出於一個知識份子的社會責任感，說出了「是豈不足爲政耶」的壯語，決心腳踏實地在這裡幹一番事業。這正是他「輔時及物」政治熱忱的具體表現，也是他忠於職守，爲民興利除弊的高尚情操。

到任後，他首先採取果斷措施，釋放奴婢，這是柳宗元在柳州的突出政績之一。柳州惡習：窮人借高利貸，無力償還，至利錢超過本金時，即被沒身爲奴婢。「子厚與設方計，悉令贖歸。其尤貧力不能者，令書其傭，足相當，則使歸其質。觀察使下其法於他州，比一歲，免而歸者且千人。」（韓愈〈柳子厚墓志銘〉）此法施行後，使許多奴隸重獲自由。這是柳宗元的一項德政，具有重大的進步意義。

其次，提倡植樹造林，增加農業生產，開發柳州經濟，是柳宗元的又一突出政績。他不但號召百姓們種柑種柳，栽竹植藥，而且自己也身體力行。所謂：「柳州柳刺史，種柳柳江邊。談笑爲故事，推移成昔年。」（〈種柳戲題〉）「手種黃甘二百株，春來新葉徧城隅。方同楚客憐皇樹，不學荆州利木奴。」（〈柳州城西北隅種甘樹〉）經過幾年的努力，柳州的農、林、牧業均有長足的進步。

柳州地處偏遠，文化落後，江湖巫醫，占卜等迷信活動非常嚴重。柳宗元又禁止這些迷信活動，關注教育文化的普及，改變人們生活陋習，並以文章教授後學，爲提高這裡的文化水平，作出了重大努力。

柳宗元在柳州取得了優異的政績，當地人民對他十分敬愛。由於長期的貶謫生活，使他身心遭到無情的摧殘，元和十四年（八一九），年僅四十七歲的柳宗元就被病魔奪去了生命。去世後，柳人奉其爲羅池神，並築廟祭祀。韓愈在他所撰的〈柳州羅池廟碑〉中熱情地讚揚了柳宗元在柳州的治績。說：「凡令之期，民勸趨之。無有後先，必以其時。於是民業有經，公無負租，流逋四歸，樂生興事。宅有新屋，步有新船，池園潔修，猪牛鴨鷄，肥大蕃息。子嚴父詔，婦順夫指，嫁娶葬送，各有條法；出相弟長，入相慈孝。先時民貧，以男女相質，久不得贖，盡沒爲隸。我侯之至，按國之故，以傭除本，悉奪歸之。大修孔子廟，城郭巷道，皆治使端正，樹以名木，柳民既皆悅喜。」這是對柳宗元在柳治績的熱情肯定，也是對柳宗元嘉惠一方的贊頌。

因柳宗元以柳州刺史終，故世人尊之爲柳柳州。其著作《柳河東集》由其好友劉錫禹整理編定。

二、柳宗元的思想

柳宗元自幼博覽羣書，特別是任校書郎和集賢殿正字時期，涉獵尤爲廣泛，所以他的思想從總的方面看，都屬於儒家思想。

他在〈答韋中立論師道書〉中說：「本之《書》以求其質，本之《詩》以求其恒，本之《禮》以求其宜，本之《春秋》以求其斷，本之《易》以求其動，此吾所以取道之原也。」卽是說，儒家的經典是他「取道之原」。他一生努力的目標也是在爲「延孔氏之光燭于後來。」（〈答貢士元公瑾論仕進書〉）爲實現「聖人之道」而奮鬥。他在〈報袁君陳秀才避師名書〉中也說，要讀儒家「六經」和孔、孟之書，讀其他書應「其歸在不出孔子。」在〈寄許京兆孟容書〉中，更明確地說：「唯以中正信義爲志，以興堯、舜、孔子之道，利安元元爲務。」

柳宗元把聖人之道稱爲「中道」、「大中之道。」他在〈時令論（下）〉說：「聖人之爲教，立中道以示于後。」「立大中，去大惑，捨是而曰聖人之道，吾未信也。」所謂「中」，「大中」，卽儒家之「中庸」，所以柳宗元所講的大中之道，其主要內容也是以儒家的禮、義爲指導思想，達到「輔時及物」，變革現實的政治爲目的。

柳宗元思想的另一特點，是他繼承並發展了儒家民本思想的傳統。他在〈送薛存義序〉中說：「凡吏於土者，若知其職乎？蓋民之役，非以役民而已也。凡民之食於土者，出其什一傭乎吏，使司平於我也。今我受其直怠其事者，天下皆然，豈惟怠之，又從而盜之。」明確指出：官吏是「役於民」的，而不是「役民」的。老百姓拿自己部分的收入養活官吏，是讓官吏替他們辦事的，而如今的官吏，不僅「受其直，怠其事」，而且「盜之」，既不爲老百姓辦事，反而還掠奪老百姓的財富。這個見解不但十分進步，對官吏們的批評和揭露更十分大膽。他的這個觀點，較孟子「民爲貴，社稷次之，君爲輕」的說法，尤加明確而具體，從這一基本思想觀點出發，他非常關心人民的疾苦，對人民的苦難寄以深切的同情。所謂：「仕雖未達，無忘生人之患，則聖人之道幸甚。」（〈答周君巢餌藥久壽書〉）他時刻把人民的疾苦放在心上。並希望「觀人風者」能了解這種情況，改變這種情況。

他從官爲民役的思想認識出發，堅決主張任人唯賢，反對任人唯親。唐朝雖然廢除了封建門閥制度，但門閥制度卻很嚴重，豪門大族依舊享有很多特權，在〈永州鐵爐步志〉一文中，他對封建門閥制度進行了猛烈的攻擊，辛辣地諷刺了那些打著先輩招牌，而自己無德無能的人物，以其祖先之貴傲人，「由不知推其本，而姑大其故號，以至於敗，爲世笑僇。」揭露了他們金玉其外，敗絮其中的腐朽眞象，和必然敗露的結局。

他從重視人民羣衆的地位和作用出發，提出了「以生人爲主，以堯、舜爲的」的觀點。生人，即生民，老百姓。柳宗元非常重視民心向背對朝代更替、社會治亂的重要作用。他在〈舜禹之事〉一文中，曾大膽地說過，無論是舜、禹，也無論是曹丕，他們之所以能得天下，皆順乎民心、合乎歷史潮流的。此說作爲一種歷史見解是否正確，姑且不論；但其肯定人民羣衆在歷史中的作用，則無疑是進步的。他反對所謂天人感應，君權神授的說法，在〈貞符并序〉中一針見血地指出：「受命不於天於其人，休符不於祥於其仁。」「未有喪仁而久者也，未有恃祥而壽者也。」認爲君主即位掌權，不是老天爺給的，而是取得了人民的信任；皇帝愛民，統治才可長久。他還明確指出：「唐家正德受命於生人之意。」即是說，唐朝統治天下，是順應了老百姓的意志。這種強調統治者要重視「生人之意」的觀點，無疑是具有重大意義的。

柳宗元的思想雖然說是以儒家思想爲主，但其中也有不少非儒家思想的東西。由於柳宗元廣泛學習古代典籍，並以一個思想家、政治家對待歷史的嚴肅態度，來研究各家的思想，並根據當時政治的需要加以取舍或作出新的解釋。這就使他大大突破了傳統儒家思想的局限，正如他自己所說，他是「讀百家書，上下馳騁」（〈與楊京兆憑書〉）。他在〈送元十八山人南游序〉中說：「余觀老子亦孔氏之異流也，不得以相抗。又況楊、墨、申、商、刑名、縱橫之說」，「皆有以佐世」。他的態度是「伸其所長，而黜其奇衺」，使各家思想「通而同之，搜擇融液」，以求「與孔子同道」。所以柳宗元的「道」也是「道其所道」，並非純粹的儒道。他是將他自己認爲各家思想中的合理部分，注入儒家思想之中，並兼取其長，以爲政治服務，所以他也不是醇儒，甚至有時還表現出對聖人和聖人之言的不敬。如〈封建論〉中特別強調「勢」，認爲實行封建制也好，郡縣制也罷，都是形勢決定的，「非聖人意也」。這就否定了聖人主宰一切的傳統看法。在〈與楊京兆憑書〉中，他還大膽說過「聖人之道不益於世用」的話，這更是對聖人的大不敬，他自己也就算不得儒門的「聖徒」。正因如此，他遭到了後世儒者的非議。歐陽修便曾指出韓、柳文近而道不同，認爲「其爲道不同，猶夷夏也」，甚至說柳宗元「眞韓門之罪人也」。（〈集古錄跋尾〉卷八〈唐柳宗元般舟和尚碑〉）這裡雖主要指柳宗元信佛之事，但亦足見歐陽修是把柳宗元排除在「聖人之徒」

以外的。宋人黃震說柳宗元「是非多謬於聖人」（《黃氏日鈔》六十二）。王應麟、朱熹也都指責柳宗元信佛。清代桐城派代表作家方苞說：「彼言涉於道，多膚末支離，而無所歸宿，且承用諸經字義尙有未當者。」（《方望溪先生全集·書柳文後》）這些都說明柳宗元的思想確實有與孔、孟之旨相抵牾處。不過，對這個問題說得更中肯、更透徹的，應屬清代林雲銘。他在《古文析義》初編卷五中說：韓、柳「同中有異，異中有同，均以不詭於儒爲主。」

就哲學思想而論，柳宗元反對有神論，認爲天是物質的，宇宙中不存在主宰一切的神。他在〈天對〉一文中認爲，宇宙間「惟元氣存」，肯定天是由物質性的「元氣」形成的，宇宙間的一切現象都是自然的存在，並對過去許多荒誕的傳說進行了尖銳的批評。如在〈天說〉一文中，批評韓愈的「天刑人禍」說，認爲天是沒有意志的，不能對人進行賞罰，「功者自功，禍者自禍」，天與人是互不相干的。在〈答劉禹錫〈天論〉書〉和〈與韓愈論史官書〉中，更進一步闡明了自己的這個觀點。他認爲天地、山川、草木、瓜果都是自然界的物質形態。在〈非國語·三川震〉中說：「山川者，特天地之物也；陰與陽者，氣而游乎其間者也。自動自休，自峙自流，是惡乎與我謀？自鬥自竭，自崩自缺，是惡乎爲我設？」精闢地說明了天地、山川都是自然存在的、運動著的物質，一切自然現象都是它們自身運動的結果。他這種無神論的自然觀，有力地批判了鬼神迷信的宿命論。

他自幼好佛，相信佛法無邊，和福禍報應之說。他在〈送僧浩初序〉中說：「儒者韓退之與余善，嘗病余嗜浮圖言，訾余與浮圖遊。……浮圖誠有不可斥者，往往與《易》、《論語》合，誠樂之。其於性情奭然，不與孔子異道。」他信佛而不反儒，是儒釋合流的調和者。盡管柳宗元的信佛有追求精神解脫的一面，但他調和儒釋也有別於一般佞佛者。

柳宗元自幼關心世事，入仕後更加熱心政治，貞元十四年九月，朝廷發生了國子司業陽城被貶，太學生集體請願的事件，柳宗元立即寫了〈與太學諸生喜詣闕留陽城司業書〉，公開表示支持太學生的抗議活動，反對權奸陷害正直之士，表現了不畏權勢、剛正不阿的品質，和堅決主張革新朝政的態度。順宗即位後，他積極參與永貞革新，成爲革新集團中的核心成員。並實行了一系列的政治措施。德宗朝宦官專權，朝廷大權旁落。順宗一即位，立即停止了內侍郭忠政等十九人的正員官俸，罷除了專爲皇帝侍弄鷹犬，亂政害民的「五坊小兒」，同時下令停止了擾民尤甚的「宮市」，從而給了專權亂政，飛揚跋扈的宦官以嚴重打擊。當時宦官掌握著神策軍的兵權，王叔文等人派了以嚴於治軍著稱的名將范希朝爲左右神策、京西諸鎭行營節度使，韓泰爲行軍司馬，企圖奪回被宦官控制的神策軍兵權，此舉雖未獲成功，但這種措施無疑是正確的。

其次，是外制藩鎭。德宗時，藩鎭割據的局面愈演愈烈，嚴重破壞了國家統一，影響政府財政收入。順宗即位後，立即著手制服藩鎭的工作。李錡是一個久有異志的強藩，他出任浙西觀察使和鹽鐵轉運使的職務，王叔文等即刻下令解除李錡的職務；四川藩鎭韋皋派人帶著大量金錢進京行賄，妄圖擴大自己的地盤，被王叔文嚴辭拒絕。這些都表明革新集團對藩鎭的嚴正態度。

再是懲辦貪官，進用賢臣。京兆尹李實貪暴聚斂成性，王叔文等執政後，立即貶黜了李實，並削去部分保守派官僚的實權，把一些革新派人物安置到重要崗位上去，同時還召被保守派貶斥的陸贄、陽城等德高望重的老臣，這種打擊權奸，啓用賢良的開明政治，對當時社會政治產生了重要影響。

又其次，是薄賦輕徭，減輕人民負擔。下令取消「進奉」，這種對人民的額外負擔；豁免百姓歷年積欠的賦稅，降低專賣鹽價。此外，還釋放宮女和宮廷女樂等。這些革新措施對消除積弊，加強中央集權，緩和社會矛盾起了積極的作用，具有很明顯的進步意義。而柳宗元是這個革新集團的核心成員，這些措施體現了柳宗元一貫的政治主張。即使在永貞革新失敗，他被貶南荒之時，也沒有放棄自己這些政治主張。在永州，他沒有忘記反映民間疾苦，沒有放棄對統治階級的揭露和批判；在柳州，他在職權範圍內努力推行自己的政治主張，取得了很好的政績。

總之，柳宗元的一生是爲實現自己「輔時及物」、「利安元元」的理想，他不愧是中唐時期一位傑出的思想家和政治家。他的思想和政治態度不可能沒有時代的局限，他爲鞏固封建統治而竭忠盡力；他信佛並爲佛教宣傳；他在政治上失意之後所表現出的孤苦寂寞、消極淒涼的情緒，都是我們無法，也不應該回避的。

柳宗元是一個在歷史上起着進步作用的人物，他又是那個時代思想的代表，刻劃在他身上的進步面、落後面、積極面和消極面，都深深地影響著他的文學創作，並生動而眞實地反映在他的文學作品之中。

三、柳宗元與唐代古文運動

北宋的穆修在其所著的〈唐柳先生集後序〉中說：

> 唐之文章，初未去周、隋、五代之氣。中間稱得李、杜，其才始用為勝，而號專雄歌詩，道未極其渾備。至韓、柳氏起，然後能大吐古人之文，其言與仁義相華實而不雜。如韓〈元和聖德〉、〈平淮西〉，柳〈雅章〉之類，皆辭嚴義偉，制述如經。能崒然聳唐德於盛漢之表，蔑愧讓者，非二先生之文則誰與？

自此以後，就公認柳宗元和韓愈是古文運動並稱的兩大領袖了。然而，應當指出的，是柳宗元走上古文的道路，最後終於成爲古文運動的領袖性人物，並非出自初衷，實由於不得已。

柳宗元少聰敏，被人們視爲「奇童」。他從小跟隨母親讀書，四歲時便能背誦古賦十四首。十來歲時更交結同好，講道論文。按照唐制，進士及第後，還要經過吏部制科考試，中其程度，方可命官。然而，恰恰在柳宗元進士及第後的幾個月，他的父親病逝，在守制的三年中不能參加制科考試。

貞元十二年（七九六），柳宗元服父喪期滿，參加了博學宏詞科考試，但未被錄取。以後又連考了兩次，終於在貞元十四年考中。從此，他便正式踏入仕途。柳宗元通過了博學宏詞科的考試之後，被任命爲集賢殿書院正字。三年期滿以後，調補京兆府藍田縣尉。藍田爲京畿之縣，然而，由於柳宗元的文名，被京兆尹夏卿留在京兆府做文書工作，並未到藍田任職。在長安，他求學結友，終於參與了以王叔文爲首的政治革新集團。順宗卽位，王叔文入朝主政，柳宗元也被任命爲禮部員外郎。在這期間，作了不少有利於社會的好事，但由於這些善政觸犯了宦官和官僚豪門的既得利益，結果在宦官和豪門官僚的勾結下，革新集團只維持了一百四十六天的時間，便徹底失敗了。被視爲「於衆黨人中罪狀最甚」的柳宗元，貶到永州作員外司馬。

被貶後的柳宗元，所以走上古文的道路，最終成了古文運動的領袖人物，決非由於偶然，而是和他的思想、經歷分不開的。在〈與楊京兆憑書〉中，柳宗元說過這樣的幾句話：

> 宗元自小學為文章，中間幸聯得甲乙科第，至尙書郎，專百官章奏，然未能究知為文之道。自貶官來無事，讀百家書，上下馳騁，乃少得知文章利病。

這些話當然有自謙的意思在內。如上所說，被貶前的柳宗元在創作和理論方面，已經有不小的成就，並非是「未能究知爲文之道」的。但是，無庸諱言，只有被貶的柳宗元，才有可能「讀百家書」，認眞探求前人寫作的成果，總結自己寫作的經驗，從而深知爲文之道的，在這方面，也正如韓愈所說：「然子厚斥不久，窮不極，雖有出於人，其文學辭章，必不能自力以致必傳於後如今無疑也」。柳宗元對文學的一個最根本的主張，就是「文以明道」。他在〈答韋中立論師道書〉中說：

> 始吾幼且少，為文章，以辭為工。及長，乃知文者以明道，是固不苟為炳炳烺烺，務采色、誇聲音而以為能也，凡吾所陳，皆自謂近道。

在〈報崔黯秀才論爲文書〉中，又說：

> 聖人之言，期以明道。……凡人好辭工書，皆病癖也。吾不幸蚤得二病，學道以來，日思砭

針攻熨，卒不能去，纏結心腑牢甚，顧斯須忘之而不克，竊嘗自毒，今吾子乃始欽欽思易吾病，不亦惑乎！

所有這些，都說明了柳宗元認識到「文以明道」這個原則，是有一個過程的。所謂「吾幼且少，爲文章，以辭爲工」。「吾不幸蚤得二病」。意思都是說，年輕時代的柳宗元，同樣是崇尚時文的。只是到了後來，特別是被貶以後，才逐漸認識到「文者以明道」的意義。

柳宗元提倡古文，有其政治目的。他在〈上襄陽李愬僕射獻唐雅詩啓〉中說：「宗元身雖陷敗，而其論著，往往不爲世屈。意者殆不可自薄自匿，以墜斯時，苟有輔萬分之一，雖死不憾」。又〈貞符并序〉說：「念終泯沒蠻夷，不聞於時，……苟一明大道，施於人代，死無所憾」。這都說明了柳宗元所以孜孜不倦地從事「論著」，完全爲了「輔時及物」。因而，他所要明的道，也必須有益於「輔時及物」。

柳宗元非常重視對形式主義文風的批判。他在〈答吳武陵論〈非國語〉書〉中，把那些「務富文采，不顧事實，而益之以誣怪，張之以闊誕」的文章，比之爲「猶用文錦覆陷穽也」。在〈乞巧文〉中，也對那些「駢四儷六」的時文，進行了有力撻伐：

眩耀為文，瑣碎排偶。抽黃對白，啽哢飛走。駢四儷六，錦心綉口。宮沉羽振，笙簧觸手。觀者舞悅，誇談雷吼。獨溺臣心，使甘老醜。嚚昏莽鹵，樸鈍枯朽。不期一時，以俟悠久。旁羅萬金，不鬻弊帚。跪呈豪傑，投棄不有。眉矉頞蹙，喙唾胸歐。大赧而歸，塡恨低首。

在這裡，柳宗元不僅十分準確地概括了「駢文」的形式的特點，而且突顯了這種消磨意志的虛僞腐敗的文風，以及以文爲鑽營手段的醜惡目的。但是，「言之無文，行之不遠」。反對形式主義，不等於不要文彩。在〈送豆盧膺秀才南遊〉中，柳宗元指出：

君子病無乎內而飾乎外，有乎內而不飾乎外者。無乎內而飾乎外，則是設覆爲穽也，禍孰大焉。有乎內而不飾乎外，則是焚梓毀璞也，詬孰甚焉。於是有切磋琢磨、鏃礪括羽之道，聖人以爲重。

所謂「內」，指的是道德品質；「外」，指的是禮義文彩。一個人如果道德品質不好，外表上彬彬儒雅，那是要不得的。相反，道德品質很好，禮義文彩卻很不注意，那也是爲人所詬病的。「內」、「外」統一，既有好的道德品質，又有好的禮義文彩才是「君子」。這雖然是講作人的，但同樣適用於文章。好的文章，必須內外統一，內容和形式調和，這就需要下一番「切磋琢磨，鏃礪括羽」之功了。怎樣去「切磋琢磨、鏃礪括羽」呢？柳宗元提出許多看法，概括起來，有如下幾點：

第一、要學習：在〈先侍御史府君神道表〉中，柳宗元說過這樣的幾句話：

先君之道，得《詩》之羣，《書》之政，《易》之直方大，《春秋》之懲勸，以植於內而文於外，垂聲當時。

所謂「志存焉，學不至焉，不可也」。要想「文於外」，就必須「植於內」。「植於內」就得學習。怎樣學習呢？他提出兩點：首先要廣泛閱覽，其次不能生吞活剝，柳宗元在〈與呂恭論墓中石書書〉中說：

僕蚤好觀古書，家所蓄晉、魏時尺牘甚具；又二十年來，遍觀長安貴人好事者所蓄，殆無遺焉。

他的思想是宗儒。但是，爲了作好文章，應該博覽羣書。其「議論證據今古，出入經史百子」，儒家、墨家、道家、法家、佛家的書，無所不讀，眞正作到了廣泛的閱覽。但是，又不能生吞活剝。在〈與友人論爲文書〉中，他說：

漁獵前作，戕賊文史，抉其意，抽其華，置齒牙間，遇事蜂起，金聲玉耀，誑聾瞽之人，徼一時之聲。

生吞活剝，機械模仿，即或能「徼一時之聲」，那也是沒有意義的。應該怎麼辦呢？所以進一步要博取衆長，吸收精華，爲我所用。這當然就要有一雙善於鑒別的眼睛，和攝取營養的積極態度。在這兩方面，柳宗元都作得相當的好。至於對待我國文化遺產方面，他採取分析的態度，在〈柳宗直《西漢文類》序〉中，談到了他對文學發展史的看法時說：

殷、周之前，其文簡而野；魏、晉以降，則盪而靡。得其中者漢氏。漢氏之東，則旣衰矣。

殷、周以前的文章比較簡單粗糙，魏、晉以後的文章又華艷靡爛。當中只有漢代的文章較好，而東漢以後又衰落了。這就是他採取分析態度的證明。其他如對莊子、屈原、宋玉、列子、孟軻、李斯、司馬遷、司馬相如、賈誼、揚雄等，無一不是採取分析的態度。正因爲如此，才能分出精華和糟粕，積極攝取營養，而爲我所用。在〈答韋中立論師道書〉中，他說：

本之《書》以求其質，本之《詩》以求其恒，本之《禮》以求其宜，本之《春秋》以求其斷，本之《易》以求其動——此吾所以取道之原也。參之穀梁氏以厲其氣，參之《孟》、《荀》以暢其支，參之《莊》、《老》以肆其端，參之《國語》以博其趣，參之《離騷》以致其幽，參之太史公以著其潔——此吾所以旁推交通而以為文也。

所謂「本之」，是「吾所以取道之原」，這當然是指文章的內容而言。要從《書經》中擷取其質直的敘事，從《詩經》中擷取其感情的恒久，從《禮記》中擷取其行事的適宜，從《春秋》中擷取其論斷的堅正，從《易經》中擷取其變化流動。這樣寫出來的文章，就必然符合於「道」了。所謂「參之」，是「吾所以旁推交通而以爲文也」，這當然是指文章的形式而言。要從《穀梁傳》中學習磨礪文章的氣勢，從《孟子》、《荀子》中學習文章暢達有條理，從《莊子》、《老子》中學習文思恣肆無涯，從《國語》中學習表達的情趣，從《離騷》中學習行文的綿渺，從《史記》中學習文字的雅潔。這樣寫出來的文章，自然就不會質木無文了。

柳宗元對於每一種著作的評價，是否準確、恰當，姑且置而不論。但他那種積極汲取營養的態度，則是對行文運思時，「切磋琢磨，鎌礪括羽」所不可少的。

第二、要加強修養：他在〈與楊京兆憑書〉中說：「今之世言士者，先文章。文章，士之末也，然立言存乎其中。即末而操其本，可十七、八，未易忽也」。有所謂「立德」、「立功」、「立言」。對於「立德」、「立功」來說，「立言」當然是「士之末」了。但是，「即末而操其本」，文章和作者的思想意識是分不開的，由文章可以看出作者的意識。要想寫出好的文章，就必須有好的思想意識，因此，這就有加強修養的必要了。在〈報袁君陳秀才避師名書〉中，柳宗元又說：

文以行為本，在先誠其中。其外者當先讀六經，次《論語》、孟軻書，皆經言。左氏《國語》、莊周、屈原之辭，稍採取之。穀梁子、太史公甚峻潔，可以出入。餘書俟文成異日討可也。其歸在不出孔子。

所謂「行」，就是品行。因而，「在先誠其中」。是說首先要加強內在的修養。然後，還有一個學習的問題。先學六經，其次是《論語》、《孟子》這都是經典的言論。至於《國語》、莊周、屈原之辭，穀梁子、太史公的著作，只要作到「誠其中」，也可以「稍採取之」，條件是「不出孔子」。也就是說，只要在內容上不違反孔子之道，爲了「切磋琢磨」文章，一切好的著作都可以學習。這除了說明柳宗元的積極攝取營養的態度外，更體現了柳宗元對於加強主觀修養的重視。

第三、要有嚴肅認眞的態度：所謂「文章經國之大業，不朽之盛事」。柳宗元既然認爲文章是「輔時及物」的工具，因而，想要寫好文章，便必須具有嚴肅認眞的態度。在〈答韋中立論師道書〉中，敍述了他作文時的態度。說：

> 故吾每為文章，未嘗敢以輕心掉之，懼其剽而不留也；未嘗敢以怠心易之，懼其弛而不嚴也；未嘗敢以昏氣出之，懼其昧沒而雜也；未嘗敢以矜氣作之，懼其偃蹇而驕也。抑之欲其奧，揚之欲其明，疏之欲其通，廉之欲其節，激而發之欲其清，固而存之欲其重——此吾所以羽翼夫道也。

寫文章時，不可存有輕率之心，怠惰之意，昏憒之念，驕矜之氣，因爲害怕寫出來的文章輕剽而不穩當，鬆弛而不嚴密，晦澀而龐雜，傲慢而無禮。在寫作具體的過程中，還要抑之、揚之、疏之、廉之、激而發之、固而存之，以期達到深邃、鮮明、通暢、精煉、清俊、渾厚的境界，這樣對於「道」，才能達到宣揚的作用。這是何等嚴肅認眞的一種態度！這種態度，不論柳宗元是爲了達到什麼樣一種政治目的，就「切磋琢磨」爲文之道而言，是很有意義的。

第四、要有實事求是的精神：韓愈任史館修撰時，奉命修《順宗實錄》。這在政治上是一個十分敏感的問題，對此，韓愈感到非常爲難。在〈答劉秀才論史書〉中，他一則說：「夫爲史者，不有人禍則有天刑，豈可不畏懼而輕爲之哉」。再則說：「唐有天下二百年矣，聖君賢相相踵，其餘文武之士，立功名跨越前後者，不可勝數，豈一人卒卒能紀而傳之邪」？三則說：「且傳聞不同，善惡隨人所見，甚者附黨憎愛不同，巧造語言，鑿空構立善惡事跡，於今何所承受取信，而可草草作傳記令傳萬世乎」？總之，矛盾重重，無可適從。柳宗元就此寫了一篇〈與韓愈論史官書〉，除了批駁韓愈的「不有人禍，則有天刑」的謬論外，還嚴肅地指出：

……史以名為褒貶，猶且恐懼不敢為；設使退之為御史中丞大夫，其褒貶成敗，人愈益顯，其宜恐懼尤大也，則又揚揚入臺府，美食安坐，行呼唱於朝廷而已耶？在御史猶爾，設使退之為宰相，生殺出入升黜天下士，其敵益衆，則又將揚揚入政事堂，美食安坐，行呼唱於內庭外衢而已耶？何以異不為史而榮其號，利其祿者也？……凡居其位，思直其道。道茍直，雖死不可回也；如回之，莫若亟去其位。

這當然是論作官和作人的問題，但又何嘗不適用於作文？史的任務就是褒善貶惡，當然應該「不忘其直，無以他事自恐」。擴而大之，一切的文章，都應該眞實地反映其本來面目。「眞」是文學的生命，失「眞」也就失去了文學的生命。爲了「眞」，應該不顧個人的得失，不畏刑禍，這不能說不是「切磋琢磨」的爲文之道。

第五、要有獨創性：文學是富有創造性的產物。生搬硬套前人的模式，是最沒有出息的。在長期的創作實踐中，柳宗元以爲文學必須富有獨創性。他在〈與友人論爲文書〉中說：

> 苟或得其高朗，探其深賾，雖有蕪敗，則為日月之蝕也，大圭之瑕也，曷足傷其明，黜其寶哉！且自孔氏以來，茲道大闡，家修人勵，刓精竭慮者，幾千年矣。其間耗費簡札，役用心神者，其可數乎？登文章之籙，波及後代，越不過數十人耳。其餘誰不欲爭裂綺綉，互攀日月，高視於萬物之中，雄峙於百代之下乎？率皆縱臾而不克，躑躅而不進，力蹙勢窮，吞志而沒，故曰得之為難。

寫文章，只要思想高朗，意義深邃，即或在行文上有些敗筆，那也不過如日月之蝕，美玉微瑕，是無傷大體的。孔子以後，千百年來，「家修人勵，刓精竭慮」爲文章，而「耗費簡札，役用心神」的人太多了。可是，眞正有成就的有幾個呢？絕大多數都是「吞志而沒」。其所以如此，就是不懂得獨創性的重要。這也是「切磋琢磨」爲文之道所不可忽視的。

第六、要講究技巧：文學是一種藝術，藝術必須講究技巧。柳宗元深知「學存焉，辭不至焉，不可也」（〈送表弟呂讓將仕進序〉）的道理。他批評《國語》「其說多誣淫，不概於聖」。但是，他卻稱贊「左氏《國語》，其文深閎傑異」。有人指摘柳宗元這種態度，是言行矛盾，文品不端。胡應麟曾就此爲之辯護說：

> 柳宗元愛《國語》，愛其文也；非《國語》，非其義也。義詭僻則非，文傑異則愛，弗相掩也。好而知惡，宗元於《國語》有焉。論者以柳操戈入，弗察者又羣然和之。然則文之士者，傷

理信道，皆弗論乎。（《少室山房筆叢·史學佔筆》）

「愛其文」和「非其義」並不矛盾，「愛其文」也「愛其義」，或者「非其義」也「非其文」，才是一種形而上學的方法。柳宗元正因爲能從「文」和「義」兩個方面考慮問題，因而，他除了非常強調「文以明道」的重要意義外，還非常重視技巧的作用。

總而言之，在古文的理論建設上，柳宗元作出了很大的貢獻，這就無怪乎他走上古文的道路後，又終於成爲古文運動的領袖了。在柳宗元走入社會之時，古文運動已經展開。領導這場運動的就是韓愈。柳宗元「少聰警絕衆，尤精西漢詩騷，下筆構思，與古爲侔。精裁密致。燦若珠貝。當時流輩咸推之。」（《舊唐書》本傳）這個年輕時就爲「時輩咸推」的柳宗元，卻自覺地屈居於韓愈之下，極力維護韓愈的領袖地位，以擴大古文的影響。例如韓愈寫〈毛穎傳〉遭到非難，他就主動地寫文章爲韓愈辯解。在〈與楊誨之書〉中，說：「足下所持韓生〈毛穎傳〉來，僕甚奇其書，恐世人非之，今作數百言，知前聖不必罪俳也」。這裡所說的「今作數百言」，就是專爲韓愈辯護而作的〈讀韓愈所著〈毛穎傳〉後題〉。文中除極力論述〈毛穎傳〉符合聖人之旨外，還稱贊韓愈的文章，說：

……楊子誨之來，始持其書，索而讀之，若捕龍蛇，搏虎豹，急與之角而力不敢暇，信韓子之怪於文也。

這樣的好文章，爲什麼會遭到非難呢？原來是由於「世之模擬竄竊，取青媲白，肥皮厚肉，柔筋脆骨，而以爲辭者之讀之也，其大笑固宜」。所謂「模擬竄竊，取青媲白，肥皮厚肉，柔筋脆骨」云云，指的就是古文家們所要打倒的駢體文。當時社會上駢體文還很有勢力，因而，韓愈的〈毛穎傳〉受到攻擊，就成很自然的事了。又如韓愈作〈師說〉遭到別人攻擊，柳宗元也爲韓愈鳴不平。他說：

今之世，不聞有師，有輒嘩笑之，以為狂人。獨韓愈奮不顧流俗，犯笑侮，收召後學，作〈師說〉，因抗顏為師。世果羣怪聚罵，指目牽引，而增與為言辭。愈以是得狂名，居長安，炊不暇熟，又挈挈而東，如是者數矣。（〈答韋中立論師道書〉）

從「奮不顧流俗」，「因抗顏爲師」，「世果羣怪聚罵」、「居長安，炊不暇熟，又挈挈而東」這些語句來看，他明明是同情韓愈的，可是，宋代的洪興祖卻偏偏說：「學者不歸子厚歸退之，故子厚有此說耳」。以爲是柳宗元出於對韓愈的嫉妒，才說這樣的話。其實並非如此，觀其〈答嚴厚輿秀才論爲師道書〉，卽可以了解個中眞象：

今世固不少章句師，僕幸非其人。吾子欲之，其有樂而望吾子者矣。言道、講古、窮文辭以為師，則固屬吾事。僕才能勇敢不如韓退之，故又不為人師。

柳宗元的才能是否不如韓愈？姑且不論。但在勇敢上，他的確不能和韓愈相比的。柳宗元是個遠謫的罪人，而韓愈則爲四門館博士。博士就是師。爲師的提倡師道，還要引起「羣怪聚罵，指目牽引」，那麼，一個罪人怎麼敢爲人師呢？因而，洪興祖之說，很值得懷疑。因此我們應當承認，柳宗元完全是替韓愈鳴不平，替韓愈鳴不平的目的，則是爲了維護韓愈作爲領袖人物的威信，從而擴大古文運動的影響。

此外，柳宗元還聯繫了許多志同道合的古文作家，如劉禹錫、呂溫、韓曄、韓泰、凌淮等，他們「畋漁於書林，宵語途話，琴酒調謔，一出於文章」（劉禹錫〈劉氏集略說〉）。楊淩、楊憑、楊凝等，爲柳宗元的岳父、叔父。他們敦親舊、能文章，有重名於貞元年間。吳武陵是柳宗元在貶所結下的難友，也是「文章乃堪採錄」的古文家。柳宗元經常和他們談道論文，書信往還，這在擴大古文的影響上，發揮了很大的作用。此外，柳宗元還努力獎掖後進，爲古文運動建立廣泛的羣衆基礎。在〈柳子厚墓志銘〉中，韓愈曾經這樣評價過柳宗元：「衡湘以南，爲進士者，皆以子厚爲師。其經承子厚口講指畫，爲文詞者悉有法度可觀」。被貶後，柳宗元的確非常注意獎掖後進，僅見於《柳州文集》中者，就有如下的一些人向他求教過，如馮翊、嚴厚輿、袁君陳、韋珩、吳武陵、蕭纂、趙大秀才、崔策、楊誨之、盧以及等。柳宗元雖努力獎掖後進，但處境很是困難。在〈報袁君陳秀才避師名書〉中，說：

> 秀才足下：僕避師名久矣。往在京都，後學之士到僕門，日或數十人，僕不敢虛其來意，有長必出之，有不至必惎之。雖若是，當時無師弟子之說。其所不樂爲者，非以師爲非，弟子爲罪也。有兩事，故不能：自視以為不足為，一也；世久無師弟子，決為之，且見非，且見罪，懼而不為，二也。

所謂「自視以爲不足爲」，當然是一種謙辭。但是「且見非，且見罪，懼而不爲」，則是事實。上文說到，柳宗元是罪人，本來的罪，已經足夠柳宗元承受了，怎麼還敢在「世久無師弟子」的情況下，冒天下之大不韙呢？但是，柳宗元並沒有屈服於環境的壓力，一方面積極製造輿論，大論求學拜師的重要；另方面避師之名，行師之實。他在〈答嚴厚輿秀才爲師道書〉中說，

> 僕之所避者名也，所憂者其實也，實不可一日忘。僕聊歌以為箴，行且求中以益己，慄慄不敢暇，又不敢自謂有可師乎人者耳。若乃名者，方為薄世笑罵，僕脆怯，尤不足當也。內不足為，外不足當，衆口雖懇懇見迫，其若吾子何？……僕才能勇敢不如韓退之，故又不為人師。人

之所見有同異，吾子無以韓責我。若曰僕拒千百人，又非也。僕之所拒，拒為師弟子名，而不敢當其禮者也。若言道、講古、窮文辭，有來問我者，吾豈嘗瞋目閉口耶？

有人說：改革文體，文風和文學語言，要形成一個「運動」，起碼得有三個條件。一、要有明確的理論綱領；二、要有創作實踐的成績，三、要有羣衆，形成風靡文壇的聲勢（見孫昌武《柳宗元傳論》）。這話說得很有道理。柳宗元在古文理論建設上，作出了重大貢獻；在創作上有傑出的成就；在文壇上，又有廣泛的影響。他走上古文的道路以後，最後終於成爲古文運動的領袖，是很自然的事。

四、柳宗元的文學主張

柳宗元因貶謫改而從事文學創作。在短短的創作生涯裏，他留下了大量的著述。其「文章高古對壘於韓，詩詞精妙獨步騷壇。」尤其是他的散文，更是我國文化遺產中的瑰寶。關於柳宗元的文學主張。現就「文者以明道」、「文以行爲本」、「道假辭而明」和「爲文皆有法」等四方面加以說明。

㈠ 文者以明道

柳宗元一生仕途坎坷。自從被貶荒遠之後，甚感凄楚，所謂「心魂恍惚，涕淚汪浪」。又爲「田園荒蕪」，「榛棘崢嶸」，「喬木摧解」，生靈遭塗炭而流淚。他不僅有成功的創作經驗，而且有明確的創作理論。他在〈答韋中立論師道書〉時寫道：「始吾幼且少，爲文章以辭爲工；及長，乃知文者以明道，是固不苟爲炳炳烺烺。務采色，誇聲音而以爲能也。」首先提出「文者以明道」的主張。

何謂「文者以明道」？首先是在繼承秦漢文化優良傳統的基礎上前行革新，推行文體改革，具體表現在下列兩個方面：一是變六朝駢文末流思想貧乏的作風，爲內容充實的作品；一是變駢文堆砌詞藻、專事塗澤，爲不拘一格的直言散體。表面上是倡導古文，復興儒學，實際上卻是一場以復古爲革新的文學革命。這場文學革命，在復古的旗幟下，直接取法剛健活潑、質樸自然的古典作品，按「非三代兩漢之書不敢觀，非聖人之志不敢存」的思想「立文」。實踐的結果，以一種自由流暢的散文，代替了華麗、柔弱、造作的駢體文，從根本上改變了自東漢開始，經過八個朝代由駢文統治的局面，所以有「文起八代之衰」之說。書面語言的變革，帶動了文體方面的改革和創新。它在歷史上的影響，一直綿延到宋、元、明、清。直到五四新文化運動的興起，古文才被白話文所取代。

其次，「文者以明道」，就是提倡文道合一。道是目的，文爲手段，道是內容，文爲形式。文應當爲道服務，卽文學的形式應當爲正宗的儒家思想服務。在復興儒學和發揚聖人之道方面，柳宗元的熱情始終很高。年輕時，他立志要「延孔氏之光燭於後來」（〈答元公謹書〉）。被貶永州後，他還說，「僕嘗學聖人之道，身雖窮，志求之不已」（〈報崔黯秀才論爲文書〉）。需要說明的是，柳宗元所理解的聖人之道，同傳統的儒學並不完全一樣。其一，是重孔、孟而輕周公。柳認爲，聖人之道就是孔、孟之道。其二，是主張儒學應除舊布新。除舊，他在〈時令論〉中認爲，天命觀念不是聖人之道；在〈封建論〉中又認爲，分封制不是聖人之意。其實，天命和分封都是先秦文學的思想。布新，他主張儒學應從道家、法家，還特別提出要從佛學中汲取有用的東西，以充實儒學。可見柳宗元的聖人之道，既繼承了傳統儒學，又汲取了百家所長，是一種更新後的儒學思想。

柳宗元用「文者以明道」作爲倡導古文的理論綱領，並以之代替駢文創作。所謂駢文，其特點是講究對仗用典，聲律韻腳，並常以四六字句爲文，所以柳宗元譏爲「駢四儷六」（〈乞巧文〉）。所謂散文，是一種與駢文相對立的書面語言。它接近口語，不講究對仗和聲韻，句子長短不齊，所以稱爲散文。作爲古文家的柳宗元，主張文道合一，在文學理論上，他的創作實踐遠比理論豐富多采。柳宗元依靠自己淵博的學識和卓越的創作才能，爲我國古代文化事業的發展建立了不朽功勛。

第三、「文者以明道」，就是以文言「志」。在「道」的統帥下，柳宗元提出了「文之用、辭令褒貶、導揚諷諭」的文學主張（〈楊評事文集後序〉）。文學應當歌頌什麼，反對什麼，柳宗元都有明確的意見。他主張通過「褒貶」、「諷諭」，以達到文學爲「道」服務的目的。如〈臨江之麋〉、〈黔之驢〉和〈永某氏之鼠〉等，這是柳宗元著名的〈三戒〉。三則寓言寫得短小精闢，寓意深遠，語言凝煉，形象生動，表現了作者傑出的諷刺才能和卓越的藝術技巧。文章一開頭，就說明了寫作的意圖：

吾恒惡世之人，不知推己之本，而乘物以逞，或依勢以干非其類，出技以怒強，竊時以肆暴，然卒迨於禍。有客談麋、驢、鼠三物。似其事，作〈三戒〉。

說明作者是借麋鹿、驢子和老鼠的形象，來警戒「世之人」的。它諷刺了當時仗權貴而得意忘形的小人，和外強中乾，自以爲飽食無禍，「竊時以肆暴」的醜類。這三篇寓言從不同的角度，針對不同的對象，深刻有力地諷刺了人情世態，無情地揭露了中唐時期横行一時的豪門貴族、宦官、藩鎭、官僚及其爪牙們，具有深刻的社會意義。

柳宗元一生堅持革新，以「輔時及物」爲道，在自己的著作中，談論爲政之道，爲文之道的地方相當多，而且「志求之不已」，直至「卒死於窮裔」。這種自力以致的精神，爲後人樹立了學習的榜樣。

(二) 文以行為本

古人立身處世，講的是「立德、立功、立言」。柳宗元把品德修養和建功立業看得很重要，他的事業心很強。這在古代知識分子中，也是相當普遍的一種風貌。

柳宗元在今天，其最引人注目處，是他憂國憂民的苦心，關懷人民疾苦的精神。當政治改革活動失敗後，他一直沉淪下僚，後半生歲月蹉跎，然而，爲行其道，他以驚人的毅力去著書立說。由於遭受貶謫，一方面使他失去了直接從事政治革新的可能性，另一方面卻使他獲得了接近基層人民的機會。在長期與基層人民接近的過程中，柳宗元親眼目睹了許多過去從未見過的事，了解了人民更多的生活苦難，並從中汲取教益。他對封建統治下的黑暗現實，也認識得更加深刻。因此，他寫出了不少動人心弦的散文。例如在他貶謫永州後不久，寫的〈捕蛇者說〉，便是其中最具代表性的一篇。這篇散文眞實地反映了中唐時期在賦稅的重壓下，農村破產、人民顚沛、家破人亡的活生生的圖畫。作者由此得出「苛政猛於虎」的結論。這種血與淚的控訴，充滿了作者強烈的悲憤，文章讀來發人深思，催人淚下。

柳宗元目睹社會的黑暗現實，一方面給殘暴統治無情的揭露，另一方面又從長遠利益出發，用諷諫、規勸的方法，來勸請統治者革新政治，提醒他們要按客觀規律辦事，這種情形可以從他作的〈種樹郭橐駝傳〉裏看出端倪。這篇以「傳」立「說」的散文，說明「順木之天以致其性」的道理。什麼是樹木的本性呢？「其本欲舒，其培欲平，其土欲故，其築欲密」。四個「欲」字，概括了樹木的本性，也提示了種樹的要領。種樹者郭橐駝正是順著樹木的自然性格栽種，從而保護了它的生機，因而收到「天者全而其性得」的理想效果。作者由「養樹」推論出「養人」，也須了解「人性」，不能「好煩其令」的道理，深刻論述了治理國家也同種樹一樣，必須從實際出發，「使民以時」，按社會發展的客觀規律辦事，否則，老百姓「病且怠」，「卒以禍」，後果不堪設想。這種「養樹」與「養人」的道理，反映了作者期望建立安定的社會秩序，使老百姓各務其業，各守其分，不受干擾的改革願望。

文學創作是主客觀的統一。從客觀方面看，反映的對象是「及物之道」、「不平」之「物」，從創作的主體言，文學是用來表情達意的。思想境界高則格調也高，反之亦然。所以作家必須加強思想鍛鍊。柳宗元在〈報袁君陳秀才避師名書〉中，提出：「文以行爲本」的主張。可見他強調作家的道德修養，對文學創作的優劣，具有決定性。

作家的修養是怎樣體現的呢？柳宗元說：「凡爲文以神氣爲主」。（〈與楊京兆憑書〉）又在〈答韋中立論師道書〉中說：

> 故吾每為文章……未嘗敢以昏氣出之，懼其昧沒而雜也；未嘗敢以矜氣作之，懼其偃蹇而驕也。

從正反兩方面來說明，從事寫作要神氣旺盛。指出文章要以內在的氣勢爲先，隨物賦形，自由抒發，不應有固定的框架。這爲作家從事創作，其藝術風格要多樣化，提供了理論根據。換言之，卽在提倡「文以明道」的同時，又肯定了藝術的審美價值。在文學理論上可以說超出了儒家傳統的藩籬，觀點新鮮而大膽。

柳宗元一生命運多舛，在烏烟瘴氣的官場上，卓然保持著自己的淸廉和正直。他堅持眞理於患難之中，並始終把關心人民疾苦，與關心國家命運兩件事聯在一起，在思想和創作上，形成了鮮明的個性特徵。這是他「文以行爲本」的根本關鍵所在。

㈢ 道假辭而明

語言是文學的第一要素。文章之「道」或「神氣」，必須通過文學語言來實現。柳宗元在語言藝術上主張「道假辭而明」，批評「模擬竄竊，取青媲白，肥皮厚肉，柔筋脆骨」的作品非是，而力主獨創。他認爲，文章的「立言狀物」，「引筆行墨」，應力求做到「快意累累，意盡便止」，決不能像駢文末流那樣疊床架屋，堆砌詞藻。

柳宗元的文學語言風格是淸麗峭勁、縝密英特的，如奇峰幽谷，美不勝收；以書法爲喩，頗似柳公權的楷書，筆力簡直可以拗鐵。這位語言藝術大師不僅長於著述論議，又長於比興諷諭；體物既可傳神，析理又臻精妙。玆以〈捕蛇者說〉爲例，古文家林紓說它：「胎『苛政猛於虎』而來，命意非奇，然蓄勢甚奇。」其實，此文從「命意」到「蓄勢」都有過人之處，較之「苛政猛於虎」，更具有震撼人心的魅力。首先，作者懷著深深的憂憤，以眞實的筆觸，反映了唐代中葉以後戶口流失的現況。捕蛇者蔣氏的鄉村幾十年間戶口流失十之八九，不是全家死絕，便是舉族因逃稅而遷徙。從這個角度對橫征暴斂進行血淚的控訴，深化了主題，這是命意的奇警處。其次，爲了表現主題，作者採用了「襯托」與「蓄勢」的筆法。他以蛇的劇毒襯託捕蛇者的危險。捕蛇既然如此危險，大概沒有人願意去幹，可是在捕幾條蛇就能抵全年賦稅的誘惑下，永州人便爭著去幹這份苦差事。由捕蛇人玩命換來可憐的苟安，襯托出村民惶惶不可終日的辛酸。所以無論在結構方式上、章法技巧上，以及文字組織上，〈捕蛇者說〉都獨具匠心。正如劉勰所稱：「啓行之辭，逆萌中篇之意，絕筆之言，追媵前句之旨，故能外交綺交，內義脈注；跗蕚相銜，首尾一體。」（《文心雕龍・章句》）〈捕蛇者說〉用語精煉準確，音韻鏗鏘和諧，駢散結合，形象鮮明，可說是「璨若珠貝」了。

有人說柳宗元的山水遊記是學習酈道元《水經注》的，依我看來，酈道元的《水經注》只是景物寫得好，寫人物的心情卻遠不及柳。柳宗元的山水遊記的特色之一，是有景有情，有物有人，在情景交融中，抒發作者的情懷。如〈始得西山宴遊記〉是柳宗元〈永州八記〉中的第一篇，清代的李剛己說這篇文章是「文家絕境」。絕就絕在「始得」二字。作者登上西山最高峰，極目千里，看到「縈青繚白，外與天際」，視野十分廣闊。他陶醉於大自然的景物，流連忘返，「至無所見，而猶不欲歸」。心想自己原處於塵囂間，擾擾攘攘，尤其是「爲僇人」，心裡總是惴惴不安，現在置身於這樣一個美好的環境中，眞是無憂無慮，「心凝形釋，與萬化冥合」。到了此境，「恒惴慄」的心情已一掃而光。感到自己與宇宙合而爲一了。「然後知吾向之未始遊，遊於是乎始。」這裡反襯了前面所記「以爲凡是州之山水有異態者，皆我有也，而未始知西山之怪特。」現在才知道往日等於沒有遊，因爲沒有到最美的地方。「未始遊」是第三次點明「始得」。「遊於是乎始」，是第四次點明「始得」，眞正在永州遊山玩水，可以說從遊西山開始，所以題目叫〈始得西山宴遊記〉。

我們閱讀柳宗元的山水遊記，猶如自己登上亭臺樓閣，隔窗掃瞄遠山近水，每格每框都有優美的意境，給讀者一種綿延起伏，清新和諧的美感。

㈣　為文皆有法

柳宗元從小就養成了勤奮好學的習慣，涉獵十分廣泛。儒家經典、諸子百家，以至三教九流都用心研討；書法和音樂，他小時候也曾下過一番功夫，文學的功力很深。四歲那年，在母親盧氏的教導下，便能誦辭賦十四篇。十三歲時，藩將李懷光叛亂。為討平叛亂，柳宗元代崔中丞寫了一篇〈賀平李懷光表〉，這是今天可以看到的柳宗元最早的作品，也可稱得上是出手非凡的佳作。所以少年時代，柳宗元在文壇上就已經嶄露頭角。在長安時期，為文者「皆慕與之交」。貶謫永州後，柳宗元更把精力轉向著書立說，更吸引了許多不遠千里而來拜師求教的人。柳宗元以為：「為文皆有法」。他主張作文要

抑之欲其奧，揚之欲其明，疏之欲其通，廉之欲其節，激而發之欲其清，固而存之欲其重。

意指作品要深而不晦，明而不露。暢而不淺，含蘊而不滯塞。這「奧、明、通、節、清、重」六個字，是柳宗元寫作的重要技法。

「抑之欲其奧，揚之欲其明」的寫作技法，我們可以從柳宗元自己的作品找到例證。如〈愚溪詩序〉，可說是柳宗元在永州的得意之作，詩中借山水抒發胸中的抑鬱，把敍事、議論、抒情揉合一起，行文曲折多變，吞吐萬端。而詩序由貶溪到贊溪，又由貶己到贊己，抑揚反覆，將溪人合說，讀時覺得一片化機，未知其是人是溪。

以愚辭，歌愚溪，則茫然而不違，昏然而同歸，超鴻蒙，混希夷，寂寞而莫我知也。

這幾句是全文最得意處，好像天地之間只有自己與愚溪化而為一。通篇以「愚」字作線索，以反語出之，旁敲側擊，憤激不平之氣，別有一種沉痛感慨的意味。

「疏之欲其通，廉之欲其節」的寫作技法，也可以由柳宗元的〈送薛存義序〉中加以印證。本文只有兩百多字，文字顯豁，說理明白，舉例淺近，而其含蘊的思想卻光芒四射，彪炳千古，鮮明地表達了作者在政治上的民主傾向。文章開始一段，有四重意思，而且層層遞進。第一層，說明民與官的關係，

指出官是「民之役」。他的職責在爲百姓公正辦事，而不是去「役民」，叫百姓爲他服務。第二層，把不稱職的官吏，比作拿了主人的錢不幹事，還進而偷盜主人錢財的傭夫。對這種官吏應該「怒而黜罰之」，把他驅逐掉。第三層，分析當今爲什麼老百姓不敢去驅逐不稱職的官吏，提出了「勢不同」的精闢論斷。最後一層，是告誡爲官者，「勢」雖不同，「理」卻相同，通達事理的爲官者，應該知所警戒。我國古代一些有見識的政治家，在民與官的關係上，有不少閃耀著民主思想的言論。如孟子指出「民貴君輕」，魏徵把百姓比作「載舟覆舟」的水，更有人把官吏比作父母，百姓比作子女，提出「愛民如子」的口號。當然能做到的可說寥寥無幾。柳宗元在此卻把民與官的關係比作主僕關係，這種思想高度是從來沒有過的。民與官既然是主僕關係，那麼，爲什麼百姓怕官呢？文章進一步提出了「勢」和「理」的矛盾現象。這個「勢」字，可以理解爲情勢和權勢，因爲勢的力量超過了理，所以老百姓不得不怕官。不過，理是亘古長存，不會變易的，最終必定得以申張。那麼一個做官的人，是應該仗勢背理呢？還是應恪守事理呢？這是古今一切爲官者應該「恐而畏」的問題，可謂說得力透紙背了。

「激而發之欲其清，固而存之欲其重。」從柳宗元的行文造語的凝煉、俊逸，感情抒發得既穩重，又得心應手方面，也可以找到例證。如，〈小石潭記〉，前人推許爲一幅絕妙的圖畫。其中最膾炙人口的是描寫潭中游魚的八句：

> 潭中游魚可百頭許，皆若空游無所依。日光下澈，影布石上，佁然不動，俶爾遠逝，往來翕忽，似與游者相樂。

摹寫物狀，窮形盡相。具此筆力，可以鐫鑱造化，雕刻百態。林琴南一向揚韓抑柳，但是對這篇遊記卻嘆爲觀止。

柳宗元長期貶官，僻處南方邊遠地區，但他以驚人的毅力，寫出了許多千古傳頌的名篇。是時，他的作品強烈的吸引著文壇的注意力。韓愈對他的卓越創作成就給予很高的評價：「雄深雅健，似司馬子長，崔（駰）、蔡（邕）不足多也。」（《新唐書・柳宗元傳》）柳宗元的創作，特別是在散文領域，取得了劃時代的成就，成爲中國散文史上的彗星。

(五) 結語

綜觀柳宗元的散文主張，一方面提倡文以明道，褒貶諷諭，輔時及物，有益於世，強調作品的形式爲內容服務，積極反映生活，推動社會的變革；另一方面又非常重視散文的文學特性，藝術技巧和審美功能。這些觀點既符合文學的內在規律，又切中當時道喪文弊，或重道輕文的毛病，從而保證柳宗元對古文運動的正確領導，並在散文創作上取得傑出的成就。

五、柳宗元的散文藝術

(一) 在風格方面

柳宗元作爲唐代傑出的散文家，其作品也具有獨特的風格藝術。前人對他的散文風格曾發表過不少看法，如韓愈說：「雄深雅健」（《劉夢得文集》卷七〈唐故柳州刺史柳君集序〉），《舊唐書·柳宗元傳》說：「精裁密致，璨若珠貝」，李塗以爲：「柳如泉」（《文章精義》十七條），明人楊愼認爲：「謂『柳如泉』未允，易『泉』以『江』可也」（《升庵詩話》卷五），劉熙載又認爲：「柳州之文如山」（《藝概·文概》），茅坤則比喩說：「巉岩崱屴，若游峻壑削壁，而谷風凄雨四至者，柳宗元之文也」（《唐宋八大家文鈔·論例》），淸人魏禧又說：「子厚如幽岩怪壑，鳥叫猿啼」（《日錄論文》卷二雜說）。他們的說法都有一定道理，但柳文的風格是豐富多樣的，這些評論中有的只是指出了他風格的某一點，並不完全確切。應該說，柳文總的風格是「沉鬱凝斂，冷峻峭拔」。唐代韓柳並稱，如果說韓愈散文猶如波濤滾滾的「長江大河」，偏於壯美的話；那麼柳宗元散文就好比淒淸悠深的「幽篁曲澗」，具有一種柔美。

風格卽人，一個作家的風格決定於他的社會地位、經歷遭遇、思想感情、才性氣質、文藝修養等等。柳宗元散文「沉鬱凝斂，冷峻峭拔」的風格，不僅和他長期被貶謫的遭遇經歷、憤世嫉俗的思想感情，富有批判的作品內容有關，而且與他具有淒幽、憤激、冷峻、濃鬱，以及諷諭性、象徵性，屈曲峻峭的筆法分不開的。

首先、是淒幽的情調：柳宗元絕大部分的散文，都產生在被貶永州之後。由於這些作品，不是無病呻吟，矯揉造作的產物，也不是無聊應酬，隨意點綴之作，而是有感而發，有爲而作，所以都充滿著強烈熾熱的感情。無論是表達自己思想懷抱的雜文、記敘下層人物遭遇的傳記文，針砭社會病態的寓言文，還是描繪山容水態的遊記，著重抒情諷刺的辭賦，都帶有一種淒幽、憤激、冷峻的色彩，這是形成柳文沉鬱峻峭風格的重要因素之一。尤其是他那些感慨身世的敘事、抒情之作，往往寫得哀怨淒幽，動人心魄。所謂「參之離騷以致其幽」，在淒幽這一點上，柳文與屈原作品十分相像。他的遊記喜歡描寫幽冷淒清的境界，如〈始得西山宴遊記〉中的「幽泉怪石，無遠不到」，〈鈷鉧潭西小丘記〉中的「清泠之狀與目謀，瀯瀯之聲與耳謀」，都給人以淒幽的感覺。此外，柳宗元被貶永州後寫的一些求友援引、自明心迹的書信，也寫得哀怨欲絕。如〈與李翰林建書〉中敘寫被貶永州後的生活情況說：

> 永州於楚為最南，狀與越相類。僕悶卽出遊，遊復多恐。涉野有蝮虺大蜂，仰空視地，寸步勞倦；近水卽畏射工沙虱，含怒竊發，中人形影，動成瘡痏。時到幽樹好石，暫得一笑，已復不樂。何者？譬如囚拘圜土，一遇和景出，負牆搔摩，伸展支體，當此之時，亦以為適，然顧地窺天，不過尋丈，終不得出，豈復能久為舒暢哉？明時百姓，皆獲歡樂；僕士人，頗識古今理道，獨愴愴如此。誠不足為理世下執事，至比愚夫愚婦又不可得，竊自悼也。

先敘永州的荒涼偏僻，繼寫鬱悶和驚恐的心情。中以囚拘監獄爲譬喻，突出雖有好景暫可相娛，但不得自由，最後運用對照手法，把「頗識古今道理，獨愴愴如此」的自己，與「皆獲歡樂」的百姓並舉，渲染「至比愚夫愚婦又不可得」的悲哀，眞可謂嗚咽悽愴，字字是淚。

其次、是憤激的色彩：柳宗元不是傷感文人，而是文學家。他的散文在具有怨幽情調的同時，更多的是表現出憤世嫉俗的特點。李塗說得好：「子厚發之以憤激。」（《文章精義》二〇條）他把對社會弊端的觀察，懷才不遇的感受，出之以飽含血淚的憤懣之語，常常產生震撼人心的藝術效果。如〈對賀者〉的結語說：「嘻笑之怒，甚乎裂眦，長歌之哀，過乎慟哭。庸詎知吾之浩浩，非戚戚之尤者乎？」這是在痛苦至極之時，以一種扭曲的語言表現出來的憤激感情。又〈送從弟謀歸江陵序〉最後寫著說：

> 吾不智，觸罪擯越、楚間六年，築室茨草，為圃乎湘之西，穿池可以漁，種黍可以酒，甘終為永州民。又恨徒費祿食而無所答，下愧農夫，上慚王官。追計往時咎過，日夜反覆，無一食而安於口，平於心。若是者，豈不以少好名譽，嗜味得毒，而至於是耶！

表面上是說因不智觸罪，甘爲永州之民，追計往咎，是少好名譽之故，似乎在認錯悔過；實際是發泄對橫遭貶謫的不滿，悲憤之情以曲折之筆來表述。〈乞巧文〉的末尾也說：「嗚呼！天之所命，不可中革。泣拜欣受，初悲後懌。抱拙終身，以死誰惕！」天意既不能改變，乞巧已不可得，於是作者表示要終生守拙，即使因此而死也決不害怕。此處同樣是以反語爲正的方式，來表現自己對忠而見嫉，直而召禍的憤慨。

柳宗元的散文頗得益於屈原的和司馬遷，因爲屈原「發憤以抒情」，和司馬遷「發憤著書」的精神，對柳很有影響，加上他的遭遇和屈、馬也十分相似，所以他的散文富有沉鬱憤激的色彩，並非偶然。

再其次、是冷峻的特質：柳宗元的散文不僅注重抒寫自己的身世之慨，而且敢於面對人生，揭露社會的病態，甚至可以說，他的散文長於諷刺。而且在諷刺時，或反話正說，或借題發揮，或旁敲側擊，常常表現出犀利冷峻的特色，如〈愚溪詩序〉解釋「愚溪」命名原因時說：

夫水，智者樂也。今是溪獨見辱於愚，何哉？蓋其流甚下，不可以溉灌；又峻急多坻石，大舟不可入也，幽邃淺狹，蛟龍不屑，不能興雲雨。無以利世，而適類於余，然則雖辱而愚之，可也。寧武子「邦無道則愚」，智而為愚者也；顏子「終日不違如愚」，睿而為愚者也，皆不得為真愚。今余遭有道，而違於理，悖於事，故凡為愚者莫我若也。夫然則天下莫能爭是溪，余得專而名焉。

借題發揮，巧用反語。寫溪就是寫作者自己，渲染溪水「流甚下」、「多坻石」、「幽邃淺狹」，和自己「違於理」、「悖於事」種種「愚」相作對照，實際上這正是作者自己耿介不阿，堅守直道的品格寫照，而「智者」、「有道」云云，則是對宵小之徒和昏昧時世的尖銳諷刺，筆調冷峻沉鬱。柳宗元還有的作品是指桑罵槐，借物諷刺，如〈罵尸蟲文〉、〈憎王孫文〉、〈有蝜蛇文〉等皆是，至於〈牛賦〉也屬此類作品，如文中對羸驢的描寫：

不如羸驢，服從駑馬。曲意隨勢，不擇處所。不耕不駕，藿菽自與。騰踏康莊，出入輕舉。喜則齊鼻，怒則奮躑。當道長鳴，聞者驚避。善識門戶，終身不惕。

表面上是寫羸驢，實際是爲那些無所事事，不勞而獲，以及善於鑽營、長於投機者作的畫像。由於作者有著高度的描繪技巧，這裡可以說寫得形神畢肖，曲盡其妙，同樣表現出犀利冷峻的諷刺特色。至於他的寓言散文和辭賦，更是極盡嘻笑怒罵、嘲諷諷刺之能事，冷峻的色彩尤加明顯。

第四、是富有詩的意境：所謂意境，是指作者的主觀感情，和客觀景物交相作用而形成的藝術境界。這在柳宗元的遊記中是經常出現的。他的遊記在寫景時往往融入他遭貶後抑鬱憂憤的心態，所以好寫清幽之景，冷寂之美。如〈至小丘西小石潭記〉寫道：

> 四面竹樹環合，寂寥無人，淒神寒骨，悄愴幽邃。

〈石澗記〉描寫：

> 其上深山幽林，逾峭險，道狹不可窮也。

都構成一種寂寥幽冷的境界，通過這種境界的刻畫，作者藉以「舒泄幽鬱」。柳宗元寫景時還常常注入自己的人格，所以他又好寫怪特之境，奇峭之美。如〈鈷鉧潭西小丘記〉寫奇石：

> 其石之突怒偃蹇，負土而出，爭為奇狀者，殆不可數。其嶔然相累而下者，若牛馬之飲於溪；其衝然角列而上者，若熊羆之登於山。

〈小石城山記〉寫小石城山是：

> 環之可上，望其遠，無土壤而生嘉樹美箭，益奇而堅。

勾勒出一種奇特峻峭的境界，可看作他堅貞倔強品性的折射。總之，柳宗元的遊記，是作者豐富感情和奇異景觀的融合，幾乎篇篇都充滿著詩情畫意。

我國的傳統畫，強調氣韻，詩亦提倡韻味。詩的韻味，是指一種深遠悠長、耐人咀嚼的丰神。柳宗元的散文就有這種特殊的詩韻。譬如〈愚溪對〉通過對話形式，回答愚溪之神爲何以「愚」名溪，以及作者自己怎樣個「愚法」，以致連累及溪，這兩個問題時，刻畫了自己的種種「愚」相，把自己不計私利，直道是守的思想，和對賢愚不分之昏亂時世的憤激情緒，以反語和雙關語出之，耐人尋味，而結尾又補上極爲精采的一筆：「於是溪神深思而嘆曰：『嘻！有餘矣，是及我也。』因俯而羞，仰而吁。涕泣交流，舉手而辭。」寫得言近旨遠，淸音獨具，使得全文的諷刺效果，產生悠長的韻味。

第五、是含蓄深婉的形式：柳宗元的散文，雖然感情飽滿，思想深刻，但往往不以一泄無餘的方式來表達，而是以含蓄、深婉的形式出之，具有很強的諷諭性和象徵色彩。這既是由他被謗遭貶，憂讒畏譏的處境所決定，也是他「辭令褒貶，導揚諷諭」文學主張的體現。

諷諭是指託物寄興，借事喻理，把某一種感情、某一個道理，寄寓在對人物、事件的敍寫之中，用曲折、隱微的方式加以表達。這種諷諭的特點，在他的寓言散文和寓言辭賦，甚至雜文、遊記、傳記中，都表現得非常明顯。柳宗元的雜文常常言此喻彼，別有寄託，如〈鶻說〉在講鶻冬天捉到小鳥後，第二天早晨把它放了，並向相反的方向飛去的故事以後，引出了下面一段議論：

> 嗚呼！孰謂爪吻毛翮之物，而不為仁義器耶？是固無號位爵祿之欲，里閭親戚朋友之愛也，出乎鷇卵，而知攫食決裂之事爾，不為其他。凡食類之飢，唯旦為甚，今忍而釋之，以有報也，是不亦卓然而有立者乎？用其力而愛其死，以忘其飢，又遠而違之，非仁義之道耶？恒其道，一其志，不欺其心，斯固世之所難得也。

柳宗元在被貶的屈辱生活中，飽嘗世態炎涼，人情冷暖，看淸了很多欺世盜名之徒的市儈面目，這裡明爲贊鶻的「仁義之道」，實際是諷刺「世之」背恩敗德，見利忘義的行爲，寓意之深刻，頗耐人尋味。

其他如〈觀八駿圖說〉、〈序棋〉等，也都具有言在此而意在彼，諷諭寄託的特點。

一般遊記大多以寫景記遊爲主，而柳宗元的遊記往往深有寄託。如〈鈷鉧潭西小丘記〉中著意寫「唐氏之棄地」，無論寫對其未售之前的「憐」也好，還是寫對其既售之後的「賀」也好，都寓有包括自己在內的棄而不用，報國無門者傾吐牢騷不平之意。〈小石城山記〉，痛惜小石城山「列是夷狄，更千百年不得一售其伎」，則是以此感嘆自己空有傑出才能，無用武之地。清代何焯就指這些遊記中「多寓言，不惟寫物之工」，可見他早已看出柳宗元的遊記是富有諷諭性的。

柳宗元的散文還富有象徵色彩。象徵是通過具體形象表現與之相似思想、感情的表現手法或藝術特色，這在柳文中經常有所體現。如〈始得西山宴遊記〉在描寫了西山壯美的景色後，刻意地點上這一句：「然後知是山之特立，不與培塿爲類。」此處刻畫的高大雄偉、獨立不羣，小土丘根本無法與其相比的西山，顯然是種象徵，其中寄託了不與腐朽落後勢力同流合汚，保持高尚節操的不屈精神。

柳宗元散文鮮明的諷諭性和象徵色彩，使得所寫的眼前之物、文中之事，具有一種弦外音、味外味，增強了散文含蓄清婉，蘊藉雋永的特點。

第六、是突兀奇峭的筆法：明人廖南評柳文說：「巍岩絕湍，峭奇環曲」（蔣之翹輯注本《唐柳河東集》卷首評語），劉熙載進一步說：「柳文如奇峰異嶂，層見疊出，所以致之者，有四種筆法，突起，紆行，峭收，縵回也。」（《藝概・文概》）確實，柳宗元散文峭拔的風格是和其筆法的突起峭收，屈曲陡折大有關係。例如柳文一開頭往往劈空而來，陡然而起，給人以突兀奇峭之感。他的〈封建論〉本來是篇論述分封制度優劣的散文，開端也沒有直接提到分封制度的問題，而是從天地、人類有沒有原始階段的設問突然起筆，下面再引出分封制度，並進而提出分封制度的確立是由於「勢」，即客觀時勢所決定的觀點，作爲全文立論的根據。這種散文的開頭，便表現出奇崛不平、勁健有力的特點。〈監祭使壁記〉是爲監察御史衙署寫的廳壁記。監察御史是監察祭祀活動情況的官吏。該文不從監察御史衙門沿革變遷寫起，卻陡然引述《禮記·檀弓》中的話說道：「祭禮，與其敬不足而禮有餘也，不若禮不足而敬有餘也。」一開始就突出「敬」在祭祀活動中的重要性。接着再說：「是必禮與敬皆足，而後祭之義行焉。」然後再轉折到寫此官職歷代設置的情況。這篇文章的開筆也突兀不凡，起落無迹。這些突起筆法的運用，對形成柳文峭拔的風格，發揮重要的作用。

柳文不僅在開頭喜歡奇峰突起，而且在文字的銜接、轉折處，也經常用突筆。如〈羆說〉這篇散文，顧名思義，是講述有關羆這種野獸的情況。可是他開始並沒有從羆寫起，而是說：「鹿畏貙、貙畏虎、虎畏羆」，講了一獸畏一獸的規律，爲後面的故事情節預作伏筆，起得突兀勁健。接下來才提到羆：「羆之狀，被髮人立，絕有力而甚害人焉」，介紹此獸形狀，凶猛的本性，以及對人的危害性，看似文章將順着寫羆的文路發展下去，但一進入正文，卻陡然跳到寫獵人「能吹竹爲百獸之音」的技能，轉折奇峭。然後接着就寫獵人企圖憑借「吹竹爲百獸之音」的外力，利用一獸畏一獸的規律，來打獵避禍，後來才引出羆，落腳到羆把獵人吃掉。剛寫了幾句羆的事，最後又由羆吃獵人突然轉到社會人事作收：「今夫不善內而恃外者，未有不爲羆之食也」，點出一個人不思自強，只想依賴外力，必然自食惡果的題旨。全文突起、突接、突轉、突收，使人有一種峻峭奇崛的感覺。

柳文的結尾也常常用峭收筆法，來增強奇崛峻峭的藝術效果，如〈觀八駿圖說〉先指出「八駿圖」

的荒誕不經，接著講傳說中聖人狀貌的不足信，繼而又強調駿馬、聖人與普通的馬、凡人並沒有什麼區別，所以正如按照「八駿圖」找不到眞正的千里馬一樣，依據傳說中聖人的樣子去找眞正的聖人也必不可能，文章最後寫道。

> 誠使天下有是圖者，舉而焚之，則駿馬與聖人出矣。

在寫了這冷冷一句之後，全文便戛然而止，旣收得陡峭俐落，又長留餘韵。〈鈷鉧潭記〉在描寫了「有樹環焉，有泉懸焉」，「尤與中秋觀月爲宜，於以見天之高，氣之迥」的潭上景色後，突然以設問句收結全文：

> 孰使予樂居夷而忘故土者，非茲潭也歟？

這個收尾結得峭然有力，餘意無窮。在「樂」字的背後，顯然可以捉摸到作者憤激幽怨的感情脈搏。徐幼錚就說：「結語哀怨之音，反用一樂字托出，在諸記中，尤令人淚隨聲下。」（高步瀛《唐宋文舉要》甲編卷四）宋人王十朋說柳文「好奇」（《梅溪王先生文集》卷十九〈讀蘇文〉），明代方鵬評柳文「奇古峭厲」（《責備餘讀》卷下〈韓柳文章大家〉）清人吳振乾說「峭若柳」（〈唐宋八大家類選序〉），范泰恒指「柳之峭」（《燕川集》卷一〈古文讀本序〉），柳宗元散文的「奇」和「峭」，正是上述奇峰突起式的起、接、轉、收所造成的。

(二) 在結構方面

結構，是指文學作品各部分之間的組織和布局。柳宗元的散文結構，一向受到人們的高度評價。其主要的特點是旣嚴謹有序，一氣貫通，又靈動多變，曲折起伏。往往給人以嚴正精巧的感覺，成爲我國古代散文結構藝術中的典範之作。

首先、是布局嚴謹：文學作品要求做到嚴謹、縝密、連貫。對這一點，中外作品都是一樣的。我國早在《易・艮》中就提出了「言有序」的說法，主張散文要寫得有條不紊。劉勰也強調作品的謀篇布局，提出「衆理雖繁，而無倒置之乖，群言雖多，而無棼絲之亂，扶陽而出條，順陰而藏迹，首尾周密，表裏一體」，又強調「首尾圓合，條貫統序」（引文均見《文心雕龍・附會》），同樣十分講究文學創作結構的周密連貫。柳宗元散文在結構上首先做到了這一點。《舊唐書・柳宗元傳》指出柳文「精裁密致」。宋人呂本中則說：「柳子厚文，分明見規模次第。」（《童蒙詩訓・韓柳文》）他們都充分褒揚柳文結構的嚴密。

柳宗元散文結構的嚴謹，表現在段落層次的安排上合理恰當，井然有序，在篇幅的處理上則中心突出，主次分明，同時還善於過渡轉折，預伏呼應，使散文各部分之間聯繫緊密，融爲一體。如〈封建論〉是一篇長文，可是布局細密，條理淸晰，寫得很有章法。全文分四大段。第一段、提出「勢」的觀點，作爲全文立論的根據。第二段、列舉周、秦、漢、唐的史實，比較郡縣制和分封制的優劣，肯定郡縣制有利於統一事權的優越性。此段是正面論述，觀點集中，對比鮮明，有理有據，辨析透闢有力。第三段、駁斥幾種鼓吹分封制的論調，卽所謂分封制下統治者責任心強，政治淸明，分封制使夏、商、周、漢等朝代長久，而郡縣制造成秦朝速亡；分封制是殷、周聖王實行的制度，因而是不能改變的。並在批駁上述謬論的過程中，進一步贊揚郡縣制破除世襲特權，有利於革新政體，並順應歷史發展潮流的優越性，該段重點突出，詳略分明，論駁昭晰。末段、收束歸源，總結全文，在上面論駁的基礎上，又一次指出在分封制「繼世而理」和分裂割據的情況下，根本不可能治國理民，只有實施郡縣制，才能出現「賢者居上，不肖者居下」，選任賢能，使政治清明，人民安樂的局面。可說是水到渠成，順理成章，並在全文中起到了畫龍點睛的作用。整篇文章，間架宏闊，布局合理，中心論點和大小分論緊密結合，正面史實和反面教訓對照，論述和批駁互相聯繫，條分縷析，布局十分嚴謹。

結構嚴密，條理分明，不僅在〈封建論〉這樣的長篇中有明顯的表現，就是在〈桐葉封弟辯〉這樣的短章中也很突出。本文開始以「古之傳者有言」發端，簡勁地交待了上述歷史傳說，以作爲下文辯正的標的。接着用「吾意不然」一句，轉入正文，開始進行辯正。作者先從王之弟當封不當封談起：「王之弟當封耶？周公宜以時言於王，不待其戲而賀以成之也；不當封耶？周公乃成其不中之戲，以地以人與小弱者爲之主，其得爲聖乎？」意思是說如果當封，周公就應該適時告訴成王，而不應該待其開玩笑時促成之；如果不當封，周公促成不適當的玩笑。如此左右開弓，就把周公在封弟問題上的不當之處辯析得無懈可擊。然後在「戲」字上做文章：「且周公以王者之言，不可苟焉而已，必從而成之耶？設有不幸，王以桐葉戲婦寺，亦將舉而從之乎？」周公認爲天子的話不能隨便說，如果不幸，成王開玩笑把桐葉送給嬪妃宦官，也全得照辦嗎？寥寥幾筆，就揭示了周公所言的荒謬可笑，同時又旁敲側擊，指向擅權的貴族和宦官。接着趁勢對「天子不可戲」這句話痛加駁斥。

作者強調問題的關鍵在於天子的行爲是否適當，如果不當，即使改變十次也不算錯；如果適當，就不必改了。何況是開玩笑，怎麼可以不改變呢？這裏特別強調「當」的觀點，主張即使對封建社會中至高無上的皇帝的話也要作分析，不能盲從，如果說出的話不恰當，也可以改。這是作者借辯析桐葉封弟一事所要着重表達的政治思想，後文又補足這層意思，指出周公輔政應該用正道，而不能迎合或脅迫君主作不當之事，強調「要歸之大中而已」，進一步闡發「當」的思想。文章最後說：「是直小丈夫𡙇𡙇者之事，非周公所宜用，故不可信」，並補上一筆：「或曰，封唐叔，史佚成之」，認爲這件事不像是周公所爲，可能是史佚促成的，和開頭「古之傳者有言」相呼應，並表明自己並不注重史事的可信與否。可見其寫作目的在於借題發揮。全文中心突出，前後連貫，一環緊扣一環，沒有半點廢話，更無節外生枝的筆墨，布局恰當，結構嚴密。

其次、是巧設文眼：柳宗元散文結構的嚴謹，還表現在文章各段之間的不間斷，不隔絕，前後相連，一氣貫通，形成有機的整體。這主要是通過疏通脈絡，巧設文眼，精妙地處理首尾和前後的銜接來實現的。如〈童區寄傳〉歌頌牧童區寄與人口販子進行英勇鬥爭的機智，文章布局講究疏通脈絡，設置文眼，以此把文中各種材料串連起來，顯示出鮮明的整體感和連貫性。首段敘寫人物的社會環境，突出區寄的事迹說：「斯亦奇矣」，點出「奇」字，成爲全篇文眼。然後引出第二段，這段按時間先後順序，分三個層次來寫區寄的「奇」。僞裝恐懼，痲痺對方，然後伺機手刃其中的一個豪賊，這是一「奇」，重被抓獲，隨機應變，摸準對方心理，投其所好，尋機再殺另一豪賊，這是二「奇」；事後大聲喊叫，驚動集市，把事情眞相公之於眾，這是三「奇」。通過奇事寫奇人，所用筆墨不多，而一個勇於自救、善於用智的少年英雄形象便淸晰地突顯出來。末段寫此事的反響：一寫「虛吏白州，州白大府」，層層上告，四方震動，「大府召視，兒幼愿耳」，區寄顯得幼稚老實，留之爲吏不肯，此用不奇來襯託其奇，可謂不奇之奇。二寫「鄉之行劫縛者」，把他看作戰國時的少年勇士秦武陽，「側目莫敢過其門」，此以劫賊認爲其奇，來烘托奇，可謂奇而又奇。全文以「奇」字爲一篇之骨，以「奇事」爲全文中心線索，組織材料，安排情節，做到了前後連貫，渾然一體，結構精嚴完整。他如〈愚溪詩序〉忽而寫景，忽而議論，忽而抒情，明寫暗喩，變幻百出，但因爲通篇以一「愚」字爲文眼，所以仍然顯得線索淸晰，雜而不亂，正如《古文觀止》所評：「通篇就一『愚』字點次成文。借愚溪自寫照，愚溪之風景宛然，己之行事亦宛然。前後闗合照應，異趣沓來，描寫最爲出色。」（《古文觀止》卷九）這些散文都寫得結撰精整，一氣貫通。

第三、是連貫性和完整性：柳宗元有的散文，以精妙的開頭結尾，和緊密的前後文銜接，來突現文章的連貫性和完整性。如〈潭州楊中丞作東池戴氏堂記〉，就以首尾呼應，前後緊接見長。該文開頭說：「弘農公刺潭三年，因東泉爲池，環之九里。丘陵林麓距其涯，坻島渚洲交其中。其岸之突而出者，水縈之若玦焉。池之勝於是爲最。公曰：『是非離世樂道者不宜有此。』卒授賓客之選者，譙國戴氏曰簡，爲堂而居之。」先叙弘農公楊憑刺潭，次叙弘農公爲池，再叙弘農公以池授戴，「離世樂道」四字爲後文寫戴之爲人作鋪墊。接着極寫堂以及堂周圍的景色，末以「凡觀望浮游之美，專於戴氏矣」，兩句接應上弘農公以池授戴爲堂。後專叙戴氏爲人，以「其離世歟」，「其樂道歟」兩設問句，分別遙接上「離世樂道」四字。又以「賢者之舉也必以類」一句，名爲寫戴氏之賢，實爲贊弘農公之賢。再以人賢和地勝作對比，强調「得人焉而居之」，「堂不待飾而已奐矣」，又一次借堂贊戴，更贊弘農公。下寫「戴氏以泉池爲宅居，以雲物爲朋徒，攄幽發粹，日與之娛，則行宜益高，文宜益峻，道宜益懋，交相贊者也」，再應「樂道」。又寫「既碩其內，又揚於時，吾懼其離世之志不果矣」，再應「離世」。結尾寫道：「君子謂弘農公刺潭，得其政，得其勝，授之得其人，豈非動而時中者歟！」突出弘農公得政，得勝、得人，和開頭弘農公刺潭、爲池、授戴相呼應。最後兩句「於戴氏堂也，見公之德」，文章落脚到贊弘農公之德上。全文首尾連貫，前後銜接，轉折緊湊而自然，組成了嚴密的藝術整體。林雲銘說：「其行文周到完密，段落井井，不可多得。」（《古文析義》二編卷六）〈送僧浩初序〉在結構上亦有相似的特點。該文起首單刀直入：「儒者韓退之與余善，嘗病余嗜浮圖言，訾余與浮圖遊。」一開始就以「儒者」冠篇端，便有深意。「嗜浮圖言」、「與浮圖遊」兩句，卽喜歡佛教經典，與佛教徒交遊，則爲一篇綱目。接著拈出李生礎，並引退之書信說：「見〈送元生序〉，不斥浮圖」，以「不斥浮圖」補足「嗜浮圖言」、「與浮圖遊」。下面以先駁「不斥浮圖」轉入正文。前文正面指出浮圖「往往與《易》、《論語》合」，「不與孔子異道」，認爲佛教經典中有與儒道相通的內容，暗應開端「儒者」二字，肯定「浮圖誠有不可斥者」；後文反面駁斥「以其夷也」，卽因爲佛教是由外國傳入的，就要遭否定的論點，認爲這不是去名求實的做法。接下來再次強調浮圖「與《易》、《論語》合」，說明這是自己「嗜浮圖言」的原因；又寫「且凡爲其道者，不愛官，不爭能，樂山水而嗜閑安者爲多，吾病世之逐逐然，唯印組爲務，以相軋也，則舍是其焉從？」指出他們樂山水，輕名利，說明這是自己「與浮圖遊」的原因。在這樣寫了之後，才扣題切入，提到僧浩初，敍其「通《易》、《論語》，……以養而居，泊焉而無求」，和前文相呼應。後又寫「李生礎與浩初又善，今之往也，以吾言示之。」應到開頭的李生。結尾「因北人寓退之，視何如也」，又照應起首一句「儒者韓退之與余善」。整篇文章寫得前後貫串，首尾一體。宋人陳長方對此認爲：「子厚作序皆平平，惟送僧浩初一序，眞文章之法。」(《柳宗元文集》卷二十五評語)但在謹嚴縝密之外，也寫得不拘一格，機警靈變的。一篇之內，他運用開闔首尾經緯錯綜之法，並不千篇一律，而是從表達的中心思想出發，結合具體情況，來安排文章組織，成爲有機的整體，顯得靈活多樣，富有變化。

第四、是靈活多樣富有變化：柳宗元的散文在結構上雖不如韓愈散文那樣變化莫測，「好弄神通」，但在謹嚴縝密之外，也寫得不拘一格，機警靈變的。如〈謗譽〉是篇談毀謗和贊譽問題的雜文，起首以「凡人之獲謗譽於人者，亦各有道」兩句總提之後，文章分四段進行論述。第一段說：「君子在下位則多謗，在上位則多譽；小人在下位則多譽，在上位則多謗。」這是指在一般情況下產生的謗譽現象。第二段寫：「然而君子遭亂世，不得已而在於上位，則道必咈於君，而利必及於人。由是謗行於上而不及於下，故可殺可辱，而人猶譽之。小人遭亂世，而後得居於上位，則道必合於君，而害必及於人，由是譽行於上而不及於下，故可寵可富，而人猶謗之。」這是論亂世時產生的謗譽現象。第三段，提出孔子觀察人的方法：「不如鄉人之善者好之，其不善者惡之。」以此爲下文張本。第四段，論述作者自己的謗譽觀，認爲要正確地對待「謗」與「譽」，從外界客觀來說，應「徵其所自」，考察毀謗和贊譽來自何處，然後加以分析；從本身主觀一方來說，「要必自善而已矣」，一定使自己的言行盡量完美正確：從而給詆毀者以有力的還擊。按理文章在第二段寫完亂世謗譽之變後，就應立即轉入孔子之論，但作者卻又寫了世人輕信一層意思，強調「豈惟不能褒貶而已，則又蔽於好惡，奪於利害，吾又何從而得之耶？」更加突出謗譽難於正確判斷的論點。第三段，引出孔子之論後，本可緊承此意加以闡發，但作者卻又再寫世人謗譽不足憑一層意思，然後再接末段。該文的結構就是如此突破常規，加以變化，顯得曲折靈活，不拘束縛。又如〈永州韋使君新堂記〉開頭寫道：「將爲穹谷、嵁巖、淵池於郊邑之中，則必輦山石，溝澗壑，凌絕險阻，疲極人力，乃可以有爲也。」這是從反面一起。接著又寫：「然而求天作地生之狀，咸無得焉。」這是從反面二起。然後敍寫：「逸其人，因其地，全其天，昔之所難，今於是乎在。」落腳到現在依靠人力因地制勝。這樣的起筆表現出奇崛不凡、生面別開的特點。轉入正文後，則敍永州之荒蕪、韋公之開闢、新堂之落成、堂外之美景，最後由新堂而頌韋公，因無太多頌美的材料，於是既贊且賀曰：「見公之作，知公之志。」由韋公的除荒去穢，露美顯奇，預卜韋公將來的政績。結尾靈警，不落俗套。全文同樣給人以格奇調變，靈活自如的感覺。

第五、是曲折起伏之妙：「文似看山不喜平」。我國古代文論向來主張作文不應平直無奇，一覽而盡，以致使人興味索然，而要從表情達意的需要出發，做到騰挪跌宕，曲折起伏，如同繪畫中的「山雖一阜，其間環繞無窮」（鄭績《夢幻居畫學簡明》），圓林建築中的「曲徑通幽」，使人觀不盡的「柳暗花明」一樣，以強烈的藝術魅力來吸引人。袁枚說：「凡做人貴直，而作詩文貴曲。」（《隨園詩話》卷四）姜夔也提倡作品要「波瀾開合，如在江湖之中，一波未平，一波已作。」（《白石詩說》）這些話都講得很有道理。柳宗元的散文除了具有嚴謹靈動之勝外，就還有這種曲折起伏之妙。劉熙載說得好：「柳文如奇峰異嶂，層見疊出」。（《藝概・文概》）

柳宗元散文的曲折起伏，首先表現在轉折方面。轉折是指文意不是直進，而是轉彎，由一種境界進入另一種境界，柳文的構局多有這種情況出現。孫琮評柳宗元〈送詩人廖有方序〉說：「曲曲寫來，無限波折，只是一個轉字。」（《山曉閣選唐大家柳柳州全集》卷二）所評甚是。其全文如下：

交州多南金、珠璣、玳瑁、象犀，其產皆奇怪，至於草木亦殊異。吾嘗怪陽德之炳耀，獨發於紛葩瑰麗，而罕鍾乎人。今廖生剛健重厚，孝悌信讓，以質乎中而文乎外，為唐詩有大雅之道，夫固鍾於陽德者耶？是世之所罕也。今之世，恒人其於紛葩瑰麗，則凡知貴之矣，其亦有貴廖生者耶？果能是，則吾不謂之恒人也，實亦世之所罕也。

整篇文章分四個層次。第一層、是泛論，說嘗怪交州一帶「陽德」獨鍾於物而罕鍾於人。第二層、轉到寫被送者，說廖生道德高尚，文采斐然，似乎正是「陽德」之所鍾者，對廖生進行稱頌。第三層、又轉到感嘆世情，說當世之人對於物「紛葩瑰麗」都很珍貴，而與此相對照，對廖生這樣的人才，是否珍貴就是個問題，指向重物不重人的社會現實。第四層、則折到雙寫廖生和世人，說廖生如果被世人重用，那這樣的世人就不是平常之人，而是世所罕見的人，這實際是種希冀之語，既寄託了廖生的美好願望，又含有對澆薄世風的冷諷熱嘲。全文僅一百多字，卻有如此的轉折、頓挫，可說是柳宗元短文中的典型之作。

〈答韋中立論師道書〉也是以屈折多姿著稱，尤其在文章前幅談師道部分更為明顯。該文由韋中立來信「欲相師」寫起，先說自己「未見可師者」，接著又說「雖嘗好言論為文章，甚不自是也」作一轉折，既對自己有所肯定，又表謙虛。下面寫「僕自卜固無取，假令有取，亦不敢為人師。為衆人師且不敢，況為吾子師乎」？連作兩個折句，在自謙中又贊韋生。下文由寫自己轉到輕視師道的世俗，把「抗顏為師」的韓愈比為「蜀之日」，把自己比為「越之雪」，把那些嘲笑師道的人比作「吠所怪」的「邑犬」，在嘻笑怒罵中，對輕視師道的流俗作了辛辣的諷刺。作者對此言猶未盡，於是文章又轉到借孫昌亂行「冠禮」遭嘲笑的事，進一步揭露世情的保守落後。然後用一句「今之命世者大類此」，又折回到自己不肯爲師的話題上。接著寫道：「吾子行厚而辭深，凡所作皆恢恢然有古人形貌，雖僕敢爲師，亦何所增加也？」又作一折句，和開頭不同之處是，這裡在贊韋生中飽含自謙。最後又說：「誠欲往來言所聞，則僕固願悉陳中所得者」，終於折到雖然表示辭師之名，而願盡師之實的意思。此文句折、段折、筆折、意折，無處不表現出轉折多變的特點。

柳宗元散文的曲折還表現在有波瀾，有起伏，層見疊出，姿態橫生方面。如〈鈷鉧潭記〉前幅寫潭上原來的景色：「其清而平者且十畝餘，有樹環焉，有泉懸焉。」描盡此潭美景。中幅轉寫當地居民因不堪官租和高利貸的盤剝，要出售潭上之田，文勢突起波瀾，在奇山異水的描寫中，吹進了一股嚴峻的現實生活氣息。後幅又折回到寫景，描繪在已買的田地上「崇其台，延其檻，行其泉於高者而墜之潭」，進一步突出開闢奇美景觀，並盡情欣賞的快意。在這起伏的波瀾中，不僅交待了得潭的始末，而且折入了人民疾苦的投影。

柳宗元的散文筆法多變，或用正筆，或用反筆，或取襯筆，或取蕩筆，錯雜交並，多管齊下，在結構上造成跌宕生姿，頓挫波折的效果。其實，這些特點在柳文中往往互相結合，水乳交融，表現得嚴謹而又靈動，貫通而又曲折。明代唐荊川對作文強調「開闔首尾經緯錯綜之法」，做到「守繩墨而不肆」（《荊川先生文集》卷十〈董中峰侍郎文集序〉）；則柳宗元散文的結構，可以說就達到了這種「守繩墨而不肆」與「神明變化」的藝術境界。

(三) 在語言方面

文學是語言藝術，作爲文學樣式之一的散文，直接通過敍事、議論或抒情來表達思想感情，相對來說，可以憑借的形象化的藝術手段不是很多，語言就顯得更爲重要。柳宗元的散文寫得優美生動，與他卓越的語言藝術有著密切的關係。清代王士禎評曰：「柳子厚妙於語言」（《緯略》卷三〈古人文章〉）。確實，柳宗元散文的語言，在峻潔、勁峭、精麗、形象等方面，取得了高度成就。

首先，是峻潔：他本人不止一次地說：「參之太史公以著其潔」，「穀梁子、太史公甚峻潔」，竭力提倡爲文要峻潔。別人也稱贊他的散文「峻潔精奇」，「峭拔緊潔」。那麼什麼是「峻潔」呢？方苞解釋說：「子厚以潔稱太史，非獨辭無蕪累也。明於義法而所載之事不雜，故其氣體爲最潔也。」（《方望溪先生全集・集外文補遺》卷二）方東樹則說：「夫子厚所稱太史之潔，乃指其行文筆力斬絕處，此最文家精深之詣，非尋常所領解。」（《儀衞軒文集》卷七〈與友人書〉）柳宗元自己也有兩段話可作爲他所說的「潔」的注釋：一、是說：「吾雖少爲文，不能自雕斫，引筆行墨，快意累累，意盡便止，亦何所師法。」（〈復杜溫夫書〉）。可見，所謂「峻潔」或「潔」，除了包括內容剪裁精當，風格洗煉廉悍外，在語言上的要求是不拖沓、不含糊，無贅語、無泛筆，言約事豐，乾脆簡勁。柳宗元的散文，就出色地做到了這一點。

柳宗元許多散文篇幅都不長，一般只有幾百字，較長的也只一二千字，但內容十分深刻雋永，表現出言簡意賅，語短意長，精悍無匹的特點。如〈送薛存義序〉就是個語言峻潔的突出例子。劉熙載說：

「柳州〈送薛存義序〉，可謂精能之至。」（《藝概．文概》）這裡所說的「精能」，卽精致深刻的意思，其精致之處，也就是謝枋得評論該文時所說的；「章法句法字法皆好」（《文章軌範》卷五），卽全文除了章法謹嚴外，用字造句也廉悍精嚴，簡而有法。此文首段，寥寥幾筆敍寫送行情況，點明題目後，卽轉入正題。首段、進行勸勉規戒，是文章的主體部分：先提出「官爲民役」的觀點。二段、提出現實中官吏對百姓「受其實，怠其事」，「又從而盜之」的情況，與此觀點相對照，揭露當時統治者殘民以逞的黑暗現實；後又以「佣一夫於家」而遭「怠之」、「盜之」，「則必甚怒而黜罰之」作爲比喩，由官民關係聯系到普通的主僕關係，然後又一轉折，指出因爲權勢地位不同，人民「莫敢肆其怒與黜罰」；最後則說「勢不同而理同」，懂得這個道理的官吏能不感到害怕而有所警惕嗎？歸到規戒的旨意上來。三段、贊揚薛存義爲民操勞，取得了「訟者平，賦者均，老弱無懷詐暴憎」的政績，這實際是把「官爲民役」的主張具體化，反映了作者的政治理想。末段、簡述送行作序的原因，收束全文。文章前規後頌，美刺結合，旣有對政治觀點的闡發，也有對社會弊病的針砭，「理長而味永」，通篇只用了二百四十字，的確稱得上是「精能之至」。

柳文不僅在整篇中表現出峻潔的特點，就是在運用句子、詞語時，也顯得十分精粹潔淨。如〈永某氏之鼠〉中，言：「某氏室無完器，椸無完衣，飲食大率鼠之餘也」，僅十六個字，就從住、衣、食三方面寫盡了老鼠的惡形惡狀，遺害無窮。〈宋清傳〉中「一不得直，則怫然怒，再則罵而仇耳」，只十四個字，描繪出了市儈在得不到眼前小利時，由發怒、咒罵到結仇的過程。〈至小丘西小石潭記〉後幅有幾句很生動的寫景文字：

潭西南而望，斗折蛇行，明滅可見。

這是寫望中所見小溪的情形。「斗折蛇行」四字以兩個形象的比喻，並用靜態和動態相間的手法，寫出了溪水曲折流動的樣子。「明滅可見」則直接形容溪水由於曲折而忽明忽暗，波光閃爍。這三句話不僅把望中小溪寫得窮形盡相，而且含蓄雋永，富有韵致。林紓說，「此中不必有路，特借之爲有餘不盡之思。」（《韓柳文研究法・柳文研究法》）〈黔之驢〉中「蕩倚衝冒」一語，則寫了老虎對驢子的四個動作：搖動、擠靠、衝撞、冒犯，可謂言簡意賅之極。總之，柳宗元散文無論在謀篇分段，還是遣詞造句，都是這樣的精煉簡潔，無一字一句多餘，清人李光地甚至說：「雖千餘言，要删他一個虛字不得。」（《榕村語錄》）柳宗元散文語言峻潔，並不是一味地「尙簡」，而是簡而有法，正如韓愈說的：「豐而不餘一言，約而不失一辭」（《韓昌黎文集・上襄陽于相公書》），做到簡不害意，繁不贅辭，恰到好處。

清人黃與堅說：「子長以『潔』許〈離騷〉，柳子厚又以太史致其潔。『潔』之一字，爲千古文字金針。」（《論學三說》）柳文的峻潔，是對我國先秦兩漢散文「文約而事豐」的傳統，作出良好的出色繼承和發展。

其次、是勁峭：柳宗元散文的語言一方面文從字順，明曉流暢，另一方面又常常喜歡用瘦硬語、奇重字，表現出奇峭的特點，如〈起廢答〉中有一段文字，用反語諷刺當時朝廷所謂「人才濟濟」的情況：「今朝廷洎四方，豪傑林立，謀猷川行。羣談角智，列坐爭英。披華發輝，揮喝雷霆。老者育德，少者馳聲。丱角羈貫，排廁鱗征。一位暫缺，百事交幷。駢倚懸足，曾不得逞。」用「謀猷川行」，卽計謀多得像奔流的河水，來形容朝臣的足智多謀；以「羣談角智」，卽一羣羣地聚在一起高談闊論較量智慧，來描寫朝臣的鬥智逞才；用「排厠鱗征」，卽一排排依次魚貫向前，形容連年幼的人也爭權奪職；以「駢倚懸足」，卽互相倚靠，提起腳跟，來描寫極力謀劃爭奪官職的情況。用的都是一些奇崛、厚重的字句，顯得峭拔廉悍。又如〈說車贈楊誨之〉中以車爲喩，勸告對方旣要信守「大中之道」，堅持自己的理想，不喪失原則；又要在具體方法上注意策略，能夠隨時變通，做到內方外圓，中剛外柔，這是柳宗元在經受政治挫折後對立身行事的經驗總結。其中所用字句亦厚重奇險，表現出峻峭瘦硬的特點。

柳宗元散文的語言一方面經常用些普通的句子，熟習的辭語，另一方面也喜歡使用不常見而卻十分精闢的語句。宋祁曾說，「柳子厚云：『嘻笑之怒，甚於裂眦；長歌之哀，過乎慟哭。』……信文之險語。」（《筆記》卷中）像這樣的險語，在柳文中相當的多。如〈乞巧文〉中寫道：「眩耀爲文，瑣碎排偶，抽黃對白，啽哢飛走，駢四儷六，錦心繡口，宮沈羽振，笙簧觸手。」〈讀韓愈所著毛穎傳後題〉中說：「世之模擬竄竊，取青媲白，肥皮厚肉，柔筋脆骨，而以爲辭者……」或者批評駢文一味排偶對仗，玩弄詞藻，講求聲韻；或者諷刺因襲模仿、纖柔貧乏的文風，無一不造語生新，用詞奇險，比喩生動。

柳宗元原先喜歡用駢文寫作，後來改用古文來寫，從此由駢儷相偶之詞，變爲長短相生之體，由整齊勻稱的句式，改成參差錯綜的句子。袁枚曾評論說：「韓、柳亦自知其難，故鏤肝鉥腎，爲奧博無涯涘，或一兩字爲句，或數十字爲句，拗之，練之，錯落之，以求合乎古。人但知其戛戛獨造，而不知其功苦，其勢危也。誤於不善學者，而一瀉無餘。蓋其詞駢，則徵典隸事，勢難不讀書；其詞散，則言之無物，亦足支持句讀。吾嘗謂韓、柳爲文中五霸者此也。」（《小倉山房文集》卷十九〈答友人論文第二書〉）此處批評了駢文的缺陷，也指出學習韓、柳古文的弊端，同時揭示了韓、柳古文高下抑揚、長短參差的句式特點。韓、柳古文的句子確實隨著語言的錯綜變化，抑揚頓挫，柳與韓所不同的是，韓文多長句，而柳文多短句，多停頓，節奏急促，語氣斬絕，故讀來簡勁削刻，峭拔廉悍。林紓說：「柳州勁峭，每於短句見長技，用字爲人人意中所有，用意乃爲人人筆下所無」（《韓柳文研究法・柳文研究法》）。可謂知言。

第三、是精麗：柳宗元散文語言之長，首先表現在柳文造語精確、精切。使所用的語句和要表達的思想吻合，做到句句妥貼，語語確切。如〈始得西山宴遊記〉中寫「日與其徒上高山，入深林，窮回谿，幽泉怪石，無遠不到。」「遂命僕人過湘江，緣染溪，斫榛莽，焚茅茷，窮山之高而止。」其中所用的動詞「上」、「入」、「窮」、「過」、「緣」、「斫」、「焚」，與描寫的對象搭配十分貼切，從而準確地寫出了各種動態。又〈至小丘西小石潭記〉開始寫小潭「水尤清冽」，「清冽」二字不僅寫出「清」的視覺形象，而且給人以「冽」這種伸手觸摸可及的實感，可謂精切至極。〈袁家渴記〉中寫「舟行若窮，忽又無際」，這中間的「若」字和「忽」字用得也極確切，把那種「山重水復疑無路，柳暗花明又一村」的景象寫活了。〈永某氏之鼠〉中寫「拘忌異甚」，「拘忌」二字也不是隨便用的，其中不只有忌諱的意思，還有拘泥、固執的含意，概括永某氏的形象特點非常熨貼。〈封建論〉裡敍寫實行分封後，「裂土田而瓜分之」，言土地像切瓜一樣分割，既形象又確切；從不隨便揮灑，草率落筆，而是一絲不苟，刻意求精。

柳文語言的精切，還特別表現在虛詞的準確運用上。劉大櫆說：「文必虛字備而後神態出。」（《論文偶記》）林紓則說：「凡善於文者，用虛字最不輕苟。」（《春覺齋論文》）柳文運用虛詞不僅又多又好，而且十分貼切。他在〈復杜溫夫書〉中提出散文運用虛詞要「當律令」，要把「乎」、「歟」、「耶」、「哉」、「夫」這些「疑辭」和「矣」、「耳」、「焉」、「也」這些「決」辭嚴加區別，也就是疑問語氣詞和判斷語氣詞等，屬於不同類型的虛詞，不能混用，柳宗元的散文創作就做到了這一點。如〈桐葉封弟辯〉對周成王以桐葉封弟的說法作了這樣的駁斥：

> 王之弟當封耶？周公宜以時言於王，不待其戲而賀以成也。不當封耶？周公乃成其不中之戲，以地以人與小弱者為之主，其得為聖乎？且周公以王之言，不可苟焉而已，必從而成之耶？設有不幸，王以桐葉戲婦寺，亦將舉而從之乎？

在這段不長的文字中，句尾的虛詞有七個之多，造成了抑揚頓挫、勁健有力的語氣，而所用的「耶」、「乎」疑問語氣詞，和「也」、「而已」判斷語氣詞也很確切。又如〈宋清傳〉末了發出的感嘆：「嗚呼！清，市人也，今之交有能望報如清之遠者乎？幸而庶幾，則天下之窮困廢辱得不死亡者衆矣。『市道交』豈可少耶？」幾乎每句句尾都用虛詞，增添了文章的神韻，而所用的感嘆、疑問、判斷語氣詞也都很恰當。柳文除了在句末多用虛詞外，還常在句中用虛詞，如〈捕蛇者說〉寫：「悍吏之來吾鄉，叫囂乎東西，隳突乎南北，嘩然而駭者，雖鷄狗不得寧焉。吾恂恂而起，視其罐，而吾蛇尚存，則弛然而臥。」用在句中的虛詞較多，使行文產生了舒展的語氣和特殊的情態，而所用助詞「之」、介詞「乎」、連詞「而」也都十分適宜妥貼。章士釗曾作過精到的評論：「綜舉全集，子厚大抵每篇皆在細針密縷之中，加意熨貼，從無隨意塗抹、泥沙俱下之病。」（《柳文指要》上卷七頁）

此外，柳宗元散文語言之精，還有「精警」的一面。他的文章中常常有道人之所不能道的言論，多出現警句，開頑啓愚，發人深省。例如在寓言散文的結尾「必有一句最有力量，最透闢者鎮之」，起畫龍點睛，揭示主題的效果，就是突出的例子。這些警句雋語既是「一篇之警策，」在全文中更處於舉足輕重的地位，有振起全篇的功能，使柳文在有理有味、警絕動人上，起了重要作用。

柳宗元反對駢文末流，提倡散體單行、長短參差的古文，但他的散文也汲取了駢文的特點，融入自己的文章中。駢文全篇都用駢偶，不僅重覆拖沓，而且使文章呆板滯澀。散體文如果一味散行，也會顯得平淡無奇。清人包世臣說得好：「凝重多出於偶，流美多出於奇。體雖駢必有奇以振其氣，勢雖散必有偶以植其骨，儀厥錯綜，至爲微妙。」（《藝舟雙楫・文譜》）他認爲對偶顯得整齊諧美，散行顯得流動活潑。光講對偶容易使文章板滯，就要間用散行來使其靈動；僅用散行句子則文章零亂，就要間用對偶來使其嚴整。這樣奇偶相間，駢散錯落，才能寫成美妙的散文。柳宗元融駢文對偶於自己的古文之中，就形成了駢散相間，流麗活潑的語言之美，

柳宗元散文還汲取駢文音韻和諧的優點，來增強語言的美感。但他的古文是不講聲韻的，對所用辭句聲調的高下抑揚，卻十分注意，所以往往讀來鏗鏘頓挫，聲情並茂。如〈捕蛇者說〉中云：「殫其地之出，竭其廬之入，號呼而轉徙，飢渴而頓踣，觸風雨，犯寒暑，呼噓毒癘，往往而死者相藉也。」〈鈷鉧潭西小丘記〉中說：「枕席而臥，則清泠之狀與目謀，瀯瀯之聲與耳謀，悠然而虛者與神謀，淵然而靜者與心謀。」在行文上都回環抑揚，聲調諧美。有的散文在散行中還間用韻語，如〈永州龍興寺東丘記〉結尾寫道：

丘之幽幽，可以處休。丘之窅窅，可以觀妙。溽暑遁去，茲丘之下。大和不遷，茲丘之巔。

奧乎茲丘，孰從我游？

這種「似歌非歌」，「似散非散」，韻散相間的寫法，使語言顯得音韻諧婉。柳宗元許多散文的語言，可用他在〈愚溪詩序〉中所說的「清瑩秀澈，鏘鳴金石」來形容，具有一種音樂之美。

第四、是生動傳神：柳文善於形容，使所寫事物形神畢肖，栩栩如生。劉師培說：「子厚之文，善言事物之情，出以形容之詞，如永州、柳州諸遊記，咸能類萬物之情，窮形盡相，而形容宛肖，無異寫眞。」（《論文雜記》）確實，善於形容，精於描繪，在柳宗元的遊記中表現得最爲突出。如〈鈷鉧潭西小丘記〉寫山石：「其嶔然相累而下者，若牛馬之飲於溪；其衝然角列而上者，若熊羆之登於山。」通過形容詞和比喻的巧妙運用，把奇形怪狀、變態百出的石頭寫得生動逼眞，陳衍曾贊道：「『嶔然相累』四句，狀潭處向上向下之石，工妙絕倫。」（《石遺室論文》卷二）〈始得西山宴遊記〉云：「縈青繚白，外與天際，四望如一。」寫在山上望中所見遼闊蒼茫的景觀，也非常傳神，陳衍稱此「自是警句」。除了遊記外，在其他散文中，巧用語言生動的特點也同樣很明顯。如〈封建論〉中說：「彼其初與萬物皆生，草木榛榛，鹿豕狉狉，人不能搏噬，而且無毛羽，莫克自奉自衞。」又說：「負鋤梃謫戍之徒，圜視而合從，大呼而成羣。」或寫人類原始階段草木雜亂叢生，野獸成羣奔走的景象，或敍秦末農民揭竿起義、各方響應的情況，都相當形象而生動。

比喻被人稱爲「形象中的形象」，它也是柳文生動傳神的重要藝術因素。柳宗元散文中的比喻不僅豐富，而且精巧，如他在〈答吳武陵論非國語書〉中批評《國語》一書時說：

夫為一書，務富文采，不顧事實，而益之以誣怪，張之以闊誕，以炳然誘後生，而終之以僻，是猶用文錦覆陷阱也。不明而出之，則顛者衆矣。

他用綉畫的錦帛覆蓋陷阱，比喻以華麗的辭藻包裝錯誤內容的作品之嚴重危害，既形象又深刻。又如柳文中不僅有許多比喻的句子，還有不少比喻的詞彙，這也使得柳文的語言顯得生動傳神。如〈乞巧文〉中用「錦心綉口」，描寫駢文堆砌辭藻的弊病；以「擬步如漆」，形容世道的黑暗昏亂，都是運用比喻性詞語的典型例子。又如〈寄許京兆孟容書〉中寫「摧心傷骨，若受鋒刃」，以內心和骨頭好像受到鋒利的刀刃摧傷一樣，來形容自己的精神痛苦；又寫「立身一敗，萬事瓦裂」，用瓦的斷裂，比喻事業遭到破壞和失敗，眞是再生動也沒有了。

活用詞類，也是柳文精練生動的一個重要原因。所謂活用詞類，就是不按照詞類原本在句子中的作用，而是就語言習慣來進行靈活運用，如經常用作主語、賓語的名詞也可當作動詞用；用作謂語的動詞也可當作狀詞用等等。這樣的用法，大多可以收到簡化和形象化的語言效果。柳宗元的〈封建論〉中就有許多詞類活用的例子，如「邦羣厲」、「都六合之上游」、「無君君之心」，意思分別是分封諸侯、建都在地處上游的地方，沒有把國君當作國君來尊重的心，其中名詞「邦」、「都」、「君」都用如動詞，「暴其威刑」，是殘暴地施行嚴刑峻法之意，則是形容詞用如動詞，運用這樣的語法手段，使敘寫的文字更加凝練而形象。增強了語言的立體感和生動性。

(四) 結語

柳宗元的散文藝術是多方面的，這裏所指的風格、結構和語言，不過是他整個散文創作藝術中的三個層面而已。雖然如此，我們已經從這裏可以體會到柳宗元把他那徵聖、宗經的思想，鎔鑄百子的學識，輔時濟民的抱負，再加上他那特殊的顚沛身世，對政治高度的感應，和敏銳的觀察力，將自己身之所觸、目之所見、耳之所聞、心之所思；利用深婉的形式，奇峭的筆法，以峻潔、精麗、生動傳神的語言，與靈活多樣而富有變化的體裁，無論是說理、是抒情、是記遊，無不寓意深刻，生動感人。他既是唐代古文運動的催生者，更給後世散文創作，留下珍貴的典範。

六、柳宗元在散文方面的成就

㈠ 概　説

古文運動，有了韓愈，不能沒有柳宗元。理由是：根據韓愈三傳弟子孫樵的話，就可以略知梗概了。他說：「嘗得爲文眞訣於來無擇，來無擇得之皇甫持正，皇甫持正得之韓吏部退之。」而蘇軾則以爲「學韓而不至者爲皇甫湜，學皇甫湜而不至者爲孫樵。自樵以降，無足觀矣。」確實，唐代自孫樵以降，再沒有一個像樣的散文作家，足當韓門嫡派之稱；但即使是韓愈的「親炙」弟子皇甫湜，在他的文集中，也不容易找到一兩篇可以和柳宗元相頡頏的傑出作品。可見只有柳宗元，才是一個和韓愈同樣具有高度水平的散文家，韓門弟子，沒有一個人能和他相提並論的。這從散文本身的成就上，說明唐代的古文運動，除了韓愈外，柳宗元應該是主要的領導者。其次，這個運動的對象旣是駢文，那末只要是優秀的散文作者，而他又能在文壇上樹立起散文的威信，就不能不承認他是一種可以加強這個運動的力量。所以不論培養何種形式的散文作者，應該同樣是運動的手段。柳宗元在散文主張上，雖然沒有明確地指出從舊散文發展到新散文的方向，也沒有公開建立師弟子關係，而向他請益的人，不管他得意失意，總是那麼源源而來，可見他的散文，由於他的培養作者之多，已在文壇上樹立起不可動搖的威信。這從散文作者的培養上，說明唐代的古文運動，除了韓愈外，柳宗元也應該是主要的領導者。由此我們可以肯定：唐代古文運動的走向成功，就領導者所發揮的作用來說，柳宗元和韓愈之間，雖然他們有一定的區別，但基本上可以說是如車之雙輪，鳥之兩翼，不可偏廢的。

㈡ 柳宗元在散文方面的重大突破

古文運動中，柳宗元在散文創作方面，有許多重大的突破，取得很高的藝術成就。韓愈在其死後慨嘆「子之文章，而不用世。乃令吾徒，掌帝之制」（〈祭柳子厚文〉），顯然有自認弗及之意。宋代晏殊的看法，是：「韓退之扶導聖教，鏟除異端，是其所長。若其祖述墳典，憲章《騷》、《雅》，上傳三古，下籠百氏，橫行闊視於綴述之場者，子厚一人而已矣。」（陳善《捫蝨新話》下集卷三）明代胡應麟則說：「論詩文雅正，則少陵、昌黎；若倚馬千言，雄辭追古，則杜、韓恐不及太白、子厚也。」（《少室山房筆叢》卷七）這也都肯定了柳宗元的傑出文才和創作上的成就。在韓、柳之間分高下，甚至按某種偏見和趣味肆意抑揚，是毫無意義的，但我們可以通過比較，體會到柳宗元在文體改革、散文藝術方面，做出了重大的發展。

第一、在文體改革方面　柳宗元的雜文題材廣泛，形式多樣。他針對哲學、政治、意識形態以及社會現實中的許多重大問題，隨事立意，思想活潑，論辯大膽，闡釋主題往往別具隻眼，獨出新義。在寫法上則善於以小見大，就事論理，構思新穎，旁敲側擊，又能巧妙利用敍述、議論、抒情等多種手法，使行文新鮮活潑，富有感染力。如〈永州龍興寺息壤記〉，是一篇只有二百餘字的短文，駁辯龍興寺中息壤地長的傳說，他卻徵之古籍，驗以異書，證明迷信謬說之無據，並推測執鍤觸息壤者盡死，是因爲

「南方多疫，勞者先死」，流露出同情勞動人民的思想。〈觀八駿圖說〉是一篇評畫的作品。「八駿圖」爲六朝以來流傳的名畫，描繪傳說中周穆王巡狩天下時駕車的「八駿」，「雄凌趫騰，彪虎文螭之流，與今馬高絕懸異」（李觀〈周穆王八駿圖序〉）的神奇形象。唐人有許多詩文贊揚這幅畫。但柳宗元卻一反常調，他批評那種把「八駿」描繪成「若騫若翔，若龍鳳麒麟，若螳螂然」的作法，是荒誕不經的。並由此作出一番引伸：千里馬與凡馬，同樣是「毛物尾鬣，四足而蹄，齕草飲水」的，推言到「駿」馬，也不會兩樣。用這個觀點看人，「視之圓首橫目，食穀而飽肉，絺而凊，裘而燠，一也。推是而至於聖，亦類也。然則伏羲氏、女媧氏、孔子氏，是亦人而已矣」。因而，「慕聖人者，不求之人，而必若牛、若蛇、若倛頭之問，故終不能有得於聖人也」。他最後得出結論說：「誠使天下有是圖者舉而焚之，則駿馬與聖人出矣」。這樣一來，這篇文章的意義便遠遠超出了歷來的書評，而對社會上壓抑人材的弊俗，更有所諷刺。

柳宗元的山水遊記，文富詩情，是他的散文中最富於藝術特色的一部分。他能雕刻衆形，「語語指劃如見，千載之下，讀之如置身於其際」（林雲銘《古文析義》初編卷五），表現了人對自然美的新鮮感受，豐富了描繪山光水色的藝術技巧，開拓了散文反映現實的新領域，從而確立起山水遊記這個體裁，在中國文學史上的獨立地位。他寫山水，不取六朝文人中流行的那種「流連光景」的態度，和「雕繢滿眼」的方法。由於他在流落南荒的孤獨困苦生活中，對自然美獲得了深切感受，又由於他廣泛繼承了前人描寫山水的藝術技巧，因此寫出了充滿個人生活體驗的思想感情，和反映他的審美理想的自然美景。山水本不是他遊樂的場所，他在〈與李翰林建書〉中說：「永州於楚爲最南，狀與越相類。僕悶卽出遊，遊復多恐。涉野有蝮虺大蜂，仰空視地，寸步勞倦。近水卽畏射工沙蝨，含怒竊發，中人形影，動成瘡痏。時到幽樹好石，蹔得一笑，已復不樂。何者？譬如囚拘圜土，一遇和景，負牆搔摩，伸展肢體，當此之時，亦以爲適。然顧地窺天，不過尋丈，終不得出，豈復能久爲舒暢哉！」所以，他在觀賞山水時，內心是抱著深刻的激憤與不平的。他把自己的感情「移入」自然之中，所以常見的景物，一經他的點化，便寫得千嬌百媚，姿態橫生。經過藝術上的升華，被表現得單純、寧靜、清新、美麗，而又生機蓬勃，似乎一樹一石都在向人呈伎獻巧。

柳宗元的寓言文，寓意深刻，生動活潑，是他的散文中最富於獨創性的另一個重要組成部分。諸子寓言和佛經譬喻的故事，嚴格說來還是論理的輔助手段。在唐代古文家中，李華、元結等人已開始創作寓言文。柳宗元汲取了前人的傳統，又借鑒了雜文和小說的寫作技巧，發展出一種思想深刻，概括性極強而又形象鮮明、情節生動的寓言文體。柳宗元的詩歌、辭賦、雜文中都好用寓言，並以這種寓言散文寫得最好。

柳宗元在辭賦創作上也取得了突出的成就。嚴羽說「唐人惟柳子厚深得騷學」（《滄浪詩話‧詩評》）。他著名的「九賦」，或抒情，或咏物，都有較充實的現實內容，不但不是「雕蟲篆刻」、「從容辭令」之作。反而深得屈賦的神髓。劉昫說，柳宗元「旣罹竄逐，涉履蠻瘴，崎嶇堙厄。蘊騷人之鬱悼，寫情敍事，動必以文。爲騷文十數篇，覽之者爲之悽惻」（《舊唐書》卷一六〇〈柳宗元傳〉）。由於他與屈原有著相似的遭遇，在永州所寫的悲悼身世、抒發憤懣的〈懲咎賦〉、〈閔生賦〉、〈夢歸賦〉、〈囚山賦〉等，不僅在形式上，而且在內容上也繼承了屈原〈九章〉的傳統。他的咏物作品〈牛賦〉、〈瓶賦〉等，都寓意深刻，富於諷喻。

以上所論述的柳宗元的雜文、山水記、寓言文、辭賦等，都是眞正的文學性散文。他的成就在唐代古文家中是很突出的。只有他在這方面用了那麼大的功夫，取得了那麼大的收穫，在散文發展史上產生了那麼大的影響。所以在唐代的文體革新方面，韓愈雖然貢獻巨大，但在以散代駢，發展文學性散文方面，柳宗元用力確實很多。因此，我們便不能不承認他對文學觀念的開拓，有不容忽視的地位。

第二、在藝術技巧方面：柳宗元的散文創作，不僅在文體、文風和文學語言的創造上下了功夫，而且發展了多種多樣的藝術手法和表現技巧。這裡僅就其中最突出者加以分析。如：

善於敍事：柳宗元在〈送班孝廉擢第歸東川覲省序〉中說：「隴西辛殆庶，猥稱吾文宜敍事」。他稱贊楊淩文章「遍悟文體，尤邃敍述」（〈楊評事文集後敍〉）。可見他很重視敍事技巧。劉禹錫讀了他的〈箏郭師墓志〉，稱贊其敍事「曲盡」，使人「如聞善音，如見其師，尋文寤事，神騖心得」（〈與柳子厚書〉），指出了他的文章有長於敍事的特點。柳宗元一些傳記性作品，敍事也是淸晰生動的。如〈種樹郭槖駝傳〉，本是「幻設爲文」，「以寓言爲本」（魯迅《中國小說史略》）。顧炎武說它是「稗官之屬」（《日知錄》卷十九）。其中通過種樹的成敗講「遂物之性」、「利人之生」的大道理。但前半用簡單的筆觸寫出了一個殘廢人種樹「碩茂早實以蕃」的生動故事，拿它與爲官理民做類比，有力地表現了主題。至於一些說理性的文章，也往往因事立意，借事明理，而不是高談不經。生動的故事，曲折的情節，往往再加上人物及其語言、行動的點染，使這些文章趣味盎然。而闡揚的道理，又寓於這種敍述之中，更加發人深思。又如〈棋序〉，寫堂弟宗直、宗一與友人房直溫彈棋，通過棋子製作，比擬人世間升遷變化如棋局，賢不肖混雜不分。由於他善於把主題表現在生動的情節之中，使那些本來是以說理為主的文章，也顯得特別生動有趣，絕無空泛枯燥，或連篇訓誡的弊病。

注重描繪：柳宗元自稱他善於「漱滌萬物，牢籠百態」（〈愚溪詩序〉），他具有高超的形象描繪技巧。唐代有些古文家，沒有分清雕飾藻繪與描繪形象的界限，片面地尚簡尚樸，甚至對《左傳》、《史記》中的那種比較質實的描寫手法也加以反對。但柳宗元卻吸收了辭賦、詩歌、小說的寫作技巧，塑造出栩栩如生的形象。例如他的〈段太尉逸事狀〉，便顯然地是借鑒了《史記》描繪人物的筆法。其中寫到段秀實隻身入郭晞幕，質所乘馬，代農夫償大將焦令諶，都以典型的細節，刻劃人物的音容面貌，而形象逼真。他寫的種樹老人、梓工（〈梓人傳〉）、牧童（〈童區寄傳〉）等，也都通過簡潔的外貌、行動、語言的描繪，突顯出具有個性特點的人物面貌。他的〈鞭賈〉，描繪一個奸商：「市之鬻鞭者，人問之，其賈宜五十，必曰五萬。復之以五十，則伏而笑；以五百，則小怒；五千，則大怒。必以五萬而後可。」寥寥幾筆，寫出了奸商詐狡和裝腔作勢的醜態。他的那些寓言文，描寫一些動物，也因物肖形，活現出它們的習性與特徵，如黔之驢的顢頇，在不勝怒時竟以蹄踢虎；永之鼠的「晝累累與人兼行，夜則竊嚙鬥暴，其聲萬狀」等等，都通過細密觀察，捕捉了對象的活動特點。特別是在描繪自然景物方面，他博覽物象，窮態極妍，細膩而優美，充滿了詩情畫意。但他的細膩不傷於雕琢，優美不流於華靡。他善於以清詞麗句，生動刻劃出一山一水、一樹一石的細微之處；同時又能以簡潔的筆觸，勾勒出整體的印象。

獨特筆法：柳宗元是一位對現實感應十分熱烈而又具有詩人氣質的人，特別是在貶官後長期受壓抑，內心矛盾鬱積無可發泄之時，借詩文以抒憤懣，造成其散文的強烈抒情性的特點。他講到作詩，說「感激憤悱……形於文字」（〈婁二十四秀才花下對酒唱和詩序〉）。他的散文也一樣，寫景，則情景交融；寫物，則物我無間；寫人和事，無不表現出熱烈的愛憎。〈捕蛇者說〉，作者只是客觀地描述，一個在死亡線上掙扎的捕蛇人的悲慘遭遇，但整個文章所表現的，卻是人民在暴賦酷役下走死逃亡的慘狀，成爲對現實政治充滿激情的控訴。文中的「問之」、「余悲之」、「余聞而愈悲」，三次簡潔地表現，主觀態度，卻如畫龍點睛，層層加深了作者的感情世界。柳宗元的山水記，可做散文詩來讀，詩情洋溢，是它們藝術感染力的來源之一。如前所述，他游歷山水，是拘囚生活中的慰藉，是內心痛苦的隱現，他用做描繪素材的永州山川，在南國風光中也不算什麼勝境，可是他卻把一處處景緻，寫得千嬌百媚，這已不是自然景物的機械複製，而是充滿了他的愛憎與理想的藝術創造。

結構奇變：柳宗元反對貪常嗜瑣的陳腐文風，提倡文章要「猖狂恣睢」（〈答韋珩示韓愈相推以文墨事書〉）。他曾一再稱讚韓文的「奇」。他的創作，也正如韓愈所評論的，「爲詞章，泛濫停蓄，爲深博無涯涘」（〈柳子厚墓志銘〉）。他努力使文章的立意與構思多奇變，避平庸，富有獨創性。柳宗元構思的奇變是以創意的新穎深刻爲基礎的。他能從平凡的、人所常見的事實或歷史資料中，出人意表地引發有意義的主題。例如〈復吳子松說〉，通過討論松樹的奇畫紋理的成因，以比擬人的氣質的形成，他公然主張俳不爲聖人所棄，把被人輕視的俳諧手法提到「有益於世」，即有助於發揚聖人之道的地位，這表明他是有意識地使用諷刺手法的。他還說：「嘻笑之怒，甚乎裂眦；長歌之哀，過乎慟哭！」（〈對賀者〉）他懂得以嘻笑的諷刺之筆，來表現強烈憤慨之情。並巧妙地利用嘲謔、諷刺、反語、誇張等藝術手段，寫了如〈乞巧文〉、〈愚溪對〉、〈起廢答〉、〈鞭賈〉之類的諷刺作品。除了這類諷刺文之外，柳宗元許多作品都文思機智，言詞幽默，往往以嘻笑怒罵的筆墨，反映了他對社會上黑暗勢力決不屈服的品格。

行文峻潔：行文尚潔是他創作的特點。尚潔與尚簡不同。尚潔是把達意作爲目標，意盡而言止。既不刻意雕鑿，也不有意含蓄，故作掩抑收斂之態。柳宗元的語言，淸新明快，峻潔廉悍，很有表現力，而絕沒有含混、拖沓、雕琢之弊。例如〈送薛存義序〉，按當時行文習慣，這類文章需要叙說緣由、祝福前途、表示友誼等等，但柳宗元卻擺脫了這個老套，開頭便說：

河東薛存義將行，柳子載肉於俎，崇酒於觴，追而送之江之滸，飲食之，且告曰，……

這樣簡明地加以點題。寫置酒肉送行，既表明了二人的友誼，又包含着自己的希望。然後就有層次地論述了「官爲民役」的主張。這就洗淸了一切客套浮辭，使內容表達得更爲精闢。前面論及的〈觀八駿圖說〉，從對一幅圖畫的評論，聯想到聖人出於凡人之中，又引伸出對人材的選拔和任用的看法；〈辯伏神文〉從假藥之害人，推到「物因多僞」，批判社會上虛僞欺詐的惡俗。他的歷史題材的文章，善於翻案，從陳舊的、有定評的史料中發現新鮮道理。如〈桐葉封弟辯〉、〈晉文公問守原議〉、〈梁丘據贊〉、〈伊尹五就桀贊〉、〈舜禹之事〉等等，都是如此。而組織和表達那些發人之所未發的創見，又很見工巧。

多用諷刺：諷刺的生命是眞實，但藝術上眞實的，並不一定是諷刺。諷刺除反映眞實外，還要有誇張諧謔、冷嘲熱諷的表現形式。柳宗元特殊的生活體驗和思想感情，使他的諷刺表現得更尖刻。文章的風格，與一個人的人品、思想、學問、經歷有密切關係。柳宗元是個政治家，又是思想家。特別是他後半生竄斥「南荒」，堙厄鬱抑，一切寓之於文章。使他的作品呈現出特殊的風貌。借用韓愈的話說：「雋傑廉悍，踔厲風發」。特殊的風格造成特殊的美感效果，這也是作家在藝術上高度成熟的標誌。

㈢結　語

總之，柳宗元對於「古文」寫作藝術確有重大的發展。由於他的努力，「古文」的領域擴大了，「古文」的藝術手法豐富了，「古文」的表現力也提高了。這對整個「古文運動」的發展和成功，起了重大的作用。柳宗元在散文史上的地位是不可低估的。

七、韓柳兩家在散文造詣上的比較

㈠ 概　說

柳宗元和韓愈齊名，都是唐代傑出的散文家。歷來人們在評論他們的散文成就時，常常喜歡將二人進行比較。這種比較對認識文學現象是十分有益的。文學批評史上對韓、柳的比較評論，頗多歧見，歸納起來大體有以下三種。

一派是揚韓抑柳的：比如宋代歐陽修說：「自唐以來，言文者惟韓、柳，柳豈韓之徒哉？眞韓門之罪人也。」（《歐陽文忠公文集・唐南岳彌陀和尙碑》）宋祁說：「柳州爲文，或取前人陳語用之，不及韓吏部卓然不丐於古，而一出於己」。（《筆記》上卷）李塗認爲：「讀柳、歐、蘇文，方知韓文不可及。」（《文章精義》二〇）葉世傑說：唐代能文之士「專其美者，獨韓、柳二人而已。柳稍不及，止又一韓。」（蔣之翹輯注本《唐柳河東文集》卷首評語）金人王若虛也說：「世稱李、杜，而李不如杜；稱韓、柳，而柳不如韓。」（《滹南遺老集》卷三十五）明代方鵬認爲：「古今人稱文章大家，必曰韓、柳。柳，非韓匹也。」（《責備餘談》卷下〈韓柳文章大家〉）到了清代，桐城派抑柳最甚，如方苞對柳宗元的道和文都加以貶抑，並說：「是以北宋文家，於唐多稱韓、李（指李翺），而不及柳氏也。」（《方望溪先生全集・答程夔州書》）

另一派是揚柳抑韓的：如宋代晏殊說：「韓退之扶導聖教，剗除異端，是其所長，若其祖述墳典，憲章騷雅，上傳三古，下籠百氏，橫行闊視於綴述之場者，子厚一人而已。」（陳善《捫蝨新話》卷九）顯然對柳文有更多的褒揚。李如箎也說：「韓退之、柳宗元皆唐之文宗」，「但退之之文，其間亦有小疵；至於子厚，則惟所投之，無不如意。」（《東園叢說》卷下〈韓柳〉）明人孫鑛認爲：「唐時柳文名重於韓」。（《月峰先生居業次編・與呂美箭書》）清代焦循極愛柳文，並說：「唐宋以來，一人而已」。（《雕孤集》卷首〈通儒揚州焦君傳〉）劉熙載不滿意揚韓抑柳的說法，認爲「學者未能深讀韓、柳之文，輒有意尊韓抑柳，最爲陋習。」（《藝概・文概》）近代陳衍也認爲「柳之不易及者有數端：出筆遣詞，無絲毫俗氣，一也；結構成自己面目，二也；天資高，識見頗不猶人，三也；根據具，言人所不敢言，四也；記誦優，用字不從抄撮塗抹來，五也。此五者，頗爲昌黎所短。」（《石遺室論文》卷四）近人章士釗在《柳文旨要》中，對揚柳抑韓觀點達到極致。他一方面竭力貶韓：「吾國文苑，自有退之垮入以來，國圍久失其臭，千年蛣蜣如丸互轉者，已無可究詰。」另一方面引清人李慈銘的話盛贊柳說：「子厚文章行業，照耀千古，迄今如未死者。」（《柳文旨要》上卷四）

還有一派是韓柳並稱的：比較二人不同的風格特點。如晚唐詩人杜牧就在詩中說：「李杜泛浩浩，韓柳摩蒼蒼，近者四君子，與古爭強梁。」（《樊川文集》卷一〈冬至日寄小侄阿宜〉）宋代王禹偁也說：「誰憐所好還同我，韓柳文章李杜詩。」（《小畜集》卷十〈贈朱嚴〉）《全唐文紀事・題宋版五百家注韓昌黎集》亦云：「子厚退之昔並傳，論文可擬以詩詮。韓如杜也柳如李，此則聖而彼則仙。」清代黃式三則斷然地提出：「唐之文，韓、柳二子爲冠，定論也。」（《儆居集・讀柳子宗元文集》）他們中間還有人在同樣肯定韓、柳之外，亦指出韓、柳散文的不同風格特點。如明人貝瓊說：「韓之奇，柳之峻……各有其體，以成一家之言。」（《清江貝先生文集・唐宋六家文衡序》）廖道南比喻說：「高山大川，雄峙奔洶，雖不見其震虧湮塞，而其秀挺回紆，不可盡藏，韓之文也；巍巖絕湍，峭奇環曲，使人遐眺留睨，而其靈氛怪氣，固克籠罩，柳之文也。」（蔣之翹輯注本《唐柳河東集》卷首評語）茅坤也說：「吞吐騁頓，若千里之駒，而走赤電，鞭疾風，常者山立，怪者霆擊，韓愈之文也。巉巖嶼屻，若游峻壑削壁，而谷風淒雨四至者，柳宗元之文也。」（《唐宋八大家文鈔・論例》）清人陶元藻認為：「昌黎以善縱見長，河東以能煉取勝。昌黎之博大，固非河東所及；河東之謹嚴，亦豈昌黎所得為？」（《泊鷗山房集》卷十一〈與蔡芳三論韓柳文優劣書〉）

綜上以觀，最後一派的觀點，顯然比較符合實際情況。韓、柳都是唐代古文運動的領導者，他們的作品都體現了散文革新的成果，達到唐代散文的最高成就。韓、柳可說是唐代散文史上的兩顆明星。而韓、柳散文在有著相似傾向和同等地位的同時，又各具特色，各有所長。所以，從總體上說，不當論韓、柳散文的優劣，但可以比較其異同。

(二) 韓柳兩家在散文創作上的共同點

韓愈、柳宗元在其散文革新理論的指導下，創作實踐取得出色的成就。他們融會先秦、兩漢散體文和六朝駢文、散體文的長處，學古變古，推陳出新，不僅在文體上，「始以單行易排偶，由深趨淺，由簡入繁，由駢儷相偶之詞，易為長短相生之體」（劉師培《文章原始》），打破駢儷束縛，使散文更加活潑自如，平順通暢，接近口語，而且形成了韓、柳古文共具的風貌。

首先、韓柳散文作品內容充實，形式完美：風格自然而富於文采，表現出思想和藝術和諧結合的特點；與重形式輕內容，文風浮靡纖弱的駢文末流，和有些古文運動先驅者質木無文的「宗經」、「明道」的文章相比，可說是散文創作上的大突破、大開拓。柳宗元識高文高，其散文思想見解之卓越，反映現實精神之鮮明，均達到時代的前列；藝術成就之傑出，審美效果之突顯，也爲當時所罕見。他的〈送薛存義序〉，振聾發聵地提出「官爲民役」的觀點，認爲官吏應當是人民的僕役，而不應該去奴役人民。這儘管在封建制度下帶有空談的色彩，但能在九世紀的中國表達出來，究屬空谷足音。正是這種進步卓絕的思想，加上文筆醇厚，寫得「精能之至」（劉熙載《藝概・文概》），使之成爲不朽名作。〈捕蛇者說〉是一幅農民掙扎在死亡線上的生活圖畫，是一篇對繁重賦稅的血淚控訴狀。以毒蛇之毒反襯賦斂之毒的寫法，使文章含義深廣，效果強烈。全文篇幅不長，但卻寫得跌宕起伏，一波三折，具有咫尺風雲之勢；對話形式的運用，又使行文繪聲繪影，靈活多變，爲我國家喻戶曉的散文佳作。韓愈有些散文固然是宣揚道德觀念，但更多的作品是體現他「不平則鳴」、「務去陳言」的主張，或者揭露社會病態，抒發牢騷不平，或者反抗流俗，顯示出突破傳統的精神；對古文這種新型散文，則駕馭純熟，揮灑自如，達到了逆來順往，無所不可的地步。韓愈曾針對中唐詩人李賀因父親名晉肅，「晉」與「進」同音，要避父諱，就不能參加進士考試一事，撰寫題爲〈諱辨〉的文章，對避諱這一封建習俗進行辯難。他尖銳地反詰：「父名晉肅，子不得舉進士，若父名仁，子不得爲『人』乎？」全文緊扣中心，層層辯駁，理足辭勝，氣盛言宜，「靈警機變，時出雋語」，有力地揭示了避諱的荒謬可笑和扼殺人才的實質。

清代曾國藩說：「此種文爲世所好，然太快利，非韓公上乘文字」（《求闕齋讀書錄》卷八）。其實這種不爲傳統所囿的反潮流精神和雄放明快的文風，正是韓文之所長。他的〈論佛骨表〉可視爲反佛的宣言書。文中猛烈抨擊唐憲宗迎佛骨的愚蠢行爲，指出「佛不足事」，要求把佛骨「投諸水火，永絕根本」，並表示「佛如有靈，能作禍祟，凡有殃咎，宜加臣身，上天鑒臨，臣不怨悔」，表現了韓愈敢於觸怒最高統治者的無畏精神，和嫉佛如仇的堅決態度，文章寫得辭語激切，堂堂之鼓，正正之旗，具有一種震懾人心的力量。韓、柳的許多散文都體現出這種文理兼勝，思想藝術俱佳的特色。這是韓柳在散文上的第一個共同點。

其次、韓柳繼承先秦、兩漢散文說理透闢，敘事生動：韓愈雖然以繼承儒家的「道統」和「文統」爲己任，但他並不是個道學家，也不是一般的文章家，而是傑出的文學家。他的散文隨物賦形，窮情盡變，文學性很強，如〈原毀〉是篇推求詆謗惡習本原的論說文，本來容易寫得抽象平直，板滯枯燥，可是作者在文中插入一段「某良士，某良士」，「某非良士，某非良士」的具體描寫，假托他人之言辭，摹寫世俗之情狀，就不僅使敘寫有理有據，更有說服力，而且整篇文章也跌宕有致，形象生動，具有文學色彩。〈應科目時與人書〉爲一求薦書信，而通篇用比喻，將作者既自負高傲又迫切求售的複雜心態，表達得淋漓盡致，其中以「一舉手、一投足之勞」形容有力者舉薦的輕而易舉，以「俛首帖耳搖尾而乞憐」描寫求薦的媚態，都寫得生動傳神，精妙獨到，金聖嘆曾稱贊：「此眞奇筆怪墨也」（《才子古文讀本》卷十）。他的有些「墓志銘」，就像精彩絕倫的微型小說。至於被稱爲「祭文中千年絕調」（茅坤《唐宋八大家文鈔・韓文公文鈔》）的〈祭十二郎文〉；如怨如慕，如泣如訴，痛徹肺腑地表達對亡侄的哀悼，完全是一篇「字字是血，字字是淚」（吳楚材、吳調侯《古文觀止》卷六）的純抒情美文。柳宗元散文的文學色彩和審美特徵更爲明顯。他的雜文充分體現出文藝性政論的特點，不僅見解卓絕，「識透古今，眼空百世」，（孫琮語，見《山曉閣選唐大家柳柳州全集》卷二）而且具有很強的藝術美，達到了邏輯性與形象性的統一，議論和詩情的結合。他的書札，特別是被貶永州時所寫的那些感嘆身世，自明心迹的信函，憂憤深廣，悲愴感人，有人把它和司馬遷的〈報任少卿書〉相提並論，不無道理。濃鬱的抒情意味和強烈的不平之氣，可以稱得上是「無韻之離騷」。柳宗元的傳記文，有的著重於對人物命運的敍寫和性格的刻畫，既形象又典型，顯得精練生動，眞切傳神，屬於優秀的傳記文學，如〈段太尉逸事狀〉、〈童區寄傳〉等都是；有的寫人物的言行經歷，但主要用來說明某個道理，諷刺某種社會現象，或類似寓言，或接近傳奇小說，如〈種樹郭橐駝傳〉、〈梓人傳〉等就屬這一類。他的寓言作品和山水遊記，把動物世界和自然山水的千姿百態，精妙入神地描寫出來，並且寄理於事，寓情於景，借寓言故事和山水景物反映世情物態，一吐胸中抑鬱不平之氣，表現出濃厚的理趣和詩意。這是韓柳在散文創作上的第二個共同點。

第三、韓柳散文嚴於章法，重視組織結構：明代唐順之說「漢以前之文，未嘗無法，而未嘗有法，法寓於無法之中，故其爲法也，密而不可窺。唐與近代之文，不能無法，而能毫厘不失乎法，以有法爲法，故其爲法也嚴而不可犯。」（《荆川先生文集・董中峰侍郎文集序》）此處所說的「法」，有「死法」和「活法」之分。所謂「死法」，是指遵循散文起承轉合、疏密詳細的法則；所謂「活法」，是指在遵守繩墨規矩的前提下，能加以靈活變化，時出新意。韓、柳善於把「死法」和「活法」統一起來，做到既嚴謹有序又靈活多變，既一氣貫通又曲折跌宕，韓文尤爲突出。韓愈十分重視爲文的「法度」，其所有作品皆謹守章法，有著嚴整周密的特色；同時又常常打破固定的模式，從要表達的內容出發，結合具體情況來布局，在結構上做到嚴而不死，靈警機變。如〈畫記〉記敘一幅畫的情況，按照畫上之人、馬、雜器物，依次分類敘寫，眉目清楚，條理分明；而在寫法上各類又有詳略變化，使文章寓巧於拙，在精整之中，含有錯落靈動之妙。〈與陳給事書〉是因不得見而要求見的請託書，全文圍繞見與不見的關目，頓挫起伏，騰挪跌宕，布局曲折而精巧，從而把求見之意非常婉曲地表達出來。〈送董邵南序〉在以「燕趙古稱多感慨悲歌之士」一句開頭後，先突出董生當時的不遇，推測他去河北或許會「有合」，祝福和勉勵他去後能施展抱負。然後筆鋒一轉，由「古」說到「今」，提出現在的河北是否還保存古代遺風的問題，實際上是表示對「有合」的懷疑。最後強調有用之才還是可以留下來爲朝廷出力的，隱含著反對董生去河北爲藩鎮割據勢力效勞的意思。全文才一百五十餘字，可是寫得中心突出，脈絡清晰，同時又層見叠出，波瀾起伏，正如清代朱宗洛所說：「想其用筆之妙，眞有烟雲繚繞之勝。」（《古文一隅》卷中）這些文章都體現出韓文所特有的一種結構美。柳宗元的散文也寫得嚴謹而富有變化。他的〈封建論〉是論證郡縣制和分封制優劣的長篇大作，間架宏闊，布局精嚴，又立己與駁他結合，詳略分明，寄騰挪流動於整飭之中。〈童區寄傳〉以「奇」字爲一篇之骨，突出奇人奇事，歌頌牧童區寄與人口販子的英勇鬥爭，同樣寫得縝密連貫，層次井然，跌宕生姿，曲折多變，構局十分周密精巧。這是韓柳在散文創作上的第三個共同點。

第四、韓柳散文都具有卓越的語言藝術：首先，他們的語言十分精練簡約。韓愈主張「豐而不餘一言，約而不失一辭」，柳宗元提倡「廉之欲其節」，他們的文章都寫得言簡意賅，精悍無匹。篇幅較以前的散文更短小，一般只有幾百字，較長的也只一、二千字，可是內容豐富深刻，且文采飛揚，筆墨淋漓，尺幅之中具有波濤萬里之勢，大大發展了我國古代散文「文約而事豐」的優良傳統。其次，韓、柳文的語言風格是文從字順，明曉流暢，但又常常喜歡用硬語奇辭。如韓愈〈進學解〉描寫國子先生的衛道精神：

> 觝排異端，攘斥佛老，補苴罅漏，張皇幽眇；尋墜緒之茫茫，獨旁搜而遠紹；障百川而東之，迴狂瀾於既倒。

柳宗元〈愚溪對〉中形容自己的愚不可及：

> 吾蕩而趨，不知太行之異乎九衢，以敗吾車；吾放而游，不知呂梁之異乎安流，以沒吾舟；吾足蹈坎井，頭抵木石，沖冒榛棘，僵仆虺蜴，而不知怵惕。

都是平常詞和奇重字間出，習用句和瘦硬語並用，給人以順暢中見奇特，平易中顯屈曲的感覺。韓、柳散文的語言還常常駢散相間，奇偶相配，具有一種整齊錯落之美。韓、柳不滿駢文統治文壇的情況，大力提倡散體單行的古文，但是他們也吸取六朝以來駢文的長處，爲己所用，在散體文中經常運用駢偶句型，並且用得非常自然純熟。清人蔣湘南說韓愈，「淺儒但震其起八代之衰，而不知其吸六朝之髓也。」（《七經樓文鈔・與田叔子論古文第二書》）方苞也認爲柳宗元「雜出周、秦、漢、魏、六朝諸文家」（《方望溪先生全集・書柳文後》）。都說得頗有道理。如韓愈的〈原毀〉、〈師說〉、〈送孟東野序〉，柳宗元的〈封建論〉等文，許多整齊勻稱的偶句和大量長短參差的散句相結合，錯落有致，自然天成，給人一種音情頓挫、雄放疏蕩的美感。一味地講駢偶，會顯得重複單調；完全用散行，也缺乏精整勻稱之美。韓、柳深深懂得奇偶相間的關係，把兩者錯綜組合，寫出了凝重流美，和諧統一的精妙之文。這是韓柳在散文創作上第四個共同點。

三 韓柳兩家在散文創作上的不同點

韓、柳散文除表現出共同的特色外，在某些方面也有高低差異之別，尤其在散文藝術方面，都獨具特點，各有千秋，這是他們在共同領導古文運動，形成韓、柳古文傳統之外，又都卓然自成一大家，並在散文史上產生獨特影響的原因所在。

首先、韓柳散文淵源各有不同：明代貝瓊說：「韓子之文祖於孟子」（《清江貝先生文集・潛溪先生宋公文集序》）。劉熙載指出：「太史公文，韓得其雄」，還說：「司馬長卿文雖乏實用，然舉止矜貴，揚榷典碩，故昌黎碑板之文亦儀象之。」（《藝概・文概》）茅坤則說：「韓愈泝孟軻、荀卿、賈誼、晁錯、董仲舒、司馬遷、劉向、揚雄及班掾父子之旨，而揣摩之。」（《唐宋八大家文鈔・韓文公文鈔引》）上述說法不儘相同，比較正確的結論應該是他學習前輩成果比較全面，但更得力於《孟子》、《史記》以及司馬相如、揚雄的作品。柳宗元則更多地受到《國語》、《荀子》、《史記》以及屈原作品、六朝文的影響。韓愈評柳文：「雄深雅健似司馬子長」（劉禹錫《劉夢得文集・唐故柳州刺史柳君集》）。宋人呂祖謙說柳文「出於《國語》。」（《古文關鍵・總論看文字法》）嚴羽說：「唐人惟柳子厚深得騷學」（《滄浪詩話・詩辨》）。明人王文祿認爲：「柳類荀」（《文脈・雜論》）。方苞認爲柳文受過六朝文的影響。這些評論都頗有道理。由於柳宗元與韓愈散文的淵源所自不同，對形成他們散文風格特點上的差異，起了重要的作用。

其次、韓柳散文風格有明顯區別：李塗說：「韓如海，柳如泉」（《文章精義》一七）。魏禧說：「退之如崇山大海，孕育靈怪；子厚如幽岩怪壑，鳥叫猿啼。」（《魏叔子日錄・雜說》）范泰恒也說：「昌黎文如名山大川，柳州則幽篁曲澗也。」（《燕川集・書柳文》）他們都很形象地道出了韓、柳散文風格的不同。確實，柳宗元的散文顯得沉鬱凝斂，峭拔峻潔，具有一種幽美和詩情騷韵。而韓愈的散文，正如蘇洵所說：「如長江大河，渾浩流轉，魚黿蛟龍，萬怪惶惑，而抑遏蔽掩，不使自露」，寫得雄健奔放，奇崛矯勁，顯示出一種陽剛之美。

韓愈「發言眞率，無所畏避」，他的散文也是有爲而作，具有鮮明確切的態度，濃烈熾熱的感情，表達方式往往是直露的、爆發的、傾泄無餘的，充滿著一種沛然莫之能禦的氣勢，如〈祭鱷魚文〉不僅是一篇驅逐鱷魚的檄文，也可以看作是聲討一切「爲民物害者」的宣言。詞嚴義正，感情激越，顯示出奇勁斬絕、雄放有力的特點。〈與孟尙書書〉先辯自己雖與潮僧交遊但並不信佛，後言孟子闢楊、墨，傳儒道的功績，最後以排佛衞道者自任。說：「釋老之害，過於楊、墨。韓愈之賢，不及孟子。孟子不能救之於未亡之前，而韓愈乃欲全之於已壞之後。嗚呼！其亦不量其力，且見其身之危，莫之救以死也！雖然，使其道由愈而粗傳，雖滅死萬萬無恨。」態度堅決，文氣沛然，正如方苞所說：「理足氣盛，浩然如江河之達。」（見高步瀛《唐宋文舉要》甲編卷二引）韓愈的散文首先以感情充沛，氣勢旺盛見長，柳宗元評韓文「猖狂恣睢，肆意有所作」，（〈答韋珩示韓愈相推以文墨事書〉）可謂知言。柳宗元的散文同樣富有感情，甚至十分憤激，但是往往以含蓄深婉的方式來表示，具有很強的諷諭性和暗示色彩。不僅寓言如此，就是雜文、傳記、遊記也是這樣。如〈愚溪詩序〉，全文以「愚」字貫串，把作者自己和愚溪類比，巧用反意，別有寄託，傾泄其對統治者賢愚莫辨的不滿，抒發堅守正直耿介操守的自豪。〈始得西山宴遊記〉中說：「然後知是山之特立，不與培塿為類」，實際是柳宗元的自比，象徵著他堅持崇高理想，不與腐朽保守勢力同流合乎的不屈精神。〈小石城山記〉痛惜小石城山「列是夷狄，更千百年不得一售其伎」，則是以此感嘆自己空有傑出才能，遭貶被逐，冷落荒州。這些散文都是意在言外，另有所指，在表情達意的方式和特點上，和韓文是不一樣的。

第三、在構思和行文方面的差異：韓文尚奇務新，靈動活潑，想人之所未想，發人之所未發。他寫出了像〈毛穎傳〉這樣驚世駭俗的奇文，像〈送窮文〉這樣幽默詼諧的妙文；至於在〈試大理事王君墓志銘〉這樣嚴肅莊重的墓志銘中，敍寫了情節生動的「騙婚記」，在〈藍田縣丞廳壁記〉中，則把原本板著面孔記事議論、索然無味的官樣文章，寫成了諧趣橫生，諷刺辛辣的活潑文字。如描寫縣丞簽字的情景：

文書行，吏抱成案詣丞，卷其前，鉗以左手，右手摘紙尾，雁鶩行以進，平立，睨丞曰：「當署。」丞涉筆佔位署惟謹，目吏問：「可不可！」吏曰：「得。」則退。不敢略省，漫不知何事。

文字寥寥數行，但那位縣吏仗勢欺人的勢利嘴臉，和縣丞小心簽字、木偶傀儡似的可憐相，都刻畫得維妙維肖，聲情畢現，完全是一副生動的小說筆墨。韓愈就是這樣，「生平好弄神通」，（林紓《韓柳文研究法・韓文研究法》）有著豐富的想像力和精妙的藝術構思，並且寫來觸處皆活，在在俱巧，奇崛不凡，出人意表。有人曾作過這樣生動的比喻：「韓、柳之別，則猶作室：子厚先量自家四至所到，不敢略侵他人田地；退之則惟意所指，横斜曲直，只要自家屋子飽滿，初不問田地四至，或在我與別人也。」（見劉塤《隱居通議》卷十七）韓文這種尙奇務新，惟意所指，不受羈勒的特點，確實是柳文所不具備的。柳文之長是構思細密，用筆謹嚴，不僅邏輯上無懈可擊，而且在行文佈局方面也極嚴謹，正如宋代朱熹所說：「韓退之議論正，規模闊大，然不如柳子厚較精密。」（《朱子語類》卷三十九）高似孫也指出：「韓愈雄深雅健，柳宗元卓偉精緻。」（《繹略・古人文章》）如他的〈段太尉逸事狀〉是和韓愈的〈張中丞傳後敍〉相類似的傳記性散文，韓文以氣勢旺盛，筆調縱恣勝，柳文則運用先後倒敍，重點突出的手法，著重寫了三個典型事例，最後又交待所記內容爲親手調查所得，以構局嚴密、敍寫精當見長。柳宗元的〈桐葉封弟辯〉與韓愈的〈諱辯〉是相似的論辯類文章，韓文顯示出靈動多變、雄放明快的特點，柳文則借題發揮，強調「當」的政治思想，中心突出，前後連貫，一環緊扣一環，寫得極其謹嚴。呂本中說：「韓退之文，渾大廣遠難窺測；柳子厚文，分明見規模次第。」（《童蒙詩訓・韓柳文》）在構思與行文上，韓、柳散文是各有所勝的。

韓愈的散文充滿著才氣、靈氣，這在語言上尤其明顯。和柳文相比，韓文的語言更加生動流暢，富有獨創性和新鮮感。像〈送李愿歸盤谷序〉用「足將進而趑趄，口將言而囁嚅」，描摹奔走權豪之門者的矛盾心理；〈祭十二郎文〉以「一在天之涯，一在地之角，生而影不與吾形相依，死而魂不與吾夢相接」，敍寫兩人相隔遙遠，生離死別；〈送石處士序〉以「若河決下流而東注，若駟馬駕輕車就熟路，而王良、造父爲之先後也，若燭照數計而龜卦也」，形容文士的善辯，以及許多韓愈獨創，至今流傳人口的成語，都非常新穎活潑，鮮明生動，讀後往往令人拍案叫絕，充分表現出韓文語言高度的創造力和形象性。韓文還具有獨特的句式美：他行文駢散相間，奇偶相配，時而用奇句，時而使儷語，或者駢中有散，或者奇中有偶，整齊錯落之美的特點十分明顯。他喜歡用長句，同時又喜歡用短句，並且往往出現在同篇散文中。長句顯得氣順語暢，曲折舒緩，短句子節奏急促，遒勁有力。韓文的語言既嚴守法度，遵循規範，又務新善變，揮灑自如，可以說眞正做到了「從心所欲不逾矩」的地步。柳宗元散文語言的突出特點是峻潔，無贅詞泛筆，多精語簡句，這和韓文相比，顯得更加精悍凝斂，斬絕潔淨。許多篇章，煉字煉句，惜墨似金，沒有一字一句懈怠。柳文的語言還華麗富贍，如遊記中優美的寫景文字，辭賦中明顯的鋪采摛文，在韓文中是不多見的。此外，柳文與韓文多用長句以及長短參差的句子不同。他喜歡用短句，多停頓，顯得峭拔簡勁，短促有力，有助於形成柳文峻潔凝斂的風格。

第四、在體裁和樣式上各有所長：除了雜文、雜記、傳記兩人不分上下，各有所勝外，韓愈擅長的是碑志、贈序、書信、哀祭等體裁的散文，而柳宗元在遊記、寓言、辭賦等方面成就特別突出。韓愈的碑志吸取先秦、兩漢史傳文的營養，以生動的筆墨塑造鮮明的人物形象，文學色彩大大增強；並且打破六朝以來「鋪排郡望，藻飾官階」，羅列傳主生平事跡的固定格式，寫得靈活多變，新意迭出。如〈柳子厚墓志銘〉著重寫柳宗元的文學成就，在生動的敍寫中，夾進精當的議論，飽含濃厚的感情，表現出對柳宗元不幸遭遇的深切同情。〈故幽州節度判官贈給事中清河張君墓志銘〉主要敍寫張徹叱罵叛軍和不屈而死的情事，描摹他忠烈義勇的性格，行爲十分形象動人，熔鑄了作者自己反對藩鎭割據勢力的強烈思想。〈故太學博士李君墓志銘〉是一篇批判服食金丹以求長生的文章，用很少的文字，寫了傳主李于服用金丹而死後，又舉了其他六、七個類似的例子，來揭示迷信煉丹術的可笑、可憫、可悲。正如明代吳訥所說：墓志銘「古今作者，惟昌黎最高。行文敍事，面目首尾，不再蹈襲。」（〈文章辨體敍說〉）近人錢基博也說：韓愈的碑志「隨事賦形，各肖其人」，「全集之中，以爲第一」（《韓愈志》）。李塗還對韓、柳的墓志作了比較：「退之墓志，篇篇不同，蓋相題而設施也。子厚墓志，千篇一律。」（《文章精義》五十九）從總體上說，柳宗元的碑文確實不如韓愈。

韓愈的贈序也寫得極好，姚鼐稱贊「其文冠絕前後作者」（《古文辭類纂・序目》），林紓也說：「贈序是昌黎絕技」（《韓柳文研究法・韓文研究法》）。他的贈序富有抒情性和形象性，而且手法變態百出，別開生面。〈送李愿歸盤谷序〉通過對大官僚、隱居者、失意而又熱中於仕祿者三種人生動的對比描寫，抒發自己憤世嫉俗，和嚮往隱居生活的感情。〈送孟東野序〉代爲孟郊的失意鳴不平，勸勉他發憤寫作，而在闡述「不平則鳴」的文學觀點中，也傾注了自己的牢騷不滿，文章氣勢磅礴，風格雄放。〈送齊皥下第序〉又是一種寫法，齊皥是宰相齊映的弟弟，他的下第是由於主考官避嫌有意加以黜落，表面好像公正，實際出於私心，所以作者著重鞭撻主持考試的「有司」，爲一己之利的矯情之舉，同樣表現了韓愈對壓抑人才現象的憤懣情緒。韓愈的贈序眞可說是一篇一樣，「美不勝收」，也是爲柳宗元所不及的。林紓說得好：「贈序一門，昌黎極其變化，柳州不能逮也。」（《春覺齋論文・流別論》）

韓愈的書信，同樣寫得生動活潑，極盡變化之能事。有的是向達官貴人請求引薦的書啓，語言生動，敍寫形象，變幻莫測，藝術技巧高；有的是向朋友表示情誼，或傾訴抑鬱情況的，辭語懇切，感情深摯，抒情色彩較濃；有的論文論學的書簡，觀點精闢，議論透徹，發人深省。確如林紓所說，韓愈的書信「因人而變其詞」，「一篇之成，必有一篇之結構」。雖然柳宗元被貶永州後，那些求人述懷的悲憤書信爲韓愈所不具，但總的講，他的書信不如韓愈寫得靈動多變，揮灑自如。

韓愈的哀祭文也很出色，姚鼐就認爲：「哀祭類者」，「後世惟退之、介甫而已。」（《古文辭類纂・序目》）如韓愈的〈祭十二郎文〉，打破祭文用四言韻語或駢文體式的框架，以自由流轉的散體文表達對亡侄的哀悼，沉痛纏綿，低回往復，讀來回腸盪氣，催人淚下。柳宗元的〈祭十郎文〉、〈祭弟宗文〉等，就不如韓文寫得哀婉搖曳，深情綿邈。

可是在另一方面，柳宗元的遊記遠遠超過韓愈。陳衍說：「柳文人皆以雜記爲第一，雖方、姚不能訾議。」（《石遺室論文》卷四）陶元藻說：在唐宋諸家中，「山水遊記則推柳獨步」（《燕川集・書柳文》）。林紓也說：「記山水則子厚爲專家，昌黎不能及也。」（《春覺齋論文・流別論》）這些評論，都是符合實際情況的。柳宗元的寓言散文也是他最富有創造性的散文體裁之一，其成就爲韓愈所不及。至於辭賦，人們公認「柳賦，唐之冠也」（王文祿《文脈》卷二），地位也在韓賦之上。應該說，韓愈所擅長的那些實用性散文，已經對原本應用文體制作了很大的突破和創新，表現出濃重的文學韻味，但總的講，不如柳宗元的遊記、寓言、辭賦的文學色彩鮮明、強烈。而韓愈在那些體裁的散文中生動流暢的語言、靈活精妙的敍寫，又要勝過柳文。

㈣ 結　語

當然，韓、柳並稱，並不意味著他們在各個方面都毫無差別。和李、杜一樣，韓、柳也各有所長，各有所短。就倡導古文運動而論：韓在前，柳在後，柳是在韓的影響下從事古文運動的；就古文運動的理論建設而論：韓的主張比較系統而全面，柳在關於明道、文學的社會作用等，又有進一步發展；就文章的思想內容而論：二人都以儒家思想爲主導，又都雜取其他各家思想，關心現實，對當時一系列重大政治問題發表了自己的見解，都具有廣泛的社會意義。但韓堅決排佛，柳終生奉佛；柳文更具有現實主義精神，而韓文有時則偏於保守。就文學創作來說，韓多實用文，純文學創作較少，柳純文學創作如寓言、遊記等則多於韓。就文學的藝術性來看，正如嚴有翼所說：「至於法度森嚴，凌轢晉、魏，上軋周、漢，渾然爲一王法者，獨推大歷、貞元間。是時雖曰美才輩出，其能以六經之文爲諸儒倡者，不過韓退之而止耳，柳子厚而止耳。」（〈柳文序〉）二人都極有法度，造詣極高。然細而論之，又各有千秋。清劉熙載說：「昌黎之文如水，柳州之文如山；『浩乎』『沛然』，『曠如』『奥如』，二公殆各有會心。」（《藝概・文概》）韓文活潑生動，富於氣勢，表現手法豐富多彩；柳文語言峻潔，富於獨創，文章也更精到細密。兩人在立意、構思、語言方面都力求新奇，但也都有過於求新求奇而導致語言奇詭、艱澀的缺點。

總之，韓、柳都是中唐古文運動的倡導者，他們的作品都代表了唐代散文的最高成就。雖然在具體問題上，二人各有短長，但是從總的方面來看，他們是二峰並峙，雙星同懸。以此之長，較彼之短，已失妥當；若再以個人好惡加以損益，則更失於偏頗。還是宋代王禹偁說得好：「韓柳文章李杜詩。」（《小畜集・贈朱嚴》）齊足並驅，同享盛譽。

肆、選讀

一、議論文選讀

柳宗元集中的「論」、「議辯」、「對」、「説」、「弔贊箴戒」、「銘雜題」、「序」、「記」、「書」裡都有許多雜文，這是柳宗元文學創作中最有成就的部分之一。柳宗元的雜文，大部分都可以稱爲議論文。所以本選讀雖以議論文標目，其實講的就是雜文。在這些文章中，他或就歷史事件，現實政治發表看法，或就周圍事物，日常所見進行評述，或對人情世態，自身遭際抒發感慨，無不抉微闡隱，踔厲風發，表現出卓越的文學藝術。

柳宗元思想進步，學識淵博，頭腦雋智，觀察細膩，發表見解鞭辟入裡，所以他的文章往往選題巧，文意新，能發人之所未發，道人之所不道，起到振聾發聵，開頑啓愚的作用。如〈伊尹五就桀贊〉就是一篇道人之所不能道，議論新穎的顯例。〈敵戒〉這篇雜文是用韻文形式寫的，別具一格，而議論十分精闢。〈晉文公問守原議〉，着重批評春秋時晉文公向寺人勃鞮問守原一事，指出「晉君擇大任，不公議於朝，而私議於宮，不博謀於卿相，而獨謀於寺人」，是「賊賢失政之端」，揭示了宦官弄權，是殘害賢良，敗壞國政的禍根，其他像〈桐葉封弟辯〉、〈晉問〉等篇，雖是論古之作，實有箴今之意，現實性非常明顯。〈謗譽〉一文，圍繞詆毀和贊譽的問題展開分析議論，含蓄地針砭現實社會中誹謗和攻擊政治革新派的現象。〈駁復仇議〉是一篇富有說服力的文章。唐代武則天時有個叫徐元慶的人，父親被縣尉趙師韞所殺，他手刃仇人而後自首，當時諫臣陳子昂主張先處死罪再加表揚，並要求把這種處理方式定爲法律。柳宗元即對此進行駁斥，全文邏輯性強，說理透闢，批駁有力，所作翻案文章的結論令人信服，因此被前人稱之爲「確論」。至於〈吏商〉、〈封建論〉等，也都表現出持之有故，言之成理，議論風發，雄辯恣肆的特色，具有無可辯駁的餘地。

詆毀後進之士，窒息公正的社會與論，阻碍有才能的人取得用武之地，這是當時的一種不良的社會風氣，柳宗元〈賀進士王參元失火書〉一文不是正面進行抨擊，而是以書信的方式，從祝賀進士王參元遭火災的角度來寫，「議論奇創，出人意外」。文章從祝賀失火入手來寫，看似荒唐可笑，實則寓莊於諧，在幽默的敍寫中，辛辣地針砭了當時妒賢嫉能，謗語叢生的人際關係，和被傳統階級的私利扭曲了的用人制度，在奇思雋語裡，透露出作者深沉的憂憤。

先秦諸子百家的著作，是放射着燁燁光華的我國古代散文遺產的寶庫。它作爲富有文采的論說文，不僅對後代的議論文，就是對以後的雜文，也產生着深遠的影響。柳宗元十分重視對先秦諸子散文的學習借鑒。他曾寫了〈辯列子〉、〈辯文子〉、〈論語辯二篇〉、〈辯晏子春秋〉、〈辯鶡冠子〉等一系列有關諸子的文章，對諸子頗有研究。他肯定《列子》、《文子》的文辭，強調要借鑒《論語》、《老子》的散文，尤其大力提倡《莊子》和《孟子》的文章，贊揚《莊子》的「博」和《孟子》的「奥」。

正因爲這樣，先秦諸子散文中嚴密的邏輯，透闢的說理，生動的描述，形象的比喻，飽滿激越的詩情，自然簡練的語言，都給柳宗元雜文以很大的影響。清代馮班說：「子厚多學子書作文字」（《鈍吟雜錄》卷四〈讀古淺說〉），這在雜文方面表現得尤爲明顯。

柳宗元對屈原的作品極爲推崇，一則說「參之《離騷》以致其幽」，再則說「屈原之辭稍采取之」，三則肯定屈原作品的「哀」，十分強調對屈原文辭的借鑒。所以，不僅柳宗元的辭賦直接受到屈原作品的影響，而且在柳宗元那些自敍不幸遭遇，發洩憤激之情的雜文中，也深得騷學淒幽怨憤的神韻，大大增強了文章的抒情性。

西漢的散文和辭賦也是柳宗元大力學習的對象。他在〈柳宗直西漢文類序〉中充分肯定了賈誼、公孫弘、董仲舒、司馬遷、司馬相如所寫的詔策、奏議、辭賦。在〈與楊京兆憑書〉中贊揚「峻如馬遷，富如相如，明如賈誼，專如揚雄」。賈誼等人說理精警、筆鋒犀利、言辭激切的政論文，對柳宗元雜文的議論，起了有益的借鑑作用。東方朔的〈答客難〉、揚雄的〈解嘲〉等辭賦作品，其答問的形式以及自我解嘲，反話正說，寓莊於諧的手法，對柳宗元〈愚溪對〉、〈對賀者〉等對答類的雜文有着顯著的影響。但這些作品比之〈答客難〉、〈解嘲〉，言辭更激切，諷刺更尖銳，形式更活潑，並打上了更加鮮明的個人遭際的烙印，具有濃摯的感情色彩。

柳宗元從先秦、兩漢的議論文和辭賦中吸取有益營養，繼承前此雜文的優良傳統，並進行獨特的創造，賦予其時代色彩和個性特點，使他的雜文成爲干預生活、抨擊黑暗、諷刺醜惡的銳利武器，在反映現實的廣度和深度上達到了前所未有的地步；同時他的雜文形式多樣，寫法自由，立意新巧，用筆冷峻，充滿着遐想、卓識和詩情，是識高文亦高的「議論性的美文」。

柳宗元在雜文中，集思想家、政治家、文學家之長，融理、事、情於一爐，做到了議論、形象、詩情的和諧統一，成爲精闢的論說文，生動的敍事文學和悲憤式詩歌的完美結合。

柳宗元的議論文自由活潑，尖銳辛辣，可以說嘻笑怒罵，皆成文章，有着極強的諷刺性，同時又耐人尋味，餘韻無窮，往往透發着一種睿智的光輝。且文章一般短小、活潑、具體，能夠於奇思中傳精神，微塵中見大千，所以常常出奇制勝，寫得饒有趣味。

在我國古代雜文的發展史上，柳宗元的雜文承先啓後，繼往開來，佔有重要地位，他的藝術經驗，值得我們認眞地加以研究。

㈠ 桐葉封弟辯㊀

首段引出周成王，用桐葉做珪，分封唐叔，周公從而促成的傳說。

古之傳者有言，成王以桐葉與小弱弟㊁，戲曰：「以封汝。」周公㊂入賀。王曰：「戲也。」周公曰：「天子不可戲。」乃封小弱弟於唐㊃。

次段駁斥關於周公對待桐葉封弟之事不可信。

吾意不然㊄。王之弟當封耶？周公宜以時㊅言於王，不待其戲而賀以成之也㊆；不當封耶？周公乃成其不中之戲㊇。以地以人與小弱者為之主㊈，其得為聖乎？且周公以王之言，不可苟焉而已，必從而成之耶㊉？設有不幸(十一)，王以桐葉戲婦寺(十二)，亦將舉而從之乎(十三)？

三段辯解周公必不會因為君之戲言以成其事。

凡王者之德，在行之何若(十四)。設未得其當，雖十易之不為病；要(十五)於其當，不可使易也，而況以(十六)其戲乎？若戲而必行之，是周公教王遂過也(十七)。

四段再以臣輔君之道判斷，周公絕不會這樣做。

吾意周公輔成王，宜以道，從容優樂(十八)，要歸之大中(十九)而已。必不逢其失而為之辭(二十)。又不當束縛之，馳驟之，使若牛馬然(二十一)，急則敗矣。且家人父子尚不能以此自克(二十二)，況號為君臣者耶？

末段總收全文，成王以桐葉封弟之戲言，周公促成之傳說，不可信。

是直小丈夫䂂䂂者之事(二十三)，非周公所宜用，故不可信。或曰：「封唐叔，史佚(二十四)成之。」

【解　題】

「辯」，一般是駁斥敵對的觀點看法。這篇文章就是針對《呂氏春秋》和《說苑》所載「桐葉封弟」一事進行辯正，批駁所謂「天子不可戲」的謬說。

全文大致是先敍事，立起辯難攻擊的標的——「天子不可戲」。接著勘出破綻，就一「戲」字往復辯駁。先總提一筆，「吾意不然」，表明自己不同意這種看法。再用分進合擊之法，就周成王之弟「當封」、「不當封」兩面夾攻。但不論是「當封」還是「不當封」，周公都是「逢其失而爲之辭」，當然算不得「聖人」。接著又用歸謬法，咬住周公「天子無戲言」的論點，加以引申，使其陷入荒謬的絕境——假如不幸，君主用桐葉作珪，跟妻妾宦官開玩笑，也打算完全照辦嗎？這一反問，斬釘截鐵，摧心破的。接下去進一步據理駁斥，指出君王的言行，總之在於得當，如果開玩笑也一定要實行，這就是周公唆使成王將錯就錯了。下面又分三層分析解剖，出脫周公。最後斷定「桐葉封弟」一事，不是周公所應該做的，「故不可信」。這些駁論，字字經思，句句著意，無一處懈怠。如良吏斷獄，任對方支吾其詞，隨難而倒。文末宕開一筆，用「或曰：封唐叔，史佚成之」結束全文。雖點出「史佚」來，但不置深辯，留有餘不盡之意。

「桐葉封弟」本來是一件平常小事，作者卻轉常爲奇，大作文章，其中原因，蓋以柳宗元主張革新政治，認爲不能把皇帝神化，把所謂先王之道、古聖賢之教，看成永遠正確。「凡先王之德，在行之何若。設未得其當，雖十易之不爲病」，是本文的主旨所在。這實際上是對那些阻撓政治改革的宦官、官僚說的，目的在於爲實行革新製造輿論。

這篇文章雖不長，但節節轉換，層層辯駁，文法周匝，曲曲寫盡。古人極力稱賞此文說：「讀之反復重迭不厭，如眺層巒，但見蒼翠」（吳楚材、吳調侯《古文觀止》評）。

【注釋】

㈠ **辯** 古代文體。明・徐師曾〈文體明辯序說〉云：「按字書云：『辯，判別也。』其字從「言」，或從「刂」，蓋執其言行之是非眞僞而以大義斷之也。……漢以前，初無作者，故《文選》莫載，而劉勰不著其說。至唐韓、柳乃始作焉。然其原實出於《孟》《莊》。蓋非本乎至當不易之理，而以反復曲折之詞發之，未有能工者。……其題或曰『某辯』，或曰『辯某』，則隨作者命之，實非有異議也。」按：以辯爲題之文，必有反駁對象，內容必有反駁與本論兩部分。此體始成於韓愈、柳宗元。

㈡ **古之傳者有言以下二句** 傳者，寫史書的人。有言，謂書中有記載。成王，周成王，武王之子。與，給。小弱弟，幼弟，指武王幼子唐叔虞，邑姜所生。

㈢ **周公** 周公旦，文王子，武王弟。武王死，成王立，周公攝政，輔成王。

㈣ **乃封小弱弟於唐** 事見《呂氏春秋・重言篇》：「成王與唐叔虞燕居，援梧葉以爲珪，而授唐叔虞曰：『余以此封女。』叔虞喜，以告周公。周公以請曰：『天子其封虞耶？』成王曰：『余一人與虞戲也。』周公對曰：『臣聞之，天子無戲言。天子言則史書之，工誦之，士稱之。』於是，遂封叔虞於晉。」又見劉向《說苑・君道篇》及《史記・晉世家》。

㈤ **吾意不然** 謂我認爲這不是事實。

㈥ **宜以時** 宜，應當。以時，及時。

⑦**以成之也**　使戲言成爲事實。

⑧**周公乃成其不中之戲**　謂周公就使成王，把一句不合適的戲言，變成了事實。中，在此讀作ㄓㄨㄥˋ，作合適，恰當解。

⑨**以地以人與小弱者爲之主**　謂把土地和人民交給小弱弟，當他們的國君。

⑩**且周公以王之言三句**　謂周公認爲成王不可以亂說而不兌現，因而就一定促使戲言成爲事實嗎？且，抑，還是。苟，苟且，隨便。從，順。

⑪**設有不幸**　是說假設發生意外的失誤。

⑫**婦寺**　婦，婦人。寺，宦官。

⑬**舉而從之乎**　舉，稱，言。從之，照著「戲言」辦的意思。

⑭**凡王者之德在行之何若**　言凡是君王的德行，在於他的政令施行後的效果如何。

⑮**要**　總之。

⑯**以**　因爲。

⑰**若戲而必行之二句**　是說如果是戲言也一定要實行，那就是周公教成王犯錯了。遂過，鑄成過錯。

⑱**從容優樂**　在從容不迫，寬舒和諧的氣氛中漸進。優樂，和樂。

⑲**大中**　在這裡是一種政治概念。指既非過頭又無不及。切合時代形勢的政策。

⑳**必不逢其失而爲之辭**　是說一定不會迎合君王的過失，並替他巧言辯解。逢，逢迎。失，失誤。爲之辭，替他辯解粉飾。

㉑ **又不當三句**　是說又不應去拘束他或驅使他，好像使喚牛馬那樣。束縛，綑綁。馳驟，鞭策快跑。使，使喚。

㉒ **克**　克制，約束。

㉓ **是直小丈夫𡚶𡚶者之事**　是說這正是見識不高，愛耍小聰明的人幹的事。是，這。直，只是。小丈夫，見識平庸之人。𡚶𡚶，音ㄑㄩㄝ　ㄑㄩㄝ，小聰明。

㉔ **史佚**　周朝的史官尹佚。據《左傳・僖公十五年》杜注：「史佚，周武王時太史，名佚。」按：《史記》載封唐叔虞事出於史佚，並非周公。《史記・晉世家》：「唐叔虞者，周武王子，而成王弟。……武王崩，成王立，唐有亂，周公誅滅唐。成王與叔虞戲，削桐葉為珪，以與叔虞曰：『以此封若。』史佚因請擇日立叔虞。成王曰：『吾與之戲爾。』史佚曰：『天子無戲言，言則史書之，禮成之，樂歌之。』於是遂封叔虞於唐。」劉向《說苑・君道》篇中，也有和《史記》相同的說法。

【賞析】

柳宗元的論辯文一般來說，不如韓愈的雄奇奔放，而是以論點精闢，結構綿密見長。〈桐葉封弟辯〉就是柳宗元在永州司馬任內，為借題發揮，表現突出的作品。

韓愈在〈柳子厚墓志銘〉中曾評柳文云：「俊傑廉悍，議論證據今古，出入經史百子，踔厲風發，率常屈其座人。」以此用來概括柳氏論辯文的特點與成就，是十分貼切的。確實，柳氏的論辯文識見卓越傑出，文字精煉強勁，根柢深厚，論證堅實，感情充沛，並有高度的感染力與說服力。

「桐葉封弟」是一個流傳久遠，爲大家信以爲眞的古老傳說，「辯」，判別之意。有執其言行的是非眞僞，而以大義判斷之意。本文就在針對《呂氏春秋・重言》篇和《說苑・君道》篇所載的「桐葉封弟」事，進行辯正。批駁所謂：「天子不可戲」的謬說。作者善於運用設問中的提問，從多方面提出問題，逐層進行反駁；又善於運用設問中的激問，加強表達力量。

全文分爲四段：首段，作者用極簡潔的筆法，敍述了這個故事，立起辯難攻擊的標的。第二段，於首段中找出破綻，就一「戲」字往復駁辯。先總提一筆「吾意不然」，承上啓下，表明自己有不同的看法，再用分進合擊的筆法，就「當封」「不當封」兩面夾攻；接下去進一步據理駁斥，指出君王言行，在於得當。下面第三段，又分三層解剖，辯明周公不可能讓成王落實桐葉封弟這句戲言上。最後，斷定「桐葉封弟」事，非周公所做，故不可信。末段，宕開一筆，用「或曰，封唐叔，史佚成之。」這兩句話，說明這個傳說產生的原因，同時又達成回顧開頭，總結全篇的效果。雖點出「史佚」來，但作者卻不置深辯，留有餘不盡之意，令人玩味。

全文只有三百多字，立破結合，前後呼應，同時又曲折變化，波瀾疊出，給人以搖曳生姿的感覺。例如開頭一句「古之傳者有言」，「傳者」指這個流傳故事的人，話中含有不可輕信之意，這是文章的伏筆。接下去「吾意不然」，話雖平常，但要是沒有這句話駁倒上文，點明主意，下面的文字就鬆散無力了。至於柳宗元說：「設有不幸，王以桐葉戲婦寺，……」看似幽默，實際是影射時政，富有現實的意義。因爲唐朝自玄宗以後，經肅宗、代宗、德宗、順宗、憲宗等，皆宦官得勢：如玄宗任高力士爲驃騎大將軍，代宗任魚朝恩爲觀軍容使，德宗時的「宮市」，無一不是假借皇上的恩寵，行無法無天的壞事。柳氏借題發揮，著爲此文，可見寓有深意存乎其中。

「吾意周公輔成王，宜以道，從容優樂，要歸之大中而已。」提出大臣之輔導年幼的君主，應當從容開導，優遊勸誘，培養他中正不偏的思想；而不宜束縛之使不得戲，或馳驟之使戲而必行，一正一反，兩面兼寫，突出依照大臣輔助國君之道，則桐葉封弟的傳言，必非事實。

本文重大特點在於設問及辯駁。這種作法的優點有三：㈠可使文章有起伏，有波瀾，而且由於提問，使問題要點突出，容易引起讀者的注意力。㈡在問題中已包含著明確的答案，使言雖簡潔卻含有不盡之意。㈢逐層設問，使分析的焦點步步深入，易於論辯透闢。可見柳氏之所以「立」得有理，「破」得成功，從正反兩面提出觀點，這和他設問的成功，有絕對關係。

古人極力推崇此文，吳楚材《古文觀止》評此文云：「前幅連設數層翻駁，後幅連下數層斷案，俱以理勝，非尚口舌之便也。」林雲銘《古文析義》也說：「篇中計五駁，文凡七轉。筆筆鋒刃，無堅不破。是論辯體中第一篇文字。」拿他們的評論和正文對照，確實可以看出柳氏行文的藝術手法。

(二) 送薛存義序㈠

河東薛存義㈡將行，柳子載肉於俎，崇酒於觴㈢，追而送之江之滸㈣，飲食之㈤。

> 首言作者情深意厚，為薛存義餞行。

且告曰：「凡吏於土者，若知其職乎㈥？蓋民之役，非以役民而已也㈦。凡民之食於土者，出其十一傭乎吏㈧，使司平於我也㈨。今我受其直怠其事者，天下皆然㈩。豈惟(十一)怠之，又從而盜之。向使傭一夫於家(十二)，受若直，怠若事，又盜若貨器(十三)，則必甚怒而黜罰(十四)之矣。今天下多類此，而民莫敢肆其怒(十五)與黜罰者何哉？勢不同(十六)也。勢不同而理同，如吾民何(十七)？有達於理者，得不恐而畏乎！」

> 次段論官吏為民公僕，應當服務人民，而不能役使人民的道理。

存義假令零陵(十八)二年矣。蚤作而夜思(十九)，勤力而勞心。訟者平，賦者均(二十)，老弱無懷詐暴憎(二十一)，其為不虛取直也的矣(二十二)，其知恐而畏也審(二十三)矣。

> 三段言薛存義為官清正，是「官為民役，非以役民」的典型。

吾賤且辱(二十四)，不得與考績幽明之說(二十五)；於其往也，故賞以酒肉而重之以辭(二十六)。

> 末段作者訴說貶官後的積憤，並說明寫作本文的原因。

【解　題】

這篇贈序有兩層意思。一是提出官吏乃人民的僕人，他們拿了人民的錢，就應當認眞替人民辦事；反之，人民就有理由黜罰他們。凡爲官者，都應牢記這個道理。作者說當時「受其直」而「怠其事」，「又從而盜之」的官吏天下皆是。這番話揭露了中唐時期吏治的敗壞，也直接表達了作者對這種不平現象的憤懣。二是稱贊薛存義爲官勤謹，政績優良，是個不白拿俸祿，明白人民可以黜罰懶官、貪官道理的人。兩層意思，緊相關合。文章借送薛存義作正面立論，又用正面立論來襯托薛存義的爲人。其中開門見山，爲使所說道理更加顯豁，又借譬喻進一步發揮，因而文中觀點鮮明突出。何焯說：「此序詞稍偏激，孟子雖發露，猶自得其平」（《義門讀書記》）。這話倒從另一方面反映了本文筆鋒犀利的特點。再者，文章雖短，而結構嚴密；語句轉接自然，使得「文勢圓轉，如珠走盤，略無滯礙」（見明鍾惺《山曉閣選唐大家柳柳州全集》卷一〈評柳文〉）。

【注　釋】

㈠ **送薛存義序**　薛存義，河東（今山西永濟）人，柳宗元的同鄉，曾在永州零陵（今屬湖南省）任代理縣令，離職時，柳宗元送他這篇序。序，古代文體。題一作〈送薛存義之任序〉。陳景雲《柳集點勘》：「一本題中無『之任』二字爲是。文中言『假令零陵二年』，則非初之官也。觀篇末『不得與考績幽明之說』，蓋惜其去官而送之。」陳說是。

(二) **河東薛存義**　河東，隋河東郡，唐先後改爲蒲州、河中府，治所河東縣。薛存義爲河東縣人，或爲河中府（蒲州）人。

(三) **載肉於俎崇酒於觴**　言在碗裏裝上肉，杯中斟滿酒。載，裝，盛。俎，古代祭祀時盛食物的器皿。崇酒，斟滿酒。觴，酒杯。

(四) **江之滸**　江邊，指永州湘江邊。

(五) **飲食之**　請他喝酒吃肉。之，代名詞，指薛存義。

(六) **凡吏於土者二句**　吏於土，在地方上做官。若，你。職，職責。

(七) **蓋民之役非以役民而已也**　謂地方官是人民的僕役，而不是奴役人民，就算完事的。蓋，句首語氣詞，表判斷，有推原之意。役，卽僕役。役民，役使百姓。

(八) **凡民之使於土者二句**　是說那些靠種地吃飯的百姓，拿出他們收入的十分之一僱傭官吏。食於土，靠土地吃飯，卽以種田爲生。十一，十分之一。傭乎吏，僱請官吏。

(九) **使司平於我也**　言爲的是要那些官吏公正的爲人民辦事。使，讓，要求。司，掌管，主事。平，公平。我，指人民。

(一〇) **今我受其直二句**　謂如今拿了百姓的工錢，而敷衍了事的官吏，社會上到處都是。直，同值，指官吏的俸祿。怠，鬆懈，敷衍。

(一一) **豈惟**　豈止。

(一二) **向使傭一夫於家**　是說假使你家中僱一個傭人。向使，假使。一夫，一個成年男子。

㉓ **盜若貨器** 言偷你的財物。若，你的。貨器，財物。

㉔ **黜罰** 驅逐而處罰。

㉕ **肆其怒** 肆，伸也，指盡情發洩。怒，怒氣。

㉖ **勢不同** 謂地位、權力不同。吏與民的關係，吏在上而民在下；故曰「勢不同」。

㉗ **如吾民何** 指究竟該怎樣對得起老百姓呢？如吾民何，卽如何吾民。

㉘ **假令零陵** 假令，代理縣令。零陵，唐縣名，爲永州治所，卽今湖南零陵縣。

㉙ **蚤作而夜思** 是說早起辦理公事，夜裏思考問題。蚤，通「早」。作，起。思，思考（政務）。

㉚ **訟者平賦者均** 謂斷案公平，賦稅合理。訟，打官司。平，公平。均，平，合理。

㉛ **老弱無懷詐暴憎** 謂不論老小，對他都無虛僞欺騙之心，無憎惡嫌恨之色。

㉜ **其爲不虛取直也的矣** 是說這證明他沒白拿老百姓的工錢，這是明白的了。虛取直，白拿錢。的，明白，確實。

㉝ **審** 明白，顯然。

㉞ **吾賤且辱** 賤，官位低。辱，恥辱，指遭貶謫。

㉟ **不得與考績幽明之說** 謂沒有資格參加考評官員政績優劣的工作。與，參與。考績，考核官吏。幽，暗，指政績低劣。明，指政績卓著。說，評議。

㊱ **於其往也二句** 謂在他調離時，爲他置酒肉餞行，並贈他這篇序。往，離去。賞，宴。重，加。

【賞析】

柳宗元許多散文篇幅，都在幾百字至一、二千字之間，但內容十分深刻雋永，表現出言簡意賅，語短情長，精能無匹的特色。像〈送薛存義序〉，通篇只用了二百四十個字，就把作者自己對為官理民的精闢見解，和他對當時政治現實的深刻批判，全部揭露無遺。

清人劉熙載在《藝概・文概》中，將本文和韓愈的〈送董邵南遊河北序〉相提並論，說它「可謂精能之至」。甚麼是「精能」？所謂「精能」，蓋指精深獨到之意。內容上既有獨到，文字上也寫得透闢感人。現在就依此觀點，來分析通篇的寫作藝術。

這篇序文在章法上，採取前議後敘，前刺後美，於正反相形中，極其鮮明地顯示了作者對為官理民的意見。在遣詞造句上，首段，用寥寥幾筆敍送行情況，點醒題面，其中「追而送之」四字，寫出送行的急切，不直言友情，而友情之深厚自見。次段，提出官吏職責問題，是文章的主題部分，先提出「官為民役」的觀點，接著以現實生活中官吏對百姓的嘴臉是「受其實，怠其事」，「又從而盜之」，來兩相映照，然後再以「傭一夫於家」而遭「怠之」「盜之」，「則必甚怒而黜罰之」，作為比喻。繼而文勢又一轉，指出因為「勢」「位」不同，人民「莫敢肆其怒與黜罰」，最後，則說「勢不同而理同」，行文至此，直可以令在位為官者心生警惕。三段，贊揚薛存義為民操勞，取得了「訟者平，賦者均，老弱無懷詐暴憎」的政績。這實際上是把「官為民役」主張的具體化。文末，說明餞行和贈言的原因，以收束全文。

本文篇幅雖短，但自「且告曰」以後，集中筆墨抨擊那些「受其直，怠其事」的官吏醜形，筆法極盡變化之能事，如「豈唯怠之，又從而盜之」，用的是層層深入的推進法。「向使傭一夫於家，受若直，怠若事，又盜若貨器，則必甚怒而黜罰之矣。」用的是形象比喻的借形法。「以今天下多類此，而民莫敢肆其怒與黜罰。」用的是愈轉愈深的頓跌法。「何哉？勢不同也。」用的是追根究柢的推原法。「勢不同而理同，如吾民何？有達於理者，得不恐而畏乎。」用的是趁勢發揮的繳足法。在淋漓盡致的揭露了貪官役民的實質，從反面闡明自己的吏道主張後，又繼而頌揚薛存義「早作而夜思，勤力而勞心」的服務典範，從正面闡明自己的吏道主張，這裡又用了正反相襯的對照法。

通觀全文，確實是立意精警，說理深刻，行文峻潔，氣勢暢達，謝枋得評論說：「章法、句法、字法皆好。」又說：「理長而味永。」近人林紓也說：「柳州見解，可云前無古人。」〈送薛存義序〉看起來平順樸實，但他那進步卓絕的思想，精能之至的語言，直可以與韓愈〈送董邵南遊河北序〉媲美，成為千古名文。

(三) 答韋中立論師道書(一)

首段言己不足爲人師表。

二十一日，宗元白(二)：辱書云欲相師(三)，僕道不篤，業甚淺近(四)，環顧其中，未見可師者(五)。雖常好言論，爲文章，甚不自是(六)也。不意吾子自京師來蠻夷間，乃幸見取(七)。僕自卜固無取(八)，假令有取(九)，亦不敢爲人師。爲衆人師且不敢，況敢爲吾子師乎？

次段言爲人師者不容於時。

孟子稱：「人之患在好爲人師(一〇)。」由魏、晉氏以下，人益不事師(一一)。今之世不聞有師，有輒譁笑之，以爲狂人。獨韓愈奮不顧流俗，犯笑侮，收召後學(一二)，作〈師說〉，因抗顏而爲師(一三)。世果羣怪聚罵，指目牽引，而增與爲言辭(一四)。愈以是得狂名，居長安，炊不暇熟，又挈挈而東(一五)，如是者數矣。

三段言今世無師，故不敢爲師以取怪於人。

屈子賦曰：「邑犬羣吠，吠所怪也(一六)。」僕往聞庸蜀之南，恆雨少日，日出則犬吠，余以爲過言(一七)。前六七年，僕來南，二年冬，幸大雪，踰嶺被南越中數州(一八)，數州之犬，皆蒼黃(一九)吠噬狂走者累日，至無雪乃已，然後始信前所聞者。今韓愈既自以爲蜀之日，而吾子又欲使吾爲越之雪(二〇)，不以病乎(二一)？非獨見病，亦以病吾子(二二)，然雪與日豈有過哉？顧吠者犬耳。度今天下不吠者幾人？而誰敢衒怪於羣目，以召鬧取怒乎？

四段言己幸未遇以爲人師譏之者。

僕自謫過以來，益少志慮㉓。居南中九年㉔，增脚氣病，漸不喜鬧，豈可使呶呶者早暮咈吾耳、騷吾心㉕？則固僵仆煩憒，愈不可過矣㉖。平居望外，遭齒舌不少，獨欠爲人師耳㉗。

五段舉古道不行之例爲證。

抑㉘又聞之，古者重冠禮，將以責成人之道㉙，是聖人所尤用心者也㉚。數百年來，人不復行。近有孫昌胤㉛者，獨發憤行之。既成禮㉜，明日造朝㉝至外庭，薦笏言於卿士曰：「某子冠畢㉞。」應之者咸憮然㉟。京兆尹鄭叔則怫然曳笏卻立㊱，曰：「何預㊲我耶？」廷中㊳皆大笑。天下不以非鄭尹而快孫子，何哉㊴？獨爲所不爲也。今之命師㊵者大類此。

六段言令取其實，而去師弟之名。

吾子行厚而辭深㊶，凡所作，皆恢恢然有古人形貌㊷，雖僕敢爲師，亦何所增加也？假而以僕年先吾子，聞道著書之日不後㊸，誠欲往來言所聞㊹，則僕固願悉陳中所得者。吾子苟自擇之，取某事去某事，則可矣。若定㊺是非以教吾子，僕材不足，而又畏前所陳者，其爲不敢也決㊻矣。

七段言前所陳，皆明道之文，既蒙見取，益可自信，以起下論文之說。

吾子前所欲見吾文，既悉以陳之㊼，非以耀明於子㊽，聊欲以觀子氣色誠好惡何如也。今書來，言者皆大過㊾。吾子誠非佞譽誣諛㊿之徒，直見愛甚故然耳(51)。

八段論爲文方法，此爲全文精意所在。

始吾幼且少，爲文章，以辭爲工(五二)。及長，乃知文者以明道(五三)。是固不苟爲炳炳烺烺，務采色、夸聲音而以爲能也(五四)。凡吾所陳，皆自謂近道，而不知道之果近乎，遠乎？吾子好道而可吾文，或者其於道不遠矣(五五)。故吾每爲文章，未嘗敢以輕心掉之(五六)，懼其剽而不留(五七)也；未嘗敢以怠心易之(五八)，懼其弛而不嚴也；未嘗敢以昏氣出之(五九)，懼其昧沒而雜也；未嘗敢以矜氣作之(六〇)，懼其偃蹇而驕也。抑之(六一)欲其奧，揚之(六二)欲其明，疏之(六三)欲其通，廉之(六四)欲其節，激而發之欲其清(六五)，固而存之欲其重(六六)，此吾所以羽翼夫道也(六七)。本之《書》以求其質(六八)，本之《詩》以求其恆(六九)，本之《禮》以求其宜(七〇)，本之《春秋》以求其斷(七一)，本之《易》以求其動(七二)，此吾所以取道之原(七三)也。參之穀梁氏以厲其氣(七四)，參之《孟》、《荀》以暢其支(七五)，參之《莊》、《老》以肆其端(七六)，參之《國語》以博其趣(七七)，參之《離騷》以致其幽(七八)，參之太史公以著其潔(七九)，此吾所以旁推交通(八〇)而以爲之文也。

最後，言欲以文相印證，彼此交益，無師之名，而有師之實，得以免流俗之譏笑。

凡若此者，果是耶，非耶？有取乎，抑(八一)其無取乎？吾子幸觀焉擇焉(八二)，有餘以告焉(八三)。苟亟來以廣是道(八四)，子不有得焉，則我得矣，又何以師云爾哉(八五)？取其實而去其名，無招越、蜀吠怪，而爲外廷(八六)所笑，則幸矣！宗元復白(八七)。

【解　題】

韋中立給柳宗元寫信，要拜他爲師，這是作者寫給韋中立的回信。這封信包括兩方面的內容，一是力辭爲師之名，二是詳說作文之道。總的來看，作者雖不爲師，卻已盡爲師之實。而文中寫他不願稱師的苦衷，把世風的敗壞，人心的險惡，揭露無遺，且筆下充滿憤懣不平之氣。

文中寫他不願爲師，先從「師道」衰敗的歷史說起，而重點落在「今之世」。作者擧韓愈爲例，一方面贊揚他「奮不顧流俗」、「抗顏而爲師」的精神，同時也用他因此遭人笑駡，不能安居的遭遇，來說明爲師的可悲下場。作者把平日橫遭齒舌的感受，說得淋漓酣恣，眞所謂：「嘻笑怒駡，兼而有之」（林雲銘《古文析義》）。

作者雖然力辭爲師之名，但對向他求學的後輩，卻是告之諄諄，誨而不倦，這正體現了他在「師道」問題上主張「取其實而去其名」的思想。從作者在信中向韋中立細談他的作文體會，就證明了這一點。這些體會是經驗之談，也是他指導古文寫作的理論。歸納起來有：一是「文者以明道」。二是要端正寫作態度。不能「以輕心掉之」、「以怠心易之」、「以昏氣出之」、「以矜氣作之」。三是要重視寫作技巧。他具體說到文章想寫得含蓄深刻，就當對文思有所抑制；要意思明朗，就需有所發揮；要文氣順暢，就應疏導文意；要文筆簡潔，就要刪削繁冗、滌蕩渣滓。四是爲了掌握更多更深刻的道理，就要學習「五經」的長處。五是要參酌儒家和儒家以外的優秀著作，「旁推交通」，融爲一體，以形成自己的風格。可謂曲盡平日揣摩所得，無不精到，足以和韓愈〈答李翊書〉媲美。本文是書信體的論文。作者用談心的方式和對方談師道，論文章，貌似漫漫而談，卻有一定的中心。前半討論師道，多用反詰句式，文筆善於轉折。後半論文，是以體會的方式寫的，論畢又用商量的口吻，徵詢對方的意見，毫無強加於人的意思。使人讀來親切感人。

【注　釋】

㈠ **答韋中立論師道書**　本文元和八年（八一三）作於永州。書，古代文體。明・吳訥〈文章辨體序說〉云：「昔臣僚敷奏，朋舊往復，皆總曰書。近世臣僚上言，名爲表奏；惟朋舊之間，則曰書而已。」韋中立，世綵堂本韓醇注：「中立，史無傳。《新唐書・年表》云：『唐州刺史彪之孫。不書爵位。……中立於元和十四年（八一九）中第。』師道，教師教學之道。韋中立自京赴永州求教於宗元，返京後又致函宗元，宗元乃寫此信作答。

㈡ **二十一日宗元白**　古代書信格式，作書日期列於書首，有時只寫日不寫月；作書人之名，寫於日期之下。白，陳說，告白。

㈢ **辱書云欲相師**　是說承蒙你來信說，想拜我爲師。辱，謙詞，承蒙之意。相師，拜我做老師。

㈣ **僕道不篤業甚淺近**　言我的德行不深厚，學業很淺薄。僕，自身謙稱。篤，厚實。業，學業。淺近，淺薄。

㈤ **環顧其中二句**　謂認眞自我反省，沒有可供人學習之處。

㈥ **自是**　自以爲是。

㈦ **不意吾子二句**　不意，沒想到。吾子，對人敬稱。京師，京城。蠻夷間，指作者被貶的所在地永州。幸，有幸。見取，被取法，被看中。

（八）**僕自卜固無取** 言我自己估量，實在無可取法之處。自卜，自己估量。固，本來。無取，無可取法處。

（九）**有取** 有可取法之處。

（一〇）**孟子稱人之患在好爲人師** 語出《孟子・離婁上》。好爲人師，指自己懂得的不多，卻喜歡教訓人家。

（一一）**由魏晉氏以下**二句 言自魏晉以後，重門閥，輕師道，人們越發不事奉老師。益，越發。事師，拜師。

（一二）**獨韓愈奮不顧流俗**三句：是說只有韓愈奮勇的不顧社會習俗，冒犯人們的嘲笑侮辱，招收後學門生。奮，奮勇。顧，顧忌。流俗，社會習俗。犯，冒犯。笑侮，譏笑，輕慢。後學，後進的學者。

（一三）**作師說**二句 〈師說〉，爲韓愈在唐德宗貞元十八年（八〇二）所寫的一篇著名的論說文，專論從師之道。抗顏：正態度嚴不屈。

（一四）**增與爲言辭** 指世俗之人添油加醋地造謠攻擊。增與，增加。爲言辭，作評論。

（一五）**挈挈而東** 言急切的從長安東去洛陽。挈挈，音ㄑㄧㄝˋ ㄑㄧㄝˋ，急切貌。東，離長安而東行。

（一六）**邑犬羣吠吠所怪也** 謂城里的狗一齊狂叫，叫它們見到的奇怪事物。語出屈原〈懷沙賦〉：「邑犬之羣吠兮，吠所怪也。」

（一七）**過言** 指誇大其辭，說得過分。

（一八）**踰嶺被南越中數州** 謂雪越過五嶺，南越好幾個州都爲大雪覆蓋。踰，越過。被，覆蓋。南越，又作「南粵」，今廣東、廣西一帶。秦始皇時，置桂林、南海、象郡。秦末，趙佗自立爲南越王，盡佔其地。

⑲ **蒼黃**　即倉皇，有驚遽失措之意。

⑳ **今韓愈既自以爲蜀之日二句**　謂韓愈抗顏爲師，人以爲怪，已經自以爲是蜀地的日頭，而今您又想叫我當南越的白雪。

㉑ **不以病乎**　是說這不是太傷害我了嗎？以，通「已」，作太、甚解。病，傷害。

㉒ **病吾子**　是說也會傷害到你。

㉓ **僕自謫過以來二句**　是說自從我因罪被貶以來，更沒有甚麼志向和思慮了。謫過，因罪貶官。益，更加。志，志向。慮，思考問題。

㉔ **南中九年**　南中，指永州。九年，柳宗元永貞元年貶永州，則此文作於元和八年。

㉕ **豈可使呶呶者二句**　言怎能讓多嘴多舌的人，天天在我耳邊聒噪，擾亂我的心境呢？呶呶，音ㄋㄠˊ ㄋㄠˊ，喧嘩。早暮，指整天。咈，音ㄈㄨˊ，騷擾。騷，擾亂。

㉖ **則固僵仆煩憒二句**　謂如果出現那種局面，我將煩惱得神智昏亂，臥床不起了。固，必然。僵仆，僵倒。煩憒，音ㄈㄢˊ ㄎㄨㄟˋ，昏亂。愈，越發。不可過，生活不下去。

㉗ **平居望外三句**　謂我平日遭到意外的非議已很多，只差當人家的老師這一件了。望外，意料之外。齒舌，即口舌，指言辭。

㉘ **抑**　句首語氣詞，無義。

⑲ **古者重冠禮**二句　言古時重視冠禮，因爲行過冠禮之後，就要按照成人的要求去立身處世。冠禮，加冠儀式。周代男子成年二十歲行加冠禮。責，要求。成人，成年之人。道，手段，措施。

⑳ **是聖人所尤用心者也**　是說這是聖人所特別重視的事。

㉑ **孫昌胤**　人名，事迹不詳。胤，音ㄧㄣˋ。

㉒ **既成禮**　謂行過冠禮儀式之後。

㉓ **造朝**　上朝。造，往，到。

㉔ **薦笏言於卿士曰**二句　指把朝笏插在腰帶裏，對文武百官們說，我的兒子行過冠禮了。薦，通「搢」，插。笏，笏板。古時官員上朝時所執手板，用來記事，做爲備忘之用。卿士，泛指朝廷官員。某，自稱之詞，指「我」。

㉕ **應之者咸憮然**　指和他談話的人，皆莫名其妙。咸，都。憮然，莫名其妙的樣子。憮，音ㄨˇ。

㉖ **京兆尹鄭叔則怫然曳笏卻立**　言京兆尹鄭叔則滿面不悅地提著朝笏退一步站定。京兆尹，官名。鄭叔則，鄭州滎陽（今河南滎陽）人，生於玄宗開元十年（七二二），卒於德宗貞元八年（七九二），享年七十一。未冠，即以明經擢第，貞元初爲京兆尹。事詳穆員〈福建觀察使鄭公墓誌銘〉（《全唐文》卷七十四）。怫然，不高興的樣子。佛，音ㄈㄟˋ。

㉗ **預**　干預，引申爲相干。

㉘ **廷中**　指衆朝官。

㉙ **天下不以非鄭尹而快孫子何哉**　言天下人不因此認爲鄭叔則講的不對，也沒有對孫昌胤的做法表示

讚賞，爲甚麼呢？非鄭尹，以鄭叔則爲非。快孫子，以孫昌胤的舉動爲快意。

(四〇) **命師** 指以老師自命。

(四一) **行厚而辭深** 行厚，品行好。辭深，文章造詣深。

(四二) **凡所作二句** 指凡是所寫的文章，都氣魄宏偉，有古人的風貌。恢恢然，寬闊宏大貌。

(四三) **不後** 不遲。

(四四) **言所聞** 指相互交談各自的所見所聞。

(四五) **若定** 如果判定。

(四六) **決** 肯定，不容置疑。

(四七) **吾子前所欲見吾文二句** 謂你上次來，想看我的文章，我已經全部奉上了。

(四八) **非以耀明於子** 言並非以此向你炫耀。耀明，猶言炫耀。

(四九) **今書來言者皆大過** 指現在接讀來信，你對我的評價過高了。言，評價。過，過分。

(五〇) **佞譽誣諛** 諂媚贊譽。誣諛，音ㄨ ㄩˊ，假言奉承。

(五一) **直見愛甚故然耳** 言只不過蒙你特別偏愛，所以才這樣說的吧。直，只不過。見愛甚，特別偏愛。故然，所以如此。

(五二) **以辭爲工** 言以詞藻華麗爲美。辭，詞藻。工，好。

(五三) **及長乃知文者以明道** 是說等到長大，才知道文章是用來闡明聖人之道的。道，眞理，此指孔孟之道。

(五四) **是固不苟爲炳炳烺烺二句**　言這當然不能只是苟且追求形式上的詞藻華麗、音節和諧，就把這些當做是文章的能事。固，本來。苟且，隨便。炳炳，明亮貌，烺烺，音ㄌㄤˇ ㄌㄤˇ，鮮明貌，炳炳烺烺，指文章風采華麗。務，追求。采色，指華麗的詞藻。聲音，指聲韻的和諧。爲能，做爲能事，當做目的。

(五五) **吾子好道而可吾文二句**　是說你喜好孔孟之道，又賞識我的文章，那麼我的文章也許離道不遠了。可，認可，肯定。或者，也許。

(五六) **未嘗敢以輕心掉之**　言從來不敢掉以輕心。以，用。輕心，輕易之心，不認眞。掉，調弄。

(五七) **剽而不留**　指輕浮而不沈著。剽，輕飄浮滑。留，停滯，引申爲沈著。

(五八) **怠心易之**　指以鬆懈的態度去輕易從事。怠心，鬆懈的思想。易，輕視。

(五九) **昏氣出之**　指頭腦不清醒時去寫作。昏氣，胸中混濁之氣。出之，寫作。

(六〇) **矜氣作之**　言不敢抱著傲慢的態度去寫作。矜氣，驕氣。作之，爲之。

(六一) **抑之**　抑制，指不要盡情發揮，而留有餘地。

(六二) **揚之**　發揚，指充分加以闡發。

(六三) **疏之**　通暢，指有時加以解釋疏通。

(六四) **廉之**　簡潔，指有時要言簡意賅。

(六五) **激而發之欲其清**　言去掉浮詞濫調，使文章寫得活潑清新。激，有激揚滌盪之意。清，潔淨明晰。

(六六) **固而存之欲其重**　言凝聚胸中的浩氣，使文章寫得莊嚴端重。固，凝結。存，存留。重，莊重。

㊿此吾所以羽翼夫道也　是說這就是我用來輔助闡發聖人之道的方法。羽翼，輔助。

㊆本之書以求其質　謂根據《尙書》爲範本，要求達到像它那樣的質樸無華。

㊇本之詩以求其恒　言根據《詩經》爲範本，要求達到像它那樣的永恆不變的情理。恆，常，久，指永恆不變的情理。

㊈本之禮以求其宜　言根據三禮爲範本，要求達到像它那樣的合乎時宜。禮，指《周禮》、《儀禮》、《禮記》。宜，合理。

㊉本之春秋以求其斷　言根據《春秋》爲範本，要求達到它那樣的判斷明確。斷，判斷，指《春秋》對歷史人物和事件有褒有貶，作出是非判斷。

㊀本之易以求其動　言根據《周易》爲範本，達到像它那樣的靈動變化。動，變化發展。

㊁原　本源。

㊂參之穀梁氏以厲其氣　是說參考《穀梁傳》，以磨煉文章的氣勢。參，參考。穀梁，複姓，此指《穀梁傳》。厲，磨煉。氣，文氣。

㊃參之孟荀以暢其支　是說參考《孟子》、《荀子》，使文章條理暢達。暢，達。支，同枝。暢其支，指文章枝條暢達。

㊄參之莊老以肆其端　是說參考《莊子》、《老子》，以開拓自己的思路。

㊅參之國語以博其趣　是說參考《國語》，以增強文章的趣味。博，拓展。趣，意趣，趣味。

㊆參之離騷以致其幽　是說參考《離騷》，以獲得曲折幽深的表現手法。致，達到，求得。幽，幽深

微妙的表現方法。

(79) **參之太史以著其潔** 是說參考《史記》使文章簡潔精煉。太史，指司馬遷的《史記》。著，明。潔，簡潔，精煉。

(80) **旁推交通** 指由此及彼，相互貫通。

(81) **抑** 還是。

(82) **吾子幸觀焉擇焉** 謂希望你仔細分析，愼重抉擇。幸，希望之辭。觀，看，指分析。擇，抉擇。

(83) **有餘以告焉** 指如有餘暇，請來信告知。有餘，有餘暇，或指有不同意見。

(84) **苟亟來以廣是道** 言如果能常來信商量，以拓展學習和寫作之道。亟，屢次，經常。廣，擴大。

(85) **子不有得三句** 客氣話，意謂你可能不會有什麼收穫，但我卻會有收穫，又何必要用老師的名義呢？

(86) **外廷** 指官場的士大夫。

(87) **復白** 再陳述，古代書信用於結尾的辭彙。

【賞析】

唐憲宗元和八年（八一三），柳宗元在被貶謫的永州任所裡，收到了一位叫韋中立的青年，要拜他爲師的信，於是柳宗元便寫了這封回信，說他不能爲人師，尤其不敢爲韋中立的老師。因此，名此信爲「論師道書」。其實，這信不只是談了師道，而且還談了爲文之道。特別是結合自己寫作經驗論爲文之法，是十分重要，值得人們重視的。它與韓愈的〈答李翊書〉一樣，也是柳宗元從事古文運動時的重要文論。

信中首先論述了對師道的看法。他認爲不必講求爲師之名，應該注重爲師之實，師生可以互相學習，取長補短。他雖沒有公開反對韓愈的抗顏爲師，但信中引述韓愈爲師的遭遇，如士人非笑、私語，連京城都呆不住等情況，都是柳宗元對他表同情、鳴不平的描寫。柳宗元還認爲師道在實際生活中是存在的，反對相師的人，只不過是蜀狗之吠日、越犬之噬雪而已。

文章分前後兩大部分，論及了兩個問題。前一部分言師道之衰，憤世疾俗，表示自己不願擔當爲師之名。作者由韋中立來信「欲相師」，談到「今之世不聞有師，有輒嘩笑之，以爲狂人」的流俗惡習。接著一連三喻，把「抗顏爲師」的韓愈比作「蜀之日」，把自己比作「越之雪」，把那些「羣怪聚罵，指目牽引，而增與爲言辭」的世俗之徒，比作「吠所怪」的「邑犬」，嘻笑怒罵，兼而有之，爲韓愈開脫辯護。復又借孫昌胤行「冠禮」遭恥笑一事，把官場的輕薄惡態，窮形盡相的加以描寫，更使人想見當時爲師者，橫遭「齒舌」、交口詆誣的境況。至此，則柳宗元不願擔爲師之名的緣由，也就不言可喩了。

後一部分承上文「願悉陳中所得者」，根據自己的切身體會，著重闡述「文者以明道」的主張，介紹治學和寫作的實際經驗。這是本篇的重點，也是柳宗元文論的核心。作者反對浮光耀彩，徒尙華辭的不良文風。把寫文章和道德修養聯繫起來，連用四個「未嘗」來強調寫作必須端正態度，不能有一點「輕心」、「怠心」、「昏氣」、「矜氣」。在寫作技巧上，則要通過「抑」、「揚」、「疏」、「廉」、「激而發」、「固而存」，分別達到「奥」、「明」、「通」、「節」、「淸」、「重」的寫作效果。而這六個方面又各有側重，相反相成，用以輔助「道」的闡發。柳宗元還提出五「本」、六「參」，先本之《書》、《詩》、《禮》、《春秋》、《易》，以求其「質」、「恒」、「宜」、「斷」、「動」，這是「取道之原」；再參之《穀梁傳》、《孟子》、《荀子》、《莊子》、《老子》、《國語》、《離騷》、《史記》，博觀約取，融會貫通。從而形成自己獨特的風格。這些爲文的經驗之談，無不深刻精到，曲盡作者平日揣摩的苦心。前人認爲柳宗元的文章「縱橫於百家，根柢於《詩》、《書》。」（姚華《論文後編》），是不無道理的。

從全文來看，雖是懇辭爲師之名，實際上已盡爲師之實。因此，作者最後說「取其實而去其名」，正揭出通篇主旨。

本文在寫作上很有特點。清代金人瑞曾說：「此爲恣意恣筆之文。恣意恣筆之文，最忌直，今看其筆筆中間皆作一折。後賢若欲學其恣，必須學其折也。」（《山曉閣選唐大家柳柳州全集》卷一）作者用書信的形式來闡發自己的主張，且又全是自身體驗，所以寫起來筆隨意轉，得心應手。又由於作者既不以師長自居，更沒有板起面孔說教，因而措詞溫婉，一筆一折，活潑多姿。細讀此文，自能體會其行文運筆的妙諦。

(四) 賀進士王參元失火書㈠

首段點出火災，為一篇總冒

得楊八㈡書，知足下遇火災，家無餘儲。僕始聞而駭㈢，中而疑，終乃大喜，蓋將弔㈣而更㈤以賀也。道遠言略，猶未能究㈥知其狀，若果蕩焉㈦泯焉㈧而悉無有，乃吾所以尤賀者也。

次段就養親言，解所以駭之之故。

足下勤奉養㈨，樂朝夕，唯恬安㈩無事是望也。乃今有焚煬⑪赫烈⑫之虞，以震駭左右，而脂膏滫瀡⑬之具，或以不給，吾是以始而駭也。

三段就人生際遇言，解所以疑之之故。

凡人之言，皆曰盈虛⑭倚伏⑮，去來之不可常⑯。或將大有為也，乃始厄困⑰震悸⑱，於是有水火之孽，有羣小之慍⑲，勞苦變動⑳，而後能光明，古之人皆然。斯道遼闊㉑誕漫㉒，雖聖人不能以是必信，是故中而疑也。

四段言王參元負才不遇，皆為家財所累，幸虧天火相助，今後才有出頭之日，故言「將弔」而更以「賀」。解所以喜之之故。

以足下讀古人書，為文章，善小學㉓，其為多能若是，而進㉔不能出羣士之上，以取顯貴者，無他故焉。京城人多言足下家有積貨，士之好廉名者，皆畏忌，不敢道足下之善，獨自得之，心蓄之，銜忍㉕而不出諸口，以公道㉖之難明，而世之多嫌㉗也。一出口，則嗤嗤者㉘以為得重賂。僕自貞元十五年見足下之文章，蓄之者蓋六七年未嘗言。是僕私一身㉙而負公道久矣，非特㉚負足下也。

及爲御史尙書郎㉑，自以幸爲天子近臣，得奮其舌㉒，思以發明天下之鬱塞㉓。然時稱道於行列㉔，猶有顧視而竊笑㉕者，僕良恨修己之不亮㉖，素譽㉗之不立，而爲世嫌之所加，常與孟幾道㉘言而痛之。乃今幸爲天火㉙之所滌盪㉚，凡衆之疑慮，舉㉛爲灰埃。黔其廬㉜，赭其垣㉝，以示其無有，而足下之才能乃可顯白而不汚㉞。其實出矣，是祝融㉟、回祿㊱之相㊲吾子也。則僕與幾道十年之相知，不若玆火一夕之爲足下譽也。宥㊳而彰㊴之，使夫蓄於心者，咸得開其喙㊵，發策決科者㊶，授子而不慄㊷，雖欲如向之蓄縮㊸受侮㊹，其可得乎？於玆㊺吾有望乎爾！是以終乃大喜也。

五段引史實，再明「弔而更賀」之理。

古者列國有災，同位者㊻皆相弔；許不弔災，君子惡之。今吾之所陳若是，有以異乎古，故將弔而更以賀也。顏、曾之養㊼，其爲樂也大矣，又何闕焉？

文末敍述近況作結。

足下前要僕文章古書㊽，極不忘，候得數十幅乃併往耳。吳二十一武陵來，言足下爲〈醉賦〉及〈對問〉，大善，可寄一本。僕近亦好作文，與在京城時頗異。思與足下輩言之，桎梏甚固㊾，未可得也。因人南來，致書訪死生。不悉。宗元白。

【解　題】

聞友人失火而賀，眞是奇事。這封信立意奇、構思亦奇，作者自創一段議論，用詼諧的語氣，說出一番令人深思的道理。

文章構思的線索是這樣的。王參元乃一富貴子弟，本爲「多能」之士，只因家有積財，士人爲避納賄之嫌，便不敢稱道其人。使他才不外現，仕進無門。如今大火燒盡了他家的財物固然可驚、可惜，但隨着也滌蕩了參元求官行賄的嫌疑。使他的眞才得以顯露，因而仕進有望，自然可喜可賀。作者的信就按著這個思維模式來寫。開篇提綱挈領，先說聞訊後由「駭」到「疑」、到「喜」、到「將弔而更賀」的想法，然後再按這個次序分三層展開。第一層寫作者的「始聞而駭」，此論合乎常理，不足爲奇，但爲下面的轉折作了鋪墊。次論作者「中而疑」的道理，從正面說理開始，卻以否定作結。文字不多，有揚有抑，其間融合了作者身世之感。最後，說到「終乃大喜」的道理，結論出人意外，而分析卻頭頭是道。就是王參元讀後亦應破涕爲笑。三個層次，縱橫轉換，層層深入，而言「喜」言「賀」乃是文章正意所在，說理最爲透徹。

最後，說到幸虧天火幫了他的大忙，使他今後有了出頭之日。看起來，作者是在冷靜地訴說他何以「將弔而更賀」的理由，實際上卻表現了他的滿腔憂憤。從他的說明可以看出，才高如王參元者，竟因家有積財而不能爲世所用，耿直如柳宗元者，竟因避謗而不敢稱人之善，「公道難明，而世之多嫌」可以想見。另一方面，也可以看出當時士子行賄以求仕進的社會風氣確實嚴重，以至家饒財貨，才高而上進者皆有瓜李之嫌。在信中作者愈是把王參元家中失火說得可喜可賀，就愈覺得他對上述社會弊病的揭露和抨擊更有力量。這樣看來，此信雖然筆調輕鬆，快語驚人，詼諧有趣，但究其內容深意，卻隱含著沉痛的哀思。

【注　釋】

㈠ **王參元**　濮州濮陽（今河南省濮陽縣西）人。王應麟《困學紀聞》卷十七言「嘗考李商隱《樊南四六》，有〈代王茂元遺表〉云：『與季弟參元，俱以詞場就貢，久而不調。』茂元，栖曜之子也。商隱志王仲元云，『第五兄參元教之學。』」清孫梅《四六叢話》卷十七載此則並作按語云，《樊南集》有〈代濮陽公遺書〉，即爲茂元作也。至〈志王仲元文〉未見，想李集所傳未全。」明蔣之翹注「王參元元和二年中進士第」似與本文不合，不知根據何書而定。

(二) **楊八** 名敬之，子茂孝，柳宗元岳父楊憑之弟，楊凌的兒子，王參元的朋友。著有〈華山賦〉，曾爲韓，柳所激賞。

(三) **駭** 吃驚。

(四) **弔** 慰問。

(五) **更** 改變。

(六) **究** 窮盡，了解。

(七) **蕩焉** 即蕩然，毀壞的樣子。

(八) **泯焉** 即泯然，淨盡的樣子。

(九) **奉養** 供養，贍養。

(一〇) **恬安** 心神安適。

(一一) **焚煬** 焚燒。煬，音一尢ˋ，火燒得很旺。

(一二) **赫烈** 火勢猛烈的樣子。赫，火紅的顏色。

(一三) **脂膏滫瀡** 指油脂和烹調用的其他佐料。脂膏，油脂。凝者爲脂，釋者爲膏。滫瀡，音ㄒ一ㄡ

ㄙㄨㄟˇ，古代烹調方法，用植物澱粉拌和食品，使其柔滑。

⑭**盈虛**　滿和空，這裡有升降、消長之意。

⑮**倚伏**　指事物相互依存，相互轉化。倚，依託。伏，隱藏。《老子》：「禍兮福之所倚，福兮禍之所伏。」

⑯**常**　永久，固定。

⑰**厄困**　苦難。

⑱**震悸**　驚恐。

⑲**羣小之慍**　慍，怨恨。《詩經・邶風・柏舟》：「憂心悄悄，慍於羣小。」

⑳**勞苦變動**　指受盡勞苦磨煉而處境有所變動。

㉑**遼闊**　遼遠廣闊。

㉒**誕漫**　放縱。

㉓**小學**　漢代稱文字學爲小學。隋、唐以後，小學包括文字學、訓詁學和音韻學。

㉔**進**　出來做官。

㉕**銜忍**　藏在心中強忍不說。

㉖**公道**　最公正的道理。

㉗**多嫌**　嫌，疑。多嫌，謂多疑心之人。

㉘**嗤嗤者**　愛譏笑人的人。嗤，音ㄔ。

㉙ **私一身**　指愛護自己。私，偏愛。

㉚ **特**　僅，獨。

㉛ **御史尚書郎**　柳宗元於唐德宗貞元二十一年（八〇五）擔任尚書禮部員外郎。

㉜ **奮其舌**　謂大膽、積極地說話。奮，振作。

㉝ **發明天下之鬱塞**　是說想讓天下鬱悶塡胸的人，心情舒暢起來。發明，使開朗。

㉞ **然時稱道於行列**　指然而有時我在同事們中間，稱讚你的長處時。稱道，稱讚。行列，指和作者居於同等地位的官員們。

㉟ **顧視而竊笑**　言回頭看著我，暗中發笑。顧視，回頭而望。竊笑，暗中發笑。

㊱ **修己之不亮**　指自己修養身心不夠顯著。亮，顯著。

㊲ **素譽**　淸白的名聲。

㊳ **孟幾道**　名簡，平昌（今屬四川省）人，曾爲倉部員外郎，元和中拜諫議大夫，後出刺常州，因贓被貶。孟簡和韓愈、柳宗元交誼皆很深厚。

㊴ **天火**　指由雷電或物體自燃引起的火災。《左傳・宣公十六年》：「凡火，人火曰火，天火曰災。」

㊵ **滌盪**　洗滌，淸除。

㊶ **舉**　全，盡之意。

㊷ **黔其廬**　是說房子燒得焦黑。黔，音ㄑㄧㄢˊ，黑色，作動詞用，意謂燒得焦黑。

㊸ **赭其垣**　是說垣牆燒成一片紅土。赭，音ㄓㄜˇ，紅土，作動詞用，意謂燒成一片紅土。

(44) **顯白而不汚**　是說你的才能顯露出來而不再被玷汚。顯白，顯著。

(45) **祝融**　號赤帝，一說爲帝嚳（音ㄎㄨˋ）時的火官，死後爲火神，《左傳，昭公二十九年》：「木正曰句芒，火正曰祝融。」「顓頊氏有子曰犂，爲祝融。」《呂氏春秋・四月》：「其神祝融」注曰：「祝融，顓頊氏後，老童之子吳回也，爲高辛氏火正，死爲火官之神。」

(46) **回祿**　傳說中的火神名，《左傳・昭公十八年》；鄭子產「禳（音ㄒㄧㄤ）火於玄冥、回祿。」注：「玄冥，水神；回祿，火神。」

(47) **相**　幫助。

(48) **宥**　音ㄧㄡˋ，祐，助。

(49) **彰**　顯揚。

(50) **咸得開其喙**　是說都能開口說話了。喙，音ㄏㄨㄟˋ，本指鳥獸的嘴，這裡指人的嘴。

(51) **發策決科者**　這裡指主持科舉考試的人。漢代被薦舉的吏民經過皇帝「策問」後，按等第高下授官，策問方式有「射策」、「對策」兩種。《漢書・蕭望之傳》，顏師古注云，「射策者，謂爲難問疑義，書之於策，量其大小署爲甲乙之科，列而置之，不使彰顯，有欲射者，隨其所取得而釋之，以知優劣。射之，言投射也。對策者，顯問以政事、經義，令各對之，以觀其文辭定高下也。」發策決科，就射策言，指把應試者射中的某科策問題目發放給他。

(52) **慄**　音ㄌㄧˋ，害怕得發抖。

(53) **向之蓄縮**　指懾於外界的議論、譏笑，只好把稱道之詞憋（音ㄅㄧㄝ）在心裡，不敢說出來。

㉞ **受侮** 指說出後受到嘲笑。

㉟ **於玆** 從此。

㊱ **同位者** 指有同樣地位的諸侯之國。《左傳・昭公十八年》：「宋、衛、陳、鄭皆火。」「陳不救火，許不弔災，君子是以知陳、許之先亡也。」

㊲ **顏曾之養** 指像顏回、曾參那樣的生活。顏，顏回，孔子的學生。《論語・雍也》：「子曰：『賢哉，回也！一簞食，一瓢飲，在陋巷，人不堪其憂，回也不改其樂。』」曾，曾參，孔子的學生。《史記・仲尼弟子列傳・曾參傳》張守節「正義」引《韓詩外傳》云：「曾子曰：『吾嘗仕爲吏，祿不過鍾（一種酒器）釜（一種鍋），尚猶欣欣而喜者，非以爲多也，樂道養親也』」養：謂自己養活自己。

㊳ **古書** 古體書法，章士釗《柳文指要》說：「子厚自詡工書，文中『足下前要僕文章古書，極不忘，候得數十幅乃併往』，是得意語。」

㊴ **桎梏甚固** 桎，音ㄓˋ，拘束犯人雙腳的刑具；梏，音ㄍㄨˋ，拘束犯人雙手的木製手銬。這裡「桎梏」是約束的意思。固，緊。

【賞析】

王參元，濮陽（今河南省濮陽縣西）人，其父王棲曜曾任鄜坊節度使，貞元年間（七九六——八〇四之間），參元遊學京師，顯示出多方之才能，爲柳宗元等人賞識，但因得不到有力人士的推薦，致失意而去。元和初年（八〇六），柳宗元在永州貶所，接到友人楊敬之的信，得知王家不幸失火，財物蕩然無存，極爲關切，於是寫下了這篇「將弔而更以賀」的名作。

文章從祝賀失火入手，看似荒唐可笑，實則寓莊於諧，在幽默風趣的敍寫中，辛辣地針砭了當時妒賢嫉能，謗語叢生的政壇，以及被私利扭曲的人事制度。在奇思雋語裡，透露出作者深沈的憂憤和無奈。

柳宗元的文章自由活潑，尖銳辛辣，可以說嘻笑怒罵，皆成文章，有著極強烈的諷刺性，同時又耐人尋味，餘韻無窮，往往散發著一種睿智的光輝。像本文的命題，就十分刺激，文中所述更是「議論奇特，出人意表。」信中依據「始而駭」「中而疑」「終乃大喜」的認識過程，闡明自己對友人遭到意外災禍的看法。第一層「始而駭」，寫初聞時的震驚之態，表示對王參元在火災中飽受驚嚇，衣食不給的關注。第二層「中而疑」，寫作者由表及裡，進入了沈思。所謂「禍福相倚」，古代大有爲者，往往從不幸遭遇中得到磨煉成長，但這種說法，畢竟「遼闊誕漫，雖聖人不能以是必信。」故又疑慮不定。第三層「終而大喜」。則是結合對方的實際情況，進行全面深入分析的結果。王參元博學多能，過去無人爲之公開揄揚，其主要原因是其家資殷富，人們往往避「得重賂」之嫌，故心雖喜之，卻不願出諸口，竟使「公道難明」。現在王家經濟地位發生了巨變，人們因而可以解除顧慮，敢於主持公道，大力引薦。這樣一來，參元的才能定會得到充分施展，故轉而爲之賀喜。所謂「將弔而更以賀也」，並藉此傾吐自己對友人前景的無限祝福。

賀人家失火這個命題，看似無理，而作者卻能援古證今，講得有理有據，頭頭是道。在批判上層人士的偏見時，也將自己包括在內，語言中肯，感情眞摯，當對方讀完這封信後，將會從中得到深刻的啓示和巨大的鼓舞。所以這封信，除了在結構上嚴謹連貫，靈動曲折，已如上述者外，在語言藝術上，亦頗具特色。如全文緊緊圍繞著一個「火」字，感慨生發，由外而內，層層深入，不僅立意新穎，且說理透闢，充滿縱橫變幻，抑揚盡致的奇思妙想。其次，這封信感情充沛，深沉密緻，滿懷悲憤，蘊含著作者對世事和現實的反抗精神。

「文似看山不喜平」，我國古代文學理論向來主張作文不應平直無奇，一覽而盡，以致使人興味索然；而要從表達情意的需要出發，做到騰挪跌宕，曲折起伏，如同繪畫中的「山雖一阜，其間環繞無窮」，園林建築中的「曲徑通幽」，使人觀不盡的「柳暗花明」一樣；以強烈的藝術魅力來吸引人。柳宗元散文的曲折起伏，由一種境界進入另一種境界。孫琮評曰：「曲曲寫來，無限波折，只是一個轉字」（見《山曉閣唐大家柳柳州全集》卷二）。劉熙載也說：「奇峰異嶂，層見叠出。」（見《藝概。文概》）吳楚材說得更好：「聞失火而賀，大是奇事，然而賀之之故，自創一段議論，自闢一番實理，絕非泛泛也。」（見《古文觀止》評）。綜理各說，足見本文寫作的特色。

(五) 捕蛇者說㈠

永州之野㈡產異蛇，黑質而白章㈢，觸草木盡死㈣，以齧人，無禦之者㈤。然得而臘之以爲餌㈥，可以已大風、攣踠、瘻、癘㈦，去死肌，殺三蟲㈧。其始，太醫以王命聚之㈨。歲賦其二㈩，募有能捕之者，當其租入⑪，永之人爭奔走焉⑫。

首段寫異蛇的產地、狀貌、毒性、用途，以及永人冒死捕之的原因。

有蔣氏者，專其利三世矣⑬。問之，則曰：「吾祖死於是⑭，吾父死於是，今吾嗣爲之十二年⑮，幾死者數矣。」言之，貌若甚慼者⑯。余悲之，且曰：「若毒之乎⑰？余將告於蒞事者⑱，更若役，復若賦，則何如⑲？」蔣氏大戚⑳，汪然出涕㉑曰：「君將哀而生之乎㉒？則吾斯役之不幸，未若復吾賦不幸之甚也。嚮吾不爲斯役，則久已病矣。自吾氏三世居是鄉，積於今六十歲矣，而鄉鄰之生日蹙㉓。殫其地之出，竭其廬之入㉔，號呼而轉徙㉕，饑渴而頓踣㉖，觸風雨，犯寒暑㉗，呼噓毒癘㉘，往往而死者相藉也㉙。曩與吾祖居者㉚，今其室十無一焉㉛；與吾父居者，今其室十無二三焉；與吾居十二年者，今其室十無四五焉，非死而徙爾，而吾以捕蛇獨存。悍吏之來吾鄉㉜，叫囂乎東西，隳突乎南北㉝，

次段通過作者與蔣氏對話，記敘蔣氏三代的悲慘遭遇，和鄉鄰受賦斂荼毒之血淚事實，爲全文重點所在。

譁然㉞而駭者，雖雞狗不得寧焉。吾恂恂㉟而起，視其缶，而吾蛇尚存，則弛然㊱而臥。謹食之㊲，時而獻焉。退而甘食其土之有，以盡吾齒㊳。蓋一歲之犯死者二焉，其餘則熙熙㊴而樂，豈若吾鄉鄰之旦旦有是哉㊵！今雖死乎此㊶，比吾鄉鄰之死則已後矣，又安敢毒耶？

余聞而愈悲。孔子曰：「苛政猛於虎也㊷。」吾嘗疑乎是，今以蔣氏觀之，猶信㊸。嗚呼！孰知賦斂之毒，有甚是蛇者乎！故為之說，以俟夫觀人風者得焉㊹。

最後抒發感觸，並表明寫作本文的用意。

【解 題】

本文立意受到「苛政猛於虎」的影響，但它卻以孔子的說法為基點，作進一步拓展，富有強烈的現實意義。根據李吉甫《元和國計簿》記載，天寶以來，因為賦斂煩苛，元和年間，除藩鎮諸道外，稅戶比天寶時四分減三，而天下兵需供給者，比天寶時三分增一，大致兩戶人家供養一兵。此外農民還要供應朝廷的不時之需。賦斂之重,可想而知。〈捕蛇者說〉正是反映了自天寶以來，六十年間所存在的嚴重社會問題。文章通過捕蛇人之口，揭露賦斂之毒，甚於毒蛇，從而反映出作者主張輕徭薄賦，救民水火的政治思想。

本文開篇即寫異蛇之毒，寫因捕蛇能「當其租入」，故「永之人爭奔走焉」；並舉蔣氏為例，言其祖、其父死於捕蛇之事，而文章對捕蛇者自述的這段文字處理。首先，作者寫他徵求捕蛇者對「更若役，復若賦」的意見，問詞來得自然，在藝術上起到了「一石激起千層浪」的效果，同時也為捕蛇者自述的內容，劃定了一個範圍，即圍繞寧願納稅，還是寧願捕蛇這個問題上。在蔣氏看來，「更若役，復若賦」，等於置他於死地，他不得不懇辭，而且說起來更情悲氣愴，甚而「汪然出涕」。這樣就產生了自述文字的第二個特點，即蔣氏自述，言眞意切。他用六十年來鄉鄰爲避稅而逃亡他鄉，轉死溝壑的遭遇，和「今吾以捕蛇獨存」對比；用「悍吏之來吾鄉」，弄得鷄犬不寧，和自己因見罐中蛇尙存，而能「弛然而臥」對比；用自己「一歲之犯死者二」，和「鄉鄰之旦旦有是」對比，目的是要說明捕蛇的「好處」多於納賦。他的話愈是說得懇切，便越發揭露出賦斂之毒甚於毒蛇，而他傷心的自述，便成了憤怒的控訴。

本文在寫作上，借助於《禮記・檀弓》「苛政猛於虎」的典故，立一篇主意。而在揭露現實上，則比原作更見深刻，文字也更起伏多姿，具有強烈的感染力量。

【注釋】

㈠ **說**　古代一種文體，或發表議論，或記敘事情，或夾敘夾議，式樣雖然不一，但都是爲了闡明道理。

㈡ **野**　郊外。

㈢ **黑質而白章**　謂黑皮上有白色斑紋。質，質地。黑質，黑色的質地。白章，白色斑紋。因此這種蛇有白花蛇之名，李時珍稱之爲蘄蛇(見《本草綱目》卷四十三)。

㈣ **觸草木盡死**　謂蛇毒碰觸到草木上，草木就全部枯死。

㈤ **以齧人無禦之者**　謂如果咬著人，沒有解救治療的辦法。按：白花蛇劇毒，人被咬，不出五步即死，故又名五步蛇。以，而。齧，音ㄋㄧㄝˋ，咬噬。禦，抵抗，這裡指防治。

㈥ **然得而臘之以爲餌**　是說然而如果捉到牠，並把牠風乾製成藥物。得，捉到。臘，乾肉，在此作動詞，風乾解。餌，藥餌。

㈦ **可以已大風攣踠瘻癘**　言此蛇可以治療痲瘋病、手足痙攣(音ㄐㄧㄥˋ ㄌㄩㄢˊ)、脖子腫瘍和毒瘡。已，止，此作治癒解。大風，卽痲瘋病。攣踠，音ㄌㄩㄢˊ ㄨㄢˇ，抽搐，痙攣。癘，音ㄌㄧˋ，頸腫病，一名鼠瘻，西醫名淋巴腺結核。癘，惡瘡。

㈧ **去死肌殺三蟲**　是說能夠消除壞死的肌肉，殺死體內的寄生蟲。去，除掉，治癒。死肌，腐爛的肉。三蟲，道家傳說，居人體使人疾病夭死的三屍蟲，實卽寄生蟲。

㈨ **太醫以王命聚之**　言太醫奉皇帝的命令徵集這種毒蛇。太醫，皇家醫官。王命，朝廷的命令。聚，徵集。

㈩ **歲賦其二**　謂每年徵收兩次。賦，徵收。

(二) **當其租入**　言用蛇來抵充應繳的賦稅。當，音ㄉㄤˋ，抵充，代替。

(三) **永之人爭奔走焉**　謂永州百姓爭先恐後地奔走應募。

(三) **專其利三世矣**　謂獨占捕蛇的好處已經三代了。專，獨占。三世，三代。

(四) **吾祖死於是**　謂我祖父死在捕蛇的事上。是，這，指捕蛇。

(五) **今吾嗣爲之十二年**　是說我繼承做這件事已經有十二年了。嗣，繼承。

(六) **貌若甚慼者**　是說臉上露出十分悲傷的樣子。貌，臉色。甚慼，很悲痛。

(一七) **若毒之乎**　是說你怨恨這個差事嗎？毒之，以之爲毒，以這差事爲痛苦。

(一八) **蒞事者**　管事的人，指地方官。

(一九) **更若役三句**　謂改換你捕蛇的差役，恢復你的賦稅，那怎麼樣呢？

(二〇) **大戚**　極其悲痛。戚，同「慼」。

(二一) **汪然出涕**　眼淚滿眶的樣子。涕，眼淚。

(二二) **君將哀而生之乎**　是說你憐憫我，想讓我活下去嗎？生，活。之，指蔣氏。生之，使我活。

(二三) **鄉鄰之生日蹙**　言鄉親們的生活，一天比一天艱難。生，生計。蹙，音ㄘㄨˋ，窘迫，困苦。

(二四) **殫其地之出二句**　謂全部拿出地裡的農產品，和耗盡家中的收入去繳稅。殫，盡。出，出產。竭，盡。廬，家。入，收入。

(二五) **號呼而轉徙**　言只好哭泣著輾轉遷徙。號呼，大聲哭喊。轉徙，遷移逃亡。

(二六) **頓踣**　音ㄉㄨㄣˋ ㄅㄛˊ，因勞累過度而跌倒。

(二七) **觸風雨二句**　指遭受風吹雨打，冒著嚴寒暑熱。

(二八) **呼噓毒癘**　指呼吸有毒的空氣。呼噓，呼吸。毒癘，指毒霧瘴氣。

(二九) **往往而死者相藉也**　謂常常看到死人橫七豎八的互相堆壓著。

(三〇) **曩與吾祖居者**　謂從前和我祖父同住本村的。

(三一) **今其室十無一焉**　謂現在十家中不剩一家了。室，家。

(三二) **悍吏之來吾鄉**　謂凶暴蠻橫的吏卒，來我們村中催租的時候。

㉝ **叫囂乎東西二句** 謂四處叫罵、破壞、騷擾百姓。叫囂，叫嚷吵鬧。隳突，音ㄏㄨㄟ ㄊㄨˊ，毀壞，衝突。東西、南北，二詞爲互文，指到處。

㉞ **譁然** 指百姓被嚇得亂喊亂叫。

㉟ **恂恂** 音ㄒㄩㄣˊ ㄒㄩㄣˊ，小心謹愼貌。

㊱ **弛然** 輕鬆安適貌。

㊲ **謹食之** 言謹愼小心的餵養。食，同「飼」。

㊳ **退而甘食二句** 是說回來就可安享自己土地上的出產，過完我的一生。甘，甜。其土之有，指自己地裡的出產。

㊴ **熙熙** 快樂無憂貌。

㊵ **豈若吾鄉鄰之旦旦有是哉** 言那裡像我鄉鄰們那樣，天天有死亡的威脅呢？旦旦，每天。是，這，指重賦帶來的死亡威脅。

㊶ **今雖死乎此** 言現在卽使死於捕蛇。

㊷ **苛政猛於虎也** 謂殘暴的政治比老虎還要兇惡。原文出自《禮記・檀弓》下：「孔子過泰山側，有婦人哭於墓者而哀。夫子軾而聽之。使子路問之曰：『子之哭也，壹似重有憂者？』而曰：『然。昔者，吾舅死於虎，吾夫又死焉，今吾子又死焉。』夫子曰：『何爲不去也？』曰：『無苛政。』夫子曰：『小子識之，苛政猛於虎也。』」

㊸ **今以蔣氏觀之猶信** 謂現在用蔣氏一家的遭遇看來，這話還是可信的。猶信，還是可信。

㊹ **故爲之說**二句　謂所以爲此事撰寫這篇文章，是用來等待那些考察民情風俗的官員，從其中得到些借鏡。爲之說，爲此事寫這篇〈捕蛇者說〉。俟，等待。夫，那些。觀人風者，考察民情風俗的官員。

【賞　析】

「捕蛇者說」，意思是說捕蛇人的事。作者借蔣氏一家的遭遇，來說賦斂之爲害，比毒蛇還要厲害的道理。題目含而不露。文章由敍說、對話、結語三個部分組成。

首段敍說，交代捕蛇的緣起。包括兩個方面：蛇的劇毒和奇效，捕蛇的由來和利益。這部分以平直的鋪敍，寫荒僻州縣的奇事。起句「永州之野產異蛇」，著一「異」字，喝起讀者精神，已覺不同平常。接著敍述蛇的奇形，奇毒，渲染得令人毛骨悚然。但是毒蛇偏偏又是奇藥，對治療多種惡疾都有奇效，皇家下令徵集，捕蛇者可以用來代替供賦，於是永州便出現了奇事：人們都爭着去幹這危險的捕蛇勾當。「當其租入」四字，實爲通篇發端所在，它誘惑人們冒死從事，已暗伏下文的賦斂之毒，作者卻似乎不經意地淡淡敍及。前人評論本文「命意非奇，然蓄勢甚奇」（林紓《韓柳文研究法》），不爲無見。

「有蔣氏者」以下轉入第二段，通過同捕蛇者的交談，寫出賦斂比毒蛇更可怕。這是文章的主體部分，採取對話的形式，主要是捕蛇者的自述。作者的話雖少，但是借此引出蔣氏的話，而且在文章結構上，來調節讀者的情緒，皆屬不可或缺，足見作者運筆的匠心。

享有捕蛇而不納稅之「利」已經三世的蔣氏，究其實際，卻是三世深受其害：父、祖皆死於捕蛇，本人多次差點送命，所以提起來就傷心。三個「死」字，道出三代的悲慘遭遇；「甚戚」，寫出內心的隱痛。這是主體部分的第一層意思，述捕蛇的危險和捕蛇人的淒楚。然而也只作陪襯，還是蓄勢。下文轉入第二層，比較捕蛇和供賦的利害重輕，極寫賦斂之毒，乃是全文的重心和正意所在。作者運用多種藝術手法，使用多種句式，駢散相間，長短交錯，寫得酣暢淋漓，形容曲盡。

「余悲之」，寫作者對蔣氏的同情，因而提出更役復賦的建議，不料這個合乎情理的建議，卻引得蔣氏「大戚」，甚而「汪然出涕」，就像引爆了一枚定時炸彈，感情的堤岸潰決了，蔣氏鬱積已久的悲痛，直如江河奔騰而下，一發不可收拾，不但逼出「吾斯役之不幸，未若復吾賦不幸之甚也」一語，從正面點明賦斂之慘毒，並且還引動他不由自主地講述出供賦者慘遭迫害的苦況。

講重賦害民，是拿六十年來鄉鄰們的生活一天比一天窘迫，戶口一年比一年減少這個事實來說明的。「殫其地之出，竭其廬之入」不足以供賦，只得輾轉遷徙逃亡，而路途之上的饑寒困頓，造成沿途倒斃，餓莩累累，在我們眼前呈現了一幅賦斂壓迫下悲慘的流民圖。

柳宗元謫永州是唐憲宗元和元年至十年（西元八〇六～八一五），由此上溯六十年，即蔣氏祖父的時代，約當天寶年間，村落中居民尚多。安史亂後，經肅、代、德、順四宗，到了憲宗手裡，跟他祖父做過街坊的已經十不存一。賦斂日重，民生日蹙，供賦者或死或徙已所留無幾，「而吾以捕蛇獨存」！冷然截斷了重賦害民這層意思，更無多語。對照卻十分強烈。

接著寫催租逼賦的場面。「悍吏之來吾鄉」，劈面而起，寫得聲色俱厲。「叫囂乎東西，隳突乎南北」，攪得整個村莊四處哭叫，鷄犬不寧。過分沉重的賦稅，已使供賦的農民存活爲難，再加上悍吏催逼的騷擾，他們就得承受雙倍的災難了。

相形之下，捕蛇者幸運多了。作者對此不惜運用重筆加以刻畫，使之對照更爲鮮明：蔣氏在四周的喧囂騷擾中，「恂恂而起」，看瓦罐裡的毒蛇還在，「則弛然而臥」，就放心地睡了，不必再擔心賦稅。一年裡頭死亡的威脅只有捕蛇的那兩次，「其餘則熙熙而樂」，他感到滿足極了。

蔣氏的話講得有層次，有事實，有道理，似乎平靜而少激宕，質實而無怨怒，但是我們讀起來，卻覺得他有訴說不盡的痛苦，令人遙想千年之前善良的勞動人民的辛苦，他們對生活的要求是多麼低微，而現實又是多麼殘酷！他們眞有灑不盡的血淚，吐不完的苦水。作者則有滿腔壓抑不住的悲憤和同情。這種感情，是他從現實生活中體驗得來的，同他的「以輔時及物爲道」，「以生人爲己任」（〈答吳武陵論非國語書〉、〈與楊晦之第二書〉，見《柳宗元文集》）的思想，眞正融成了血肉一體，才能產生這樣深刻感人的作品。

柳宗元主張「文以明道」，但是他的「道」是要「及物」，是要對社會發生實際作用的，所以這篇文章沒有停留在同情和慨嘆上，「故爲之說」一語，明確地指出是爲了讓人知道「賦斂之毒有甚是蛇」這一點，才寫了這篇〈捕蛇者說〉，以引起「觀人風者」的注意。他們有責任向朝廷反映，以改革弊政。但宮闈森嚴，下情無由上達，對此他不能坐視，所以這第三部分，文字不多，寫法上卻能體現柳文特色，氣象清峻而波瀾起伏。先講自己「聞而愈悲」，既照應上文的「余悲之」，又與讀者的感情有所交流。接著引孔子的話，點明「苛政猛於虎」，貼切自然，可是又講自己曾經懷疑過這句話，以爲現實不會那麼醜惡；而今天不再懷疑了，於是不禁大聲疾呼：「嗚呼，孰知賦斂之毒，有甚是蛇者乎！」質直地說明寫作本文的意圖，文章多搖曳之姿，頓挫之勢，而寫來又恰到好處，眞不愧爲大手筆。

本文的構思，一般認爲脫胎於〈檀弓〉，即作者意識中先有「苛政猛於虎」一句，而後借捕蛇立說。這不僅是把以猛虎喩苛政的古老比喩擴大了，形象化了。而且在內容上要比〈檀弓〉更深厚，形象上更生動，感情上更強烈，手法上也更高妙。但是，以柳宗元對當時生活細膩的描繪，對人民苦難形象的刻畫，使理性與現實溶爲一體。這樣深厚的藝術功力，在古代散文家中並不多見。

對比的手法，在本文裡收到了良好的效果，就像一方普通的紅綢，到了魔術大師的手裡發生了千變萬化的功能。例如本文寫人物命運的對比時，捕蛇者跟供賦者兩兩相比之下，捕蛇者便顯得相當幸運；而這位幸運者，卻始終籠罩在死亡的陰影中。「熙熙而樂」與「三世死於是」，「幾死者數矣」，「一歲之犯死者二焉」，又形成一種令人窒息的壓力。掩卷之餘，回想當時人民「求生」的願望，與統治者「驅死」的苛政，相信在讀者的心中，更形成一種難忘的對比，而唏噓不已！

二、傳記文選讀

傳記是一種記載人物生平事迹的文體。柳宗元的傳記文除了集中題爲「傳」的文章外，還包括碑志、行狀中的部分作品，以及一些帶有傳記性質的文字，不僅數量較多，而且質地較高。柳宗元是我國古代在傳記文創作上取得卓越成就的有數幾位作家之一。

柳宗元所寫的文學性傳記實際上可分爲兩類。一類是通過敍寫傳主的生平遭遇，塑造人物形象，反映社會現實，有想像而無虛構。如〈童區寄傳〉、〈段太尉逸事狀〉、〈南府君睢陽廟碑〉、〈處士段弘古墓志〉等就是顯例。另一類也是寫人物的言行經歷，但主要用來說明某些事理，諷刺某種社會現象，包含或多或少的虛構成分；有的類似寓言，有的接近傳奇小說，如〈宋清傳〉、〈種樹郭橐駝傳〉、〈梓人傳〉、〈李赤傳〉、〈河間傳〉等。這兩類傳記雖然各自表現出一些獨有的特點，但也具有共同的藝術特色。

首先：是在選材上，柳宗元人物傳記的主人公，大多爲下層人物，普通百姓。如〈宋清傳〉中的藥商、〈種樹郭橐駝傳〉中的園藝匠、〈童區寄傳〉中的牧童、〈梓人傳〉中的建築技師等等，都是當時所謂不登大雅之堂的「賤民」，而柳宗元卻爲他們筆酣墨飽地傳神寫照，昭示來世。還有一些傳記則以統治階級中的人物爲傳主，如〈段太尉逸事狀〉中清正的官吏、〈南府君睢陽廟碑〉中反叛的英雄。柳宗元這樣寫，是由於他尊重人民，同情百姓，關心現實，堅持政治改革的思想，同時也反映出他獨特的審美觀點。

柳宗元受到《史記》的啓發，他爲人物作傳不是有聞必錄，直書其事；不是面面俱到，羅列傳主的生平履歷；而是對原始材料進行剪裁加工，概括提煉，選取典型的事例進行描寫，往往只記敍一兩件事。而這些事具有代表性，經過他集中而具體地敍寫後，人物的命運和性格，就栩栩如生地被突顯出來。他的傳記篇幅雖然不長，可是筆下的人物個個都很鮮活生動，大大豐富了我國傳記文學的內涵。

其次：是有明顯的諷諭性。柳宗元的傳記文，極富象徵暗示色彩，寓理於人，寓理於事。通過記述人物的所作所爲，表達政治觀點，揭示社會病態。如〈種樹郭槖駝傳〉，文章主要分兩個部分：前半篇介紹郭槖駝種樹的不凡技藝。寫他不像別人那樣違反樹的天性，種下樹以後「愛之太恩，憂之太勤」，早晨看過了晚上又去撫摸，而是順著樹木生長的規律去種植，這樣才能收到「他植者雖窺伺效慕，莫能如」的奇效。後半篇由「養樹」聯繫到「養人」，引出了郭槖駝一番發人深思的話語。

再其次：是記敍和議論相結合。柳宗元的傳記文因爲具有諷諭性，所以爲了在文中點出所寓之意，就要進行「借人立論」，「發抒己議」。這些議論和記敍部分契合無間，融爲一體，出色地完成了對人物的刻畫和對寓意的闡發，達到了事理兼勝的目標。

最後：是情節生動，敍寫委婉。這在〈李赤傳〉、〈河間傳〉等文中，表現得尤爲明顯。如寫李赤嗜臭成癖，一而再，再而三地「如厠」尋死，就敍述得曲折婉轉。〈河間傳〉在人物的刻畫、環境的描寫上，細緻生動，情節的展開，跌宕起伏，一波三折，小說韻味很重。柳宗元這類「寄托之傳」，在生動傳神的敍事寫人中，賦予精闢的說理、深刻的寓意，表現出極大的創造性。其中有的篇章已成爲具有高度思想和藝術價值的典範，而廣爲人們所流傳。

柳宗元的傳記文，汲取前人的優秀成果，作了獨特的創造，擺脫了對歷史的依附，具有豐富的想像和生動的描寫，文學性大大增強，而結構更爲嚴謹靈動，篇幅更爲短小精悍，和韓愈一起開創了我國傳記文學的新局面，對後來的傳記作品，產生了一定的影響。

㈠ 宋清傳

首段敍事，借市人之言，敍清以藥施人，不求小報。

宋清，長安西部藥市人也。居善藥㊀，有自山澤來者，必歸宋清氏，清優主之㊁。長安醫工得清藥，輔其方，輒易讎㊂，咸譽㊃清。疾病疕瘍者㊄，亦皆樂就清求藥，冀速已㊅。清皆樂然響應。雖不持錢者，皆與善藥。積券㊆如山，未嘗詣取直㊇。或㊈不識，遙與券，清不爲辭。歲終，度㊉不能報，輒焚券，終不復言。市人以其異，皆笑之曰：「清，蚩妄人⑪也。」或曰：「清其⑫有道者歟！」清聞之曰：「清逐利以活⑬妻子耳，非有道也，然謂我蚩妄者亦謬。」

二段言清市藥致意的原因，在以誠與義待人。

清居藥四十年，所焚券者百數十人。或至大官，或連數州，受俸博，其餽遺⑭清者相屬⑮於戶；雖不能立報，而以賒⑯死者千百，不害清之爲富也。清之取利遠，遠故大。豈若小市人哉，一不得直，則怫然⑰怒，再則罵而仇耳，彼之爲利，不亦翦翦乎⑱！吾見蚩之有在也。清誠以是得大利，又不爲妄，執其道不廢，卒以富。求者益衆，其應益廣。或斥棄沉廢⑲，親與交；視之落然⑳者，清不以怠，遇其人，必與善藥如故。一旦復柄用㉑，益厚報清。其遠取利，皆類此。

三段作者將

吾觀今之交乎人者，炎而附㉒，寒而棄㉓，鮮有能類清之爲者。世之言，徒曰「市道交」㉔，嗚呼！清，市人也，今之交有能望報如清之遠者乎？幸而庶幾㉕，則天下之窮困廢辱得不死亡者衆矣，「市道交」豈可少耶？或曰：「清，非市道人也。」柳先生曰：「清居市不爲市之道，然而居朝廷、居官府、居庠塾鄉黨㉖，以士大夫自名㉗者，反爭爲之不已，悲夫㉘！然則清非獨異於市人也。」

宋清處世方式與「炎而附，寒而棄」的官場現象，進行對比。

【解　題】

宋清是一個目光遠大，經營有方的藥材商人。他的藥材貨眞價實，療效很好，商業信譽極高。尤爲不同凡響的，是他不計小利、近利，對富貴者與貧賤者，得勢者與失勢者，均能一視同仁，眞誠相待，並且熱心於救急扶困，無償地奉送良藥，因而生意興隆，歷久不衰，獲致厚利。

作者把宋清的處世態度與當時「炎而附，寒而棄」的官場現象加以對比，揭露了一般封建士大夫嫌貧愛富，趨炎附勢的醜惡面貌，寄託了自己身世之慨。

文章首先介紹了宋清貌似愚鈍，實則高妙的經營方式，在一片猜疑、恥笑和推測聲中提出問題，引起懸念。次段與目光短淺，器量狹隘的小商人作對比，說明宋清「取利遠」，所以能得大利。末段聯繫現實生活，進行對照論說，慨嘆官場的世態炎涼，贊揚宋清的商業哲學，得出官不如商的結論。

【注　釋】

㈠ **居善藥**　言儲存了許多好藥。居，收購，儲存。

(二) **優主之**　指好好地招待他，把他當作主人。優主，作動詞用。主，主人。

(三) **輒易讎**　是說就容易出售。讎，售也。

(四) **咸譽**　是說大家皆讚譽。咸，全，都。譽，稱贊。

(五) **疾病疕瘍者**　指那些生病長瘡的人。疕瘍，音ㄅㄧˇ　ㄧㄤˊ，頭瘡。

(六) **冀速已**　指希望快點痊癒。冀，希望。已，停止。這裡是說治好，痊癒。

(七) **券**　債券，欠債憑據。

(八) **未嘗詣取直**　是說他從來不去討債。詣，前往。直，通「値」，藥錢。

(九) **或**　代詞，有的人。

(一〇) **度**　推測，估計之意。

(一一) **蚩妄人**　指宋清是個傻瓜。蚩妄，痴呆，無知。

(一二) **其**　語氣副詞，表示測度，有大概之意。

(一三) **活**　使動用法，作養活解。

(一四) **饋遺**　在此指贈送禮品。

(一五) **屬**　接連不斷之意。

(一六) **賖**　賖欠，舊時買賣貨物，延期付款的辦法。

(一七) **怫然**　臉上忽然變色的樣子，即勃然。怫，音ㄈㄨˊ。

(一八) **不亦翦翦乎**　是說不是顯得氣量太淺狹了嗎！翦翦，音ㄐㄧㄢˇ　ㄐㄧㄢˇ，作淺薄，小氣解。

⑲ **斥棄沉廢**　指有些官吏遭到貶謫免職。斥，貶斥，沉，沉廢，閑置。

⑳ **落然**　窮困潦倒的樣子

㉑ **柄用**　掌權。

㉒ **炎而附**　指別人得勢時，就去逢迎巴結。炎，熱，比喻權勢顯赫。

㉓ **寒而棄**　指別人失勢時，就馬上棄之而去。寒，寒酸貧窮。

㉔ **市道交**　以做買賣的手段交朋友，純粹講利害關係。

㉕ **庶幾**　差不多，近似。

㉖ **庠塾鄉黨**　言身居官府和身居鄉黨學校。庠塾，古代學校名稱。古時以二十五家爲閭，共用一巷，巷口有塾。五百家爲黨，黨設庠。

㉗ **自名**　自稱、自命。

㉘ **悲夫**　眞是可悲啊！夫，語氣詞，表示感嘆。

【賞　析】

司馬遷著《史記》，首創本紀、世家、列傳等專記人物一生事迹的體例，凡社會地位不及本紀、世家規格，而又於當世有豐功偉績，或較大影響者，均在入傳範圍之內。司馬遷出身世代書香之家，兼曾遊歷四海名山大川，爲文疏蕩而有奇氣，善於將枯燥無味之歷史事件，連綴成有聲有色，文學氣氛濃郁，形象生動，而又不失史實的人物傳記。許多膾炙人口的名篇佳作如〈屈賈列傳〉、〈李將軍列傳〉、

〈項羽本紀〉、〈淮陰侯列傳〉等，多被讀者目爲文學中之上品。此後，世代史官以及文人學者紛紛規模仿效司馬遷所爲，每遇卓才異能之士，便爲之立傳。以圖後世從中獲得某些啓發和鼓舞，或以此警勸後人杜惡向善。

柳宗元爲古文大家，並具有新思想，又是實際參加永貞改革的實行者，他的傳記文字不同於《史記》諸傳。他大多取材於當世之下層階級，傳主皆爲市井小民，或普通百姓，甚而微不足道的動物，不是那些名動內外，影響一時之達官貴人。「傳者，傳也，所以傳示來世。」（《史通・世家篇》），他往往從這些下層人物的身上，發現一些可以「傳示來世」，具有勸善懲惡作用的言行。於是便把它們加以適當的剪裁，精心的鉤撰，寫成一篇篇小傳。這些小傳，大多短小而集中，只突出某一種言行，某一種層面，或某一個片段，而不及其他。行文不枝不蔓，沒有史傳文的那些固定程式，更不要求像它們那樣作全面而詳實的鋪敍。在敍寫過程中，他往往喜歡借題發揮，以各種方式明諷暗刺。如此以來，他的傳記文，便與傳統傳記文字有了明顯地差異，而成爲藝術性極高的諷刺散文中的妙品。

本文一路記敍，破題就寫宋清與其他藥商不同。他賣的藥，質量好，療效高，所以病家爭相來他家求藥。宋清爲人又極慷慨大方，即使沒有現錢的來賒賬，他也照樣給好藥。以至弄到「積券如山」，到了年終，他清理債券後，估計有些貧困之家，無法償債，於是索性就把這些債券統統付之一炬；甚麼話也不說。行文至此，作者筆鋒一轉，突然插入一段市人譏笑宋清，和宋清解嘲的話。

宋清以爲，說他是有道之士，自己愧不敢當；但說他是蚩妄人，卻也大謬不然。爲甚麼呢？作者卻就此打住，沒有再讓宋清說下去。接著，他又繼續寫宋清因此而逐漸富有起來。此時，作者忽然又出面發議，回答上邊市人對宋清的蚩妄之譏。並以簡淡而傳神的描繪，譏諷的口吻，嘲笑那些市膾小人。指出蚩妄愚蠢的不是宋清，正是他們自己。

以下，再接著敍事，說宋清終於因此成了富翁，但卽使如此，他仍然不改那濟貧扶困的作風。「或斥棄沉廢，親與交，視之落然者，淸不以怠，遇其人，必與善藥如故。」末尾一段，則全是作者自己議論。不過，這和上邊所插入的幾句議論並不重複。因爲前者是針對市膾小人而發，後者則是直指世人或朝廷士大丈爲說。前者是承上「蚩妄人」立義，後者則是就前「有道者」發揮。步驟不亂，層次井然。

末段在前面敍事的基礎上從事議論，並緊扣「市道交」三字，以曲折、跌宕、揶揄之筆，罵盡當時上流社會附炎棄寒的達官顯貴，和滿嘴仁義道德而暗地卻爭名奪利的人倫師表。柳宗元就是以這樣的方式，完成了這篇以諷刺爲主題的不朽名作。

(二) 種樹郭槖駝傳㈠

首段簡介種樹人郭槖駝得名之由來。

郭槖駝不知始何名㈡。病瘻，隆然伏行，有類槖駝者㈢，故鄉人號之「駝」。駝聞之曰：「甚善！名我固當㈣。」因捨其名，亦自謂「槖駝」云。

次段言郭槖駝種樹技藝高超。

其鄉曰豐樂鄉，在長安西。駝業㈤種樹，凡長安豪富人爲觀遊㈥及賣果者，皆爭迎取養㈦。視駝所種樹，或移徙㈧，無不活，且碩茂早實以蕃㈨。他植者雖窺伺傚慕㈩，莫能如也⑪。

三段通過郭槖駝之口，闡述種樹之理。其中順天致性爲一篇主義。

有問之，對曰：「槖駝非能使木壽且孳也⑫，能順木之天，以致其性焉爾⑬。凡植木之性：其本欲舒⑭，其培欲平⑮，其土欲故⑯，其築欲密⑰。既然已，勿動勿慮，去不復顧⑱。其蒔也若子，其置也若棄⑲，則其天者全，而其性得矣⑳。故吾不害其長而已，非有能碩而茂之也；不抑耗其實而已，非有能早而蕃之也㉑。他植者則不然，根拳而土易㉒，其培之也，若不過焉則不及㉓。苟有能反是者㉔，則又愛之太恩，憂之太勤㉕，旦視而暮撫，已去而復顧㉖。甚者爪其膚以驗其生枯㉗，搖其本以觀其疏密㉘，而木之性日以離㉙矣。雖曰愛之，其實害之；雖曰憂之，其實讎之㉚，故不我若㉛也。吾又何能爲哉㉜！」

問者曰：「以子之道，移之官理，可乎㉝？」駝曰：「我知種樹而已，理，非吾業也㉞。然吾居鄉㉟，見長人者好煩其令㊱，若甚憐焉，而卒以禍㊲。旦暮吏來而呼曰：『官命促爾耕，勗爾植，督爾穫㊳。蚤繅而緒，蚤織而縷，字而幼孩，遂而雞豚㊴。』鳴鼓而聚之，擊木而召之㊵。吾小人輟飧饔以勞吏者，且不得暇㊶，又何以蕃吾生而安吾性耶㊷？故病且怠㊸。若是，則與吾業者其亦有類乎㊹？」

問者嘻㊺曰：「不亦善夫㊻！吾問養樹，得養人術㊼。」傳其事以爲官戒也㊽。

四段作者把郭槖駝之理加以類化，希望當政者有所借鑑。

篇末作者交代寫作本文的意圖。

【解　題】

這是一篇傳記，也是一篇寓言式的說理文。文章通過紀述郭槖駝的兩段話，反映了當時官吏政亂令煩、騷擾百姓，使之不能安生的現實狀況，並且提出了解決矛盾的方法。即像郭槖駝種樹那樣，要順從民衆生活的要求，不要妨害他們的生長，使他們得以「蕃生」、「安性」。此傳作於貞元二十一年（八〇五），這正是作者積極參予政治改革的時期，文中說要把槖駝的話作爲「官戒」，可見作者寫此傳的目的。

文章分爲四段。第一段根據傳記的要求，扼要介紹郭槖駝名字的由來、籍貫和特長。幾句話就勾畫出一個平凡、樸實，而具有豐富經驗的植樹能手的形象。第二段記槖駝的主要事迹，即他的種樹經驗。重在強調他種樹「不害其長」，不做「雖曰愛之，其實害之；雖曰憂之，其實讎之」的事，而能「順木之天，以致其性」。第三段將槖駝種樹之道「移之官理」，仍借槖駝之口，寫怎樣做官的議論。這也是此文重心所在。議論文字和上段內容扣得很緊，中間把「養人」和「養樹」聯繫在一起，明確指出老百姓「病且怠」的主要原因，就是「長人者好煩其令」。由於是借植樹之理，以明治人之術，故說得深入淺出，有很強的說服力。第四段交代寫作此文的目的和意義。就全篇言，寫養樹之道是賓，談養人之術爲主，兩者上下照應，文章結構嚴密。

【注釋】

㊀ **橐駝** 這裏指駝背。橐，音ㄊㄨㄛˊ《說文》：「橐，囊也。」駝，駱駝，其背肉峯如囊，故稱橐駝。一名馲駝。種樹人姓郭，因駝背，故號橐駝。

㊁ **不知始何名** 意謂不知起初叫什麼名字。

㊂ **病瘻以下三句** 是說因患病成了駝背，走路時曲背伏身，有點像駱駝一樣。瘻，音ㄌㄩˊ，曲背脊。隆然，指背部隆起。伏行，俯身彎腰走路。類，像。

㊃ **名我固當** 言這個名字叫我很恰當。

㊄ **業** 職業。

㊅ **爲觀遊** 言修建遊覽觀賞的園林。觀遊，觀賞，遊玩。

㊆ **皆爭迎取養** 謂爭相迎請郭橐駝到家供養。

㊇ **移徙** 指移植遷動的樹。

㊈ **且碩茂早實以蕃** 謂樹木高大茂盛，果實結得又早又多。碩，大。碩茂，樹高大茂盛。實，結果

實。以，並且。蕃，多。

⑩ **他植者雖窺伺效慕**　言其他種樹的人，雖暗中觀察模仿試驗。窺伺，暗中觀察。傚慕，模仿試驗。

⑪ **莫能如也**　是說沒有誰趕得上。

⑫ **橐駝非能使木壽且孳也**　言我並不能使樹木活得長久，長得茂盛。壽，活得久。孳，音ㄗ，蕃殖。

⑬ **能順木之天以致其性焉爾**　謂我能順從樹的生長規律，盡量讓它按著自己的自然習性生長罷了。順，順從。天，生長規律。致，盡。性，本性，習性。焉爾，罷了。

⑭ **其本欲舒**　言大凡植樹的特性，樹根要讓它舒展。本，根。舒，舒展，放開。

⑮ **其培欲平**　謂封土要均勻，不高不低。培，塡坑蓋根之土。

⑯ **其土欲故**　謂封土要用原來的舊土。故，舊。

⑰ **其築欲密**　謂封土要搗實。築，搗封土。密，結實。

⑱ **既然已**三句　意謂樹木既經種好以後，不要去動它，替它擔心，儘可能離開，不必管它。既然已，這樣做了之後。慮，擔心。

⑲ **其蒔也若子**二句　謂栽樹時像撫育孩子那樣細心，栽好後不管它，如同拋棄一樣。蒔，音ㄕˊ，移栽植物。置，放著，擺著。

⑳ **則其天者全**二句　言種樹如此，就能讓它保持自然發展的規律，而按自己的本性生長了。全，保全。得，事得其宜。

㉑ **不抑耗其實而已**二句　謂我只是不去抑制損耗它的果實罷了，並沒有讓它的果實結得又早又多的訣

窾。

㉒ **根拳而土易**　謂坑小根使其根不得伸展，又把舊土換成新泥。拳，拳曲。易，更換。

㉓ **其培之也二句**　謂給樹木封土之時，不是過多，就是不足。

㉔ **苟有能反是者**　謂卽使有人能不出這類偏差。苟，卽使。反是，相反於此的。

㉕ **愛之太恩憂之太勤**　是說愛惜得太過分，擔心得太多餘。恩，撫育篤厚。勤，多。

㉖ **已去而復顧**　指已經走開了，又回來看視。

㉗ **甚者爪其膚以驗其生枯**　意謂有的甚至於用指甲摳開樹皮，看它究竟是死是活。爪，掐。膚，指樹皮。生，活著。枯，死了。

㉘ **搖其本以觀其疏密**　指搖搖它的根部，看它栽得牢還是鬆。本，根幹。疏，土搗得鬆。密，土搗得實。

㉙ **日以離**　日，一天天。離，分開，言被摧殘。

㉚ **讎之**　言把它當做仇人。

㉛ **不我若**　爲「不若我」的倒裝句，卽不如我。

㉜ **吾又何能爲哉**　謂我又有甚麼本領呢？

㉝ **以子之道二句**　謂把你種樹的道理，運用到做官理民方面可以嗎？理，治。

㉞ **理非吾業也**　謂做官理民不是我的職業。

㉟ **鄉**　卽上文所指的「豐樂鄉」。

㊱ **見長人者好煩其令**　謂常見做官的好頻繁施令。長人者，統治人民的人。好，喜好。煩，多。

㊲ **若甚憐焉而卒以禍**　謂好像很憐愛百姓似的，結果卻給百姓帶來災難。憐，愛，愛護。卒，結果。禍，災難。

㊳ **官命促而耕**三句　言官長有令，催你們快耕田，勸你們快播種，督促你們快收割。吏，縣吏。爾，你們。勗，勉勵。穫，收割。

㊴ **蚤繅而緒**四句　謂早些繅好你們的絲，紡好你們的線，撫育好你們的孩子，繁殖好你們的雞豬。繅，抽繭出絲。而，汝。緒，絲頭。縷，蠶絲。字，撫養。遂，生長，此指繁殖。豚，小猪。

㊵ **鳴鼓而聚之擊木而召之**　言一會兒打鼓集合百姓，一會兒敲梆子召集大家。鳴鼓，敲鼓。**之**，鄉民。木，梆子。

㊶ **吾小人**二句　謂我們小民自己不吃飯去慰勞官吏，時間也不夠。吾小人，我們小民百姓。輟，停止。飧，晚飯。饔，早飯。勞，接待。

㊷ **又何以蕃吾生而安吾性耶**　謂又怎能發展生產，安居樂業呢？

㊸ **故病且怠**　言所以既困苦又疲累。病，困苦。怠，疲倦。

㊹ **若是**二句　謂如此說來，爲官治民與我種樹也有類似之處吧？

㊺ **嘻**　贊嘆聲。

㊻ **不亦善夫**　言這不是很好嗎！

㊼ **吾問養樹得養人術**　謂我問種樹之法，卻學到治民的辦法。

㊽ **傳其事以爲官戒也** 謂把他的言行記下來，以爲當官的鑒戒。

【賞析】

〈種樹郭槖駝傳〉是一篇相當奇特的散文，它體現了柳宗元要求寫得「恢奇」，「猖狂恣睢」（〈答韋珩示韓愈相推以文墨事書〉）的文學主張。

本文之所以「恢奇」，首先，是它突破傳記文學的框架，形成了一種兼具史傳、寓言和政論特點，並近似現代雜文的嶄新形式。

文章從傳記的主人公「病僂」而「隆然伏行」的特徵發端，交代了「槖駝」得名的由來，並以「『甚善，名我固當。』因捨其名，亦自謂『槖駝』云」。這樣凝煉的白描筆法，表現其人對待鄰里戲謔、嘲諷的隨和態度，不著痕迹地寫出這位老農樸實、憨厚的善良性格；在下一段中，又介紹了槖駝的籍貫、職業，引出其高明的種樹技藝，即：一、爲存活率高，二、是碩茂而容易結果。由於後文還要具體記述槖駝的種樹要訣，這裡只是點到爲止。這一段，作者以正面敍述爲主，輔以長安人「爭迎取養」和他植者「窺伺效慕」兩處作側面烘托，寥寥幾筆，勾勒出一個身殘藝高，誠摯淳樸者的剪影，文字不枝不蔓，洗煉洒脫，顯示了柳文「簡潔傳神」的獨特風格。

通觀全文，看不見呼之欲出的人物形象，讀不到跌宕起伏的故事情節，議論卻成了這篇文章的主幹。這顯然有悖於傳記文學的傳統框架。自然並非柳宗元駕馭不了「史傳」這種文體，問題在於作者的寫作目的。本文作於柳宗元出任監察御史裡行期間。其時，唐德宗昏庸暗弱而又剛愎自用。《舊唐書·

韋渠牟傳》說他「躬親庶政」，使許多官署形同癱瘓；後來更寵信宦官，樣樣自己過問，連刺史、縣令都要親自任命，搞得吏治混亂，朝令夕改。加以當時藩鎭跋扈，各地自行其是，名目繁多的苛捐雜稅，陷民於水火之中。面對國事日非，民不堪命的政局，富有正義感的柳宗元積極投入改革政治的活動。〈種樹郭槖駝傳〉正是他借用民間人士的若干事迹，以近於現代雜文的筆法，撰寫的一篇政論性散文，是他用來鼓吹革新吏治的輿論工具。了解了這一點，便會恍然於文章對「長人者好煩其令」的描述，就是針對德宗親小勞，侵衆官，政出多門，不恤民困的施政特點而發；關於郭槖駝種樹特技的舖陳，則又是作者刻意經營的立論依據和類比基礎。由此可見讀柳宗元的文章不能膠著於某種固定的文體。試看同以「傳」爲名的，如〈宋清傳〉、〈童區寄傳〉等是史傳，〈蝜蝂傳〉卻是寓言；本文乂近乎雜文，文體並不相同。這也就不難理解了。

其次，它採用形象化的對照方式進行論證，議論深刻而具體。對話，本屬刻劃人物形象的一種有效手段。可是，有些文章的對話用意不在表現人物性格，它們只是借問答形式進行說理。通篇採用此類形式的議論文自《莊子》、楚辭、漢賦以迄韓愈的〈進學解〉，並不罕見。本文作者卻借鑒前人，改通篇運用爲局部採用，精心設計了郭槖駝與他人的一席對話，用以闡明主旨。這樣的議論不但具有形象性，深化了文章的文學色彩，也使前後各段的文體基調得到協調，細心的讀者還可以發現，這席對話不僅層次淸晰，而且對比鮮明。如郭槖駝說，樹木是「其本欲舒，其培欲平，其土欲故，其築欲密」。四個「欲」字，旣概括出樹木的本性，也提示了種樹的要領。這位老農不正是順應了這種特性，才取得種樹「無不活」的理想效果嗎？與此相對照，他人不諳此理，種樹「根拳而土易，其培之也，若不過焉則不及」，於是「木之性日以離」的惡果，就無可避免了。這是從種樹的當與不當方面進行對比。接著，文章又從管理的善與不善方面作比較：橐駝是「勿動勿慮，去不復顧。其蒔也若子，其置也若棄」；思想上像疼愛孩子一般，時時關心，行動上則按時而動。他人呢，不是撒手不管，就是關心過度，再加上技術不良，自然就產生「雖曰愛之，其實害之；雖曰憂之，其實仇之」的後果，甚至於扼殺了樹木的生機。就這樣，通過形象化的對照，「順木之天，以致其性」的道理，被剖析得淋漓酣暢，實中見虛，辭近旨遠，表現了作者高超的論辯藝術。

再其次，是它構思奇崛，注重借「賓」形「主」的筆法，蘊含著濃郁的理趣。記得《紅樓夢》最早的評論者脂硯齋，曾說曹雪芹善於運用「背面敷粉」法。畫彩墨荷花時常在畫紙背面宣染色彩。我們就此來看本文的構思，也頗有異曲同工之妙。這篇文章的中心思想，是諷喻統治階級令煩擾民的弊政，強調治民必須順應世事人情。發人深思的是，這層意思並未著重予以論述，倒是經由答問的形式，將統治者「好煩其令，若甚憐焉，而卒以禍」的現狀，與上文他植者管理不善的情況遙相映照。這種映照，寫得極其細膩，極有層次，使人感到「養樹」與「養人」儘管各有自身的特點，但客觀規律卻是應該遵循的。讀到這裡，我們方才明白，「他植者」原來是「賓」，「長人者」才是「主」；以繁筆寫「養樹」，原來是「背面敷粉」，簡筆寫「養人」，才是「正面點染」。作者構思了這麼一種借「賓」顯「主」的巧妙布局，從而使文章顯得清峻通脫，綿邈深邃，蘊含著濃鬱的理趣。因爲它能留下較大的藝術空間，讓讀者發揮聯想，進行思索，獲得較多的審美享受，作品也就具有較高的美學價值了。

綜覽全文，我們還可以得到不少啓廸：無論種樹或治民，都要「順天致性」，決不能違逆其道；要想順天致性，必先掌握「碩茂以蕃」的客觀規律，那就是做一個眞正內行的人；同時，還應該愛民如愛樹，對所從事的工作抱有滿腔熱情，把動機與效果做合理的統一。這些，難道僅僅是講「養樹」或「養人」嗎？其實，對待萬事萬物莫不如此。如果從文章本身的思想容量來看，柳宗元這篇散文名作之所以千古傳誦，歷久不朽，其重要因素就在於此。

(三) 童區寄傳㈠

首段揭露越地掠奪兒童，販賣人口，以及官吏放任的惡行。

柳先生曰：越人少恩㈡，生男女必貨視之，自毀齒以上㈢，父母鬻賣以覬其利㈣。不足，則盜取他室㈤，束縛鉗梏之㈥。至有鬚鬣者，力不勝，皆屈爲僮㈦。當道相賊殺以爲俗㈧。幸得壯大，則縛取幺弱者㈨。漢官因以爲己利㈩，苟得僮，恣所爲不問(十一)。以是越中戶口滋耗，少得自脫(十二)；惟童區寄以十一歲勝(十三)，斯亦奇矣！桂部從事杜周士爲余言之(十四)。

次段正面描述區寄智殺兩名豪賊而自脫的經過。

童寄者，柳州蕘牧兒也(十五)。行牧且蕘(十六)，二豪賊刼持，反接(十七)，布囊其口(十八)，去逾四十里之墟所賣之(十九)。寄僞兒啼，恐慄爲兒恒狀(二十)。賊易之(二一)，對飲酒醉。一人去爲市(二二)，一人臥，植刃道上(二三)。童微伺(二四)其睡，以縛背刃，力下上(二五)，得絕(二六)，因取刃殺之。逃未及遠，市者還(二七)，得童大駭(二八)。將殺童，遽曰(二九)：「爲兩郎僮，孰若爲一郎僮耶(三十)？彼不我恩(三一)也。郎誠見完與恩，無所不可(三二)。」市者良久計(三三)曰：「與其殺是僮，孰若賣之？與其賣而分，孰若吾得專(三四)焉？幸而殺彼，甚善。」卽藏其屍，持童抵主人所(三五)，愈束縛牢(三六)甚。夜半，童自轉，以縛卽爐火燒絕之，雖瘡手勿憚(三七)，復取刃殺市者。因大號(三八)，一墟(三九)

皆驚。童曰：「我區氏兒也，不當爲僮。賊二人得我，我幸皆殺之矣，願以聞於官㊵。」

墟吏㊶白州，州白大府，大府召視，兒幼愿耳㊷。刺史顏証㊸奇之，留爲小吏，不肯㊹。與衣裳，吏護之還鄉。鄉之行刼縛者，側目㊺莫敢過其門。皆曰：「是兒少秦武陽二歲㊻，而計殺二豪，豈可近㊼耶！」

末段側面寫區寄智殺二豪賊後威名遠揚，從此豪賊不敢反目相視。

【解　題】

史書記載，中唐時期，人口買賣是普遍的社會現象。特別在福建、湘南、黔中一帶，地方官縱容人口販子，掠取幼兒賣給官僚權貴，達到邀賞固寵的目的。本文就是在這樣的社會背景中，根據眞人眞事寫成的。文章開篇就指出越人刼持幼兒成風，和漢官從中漁利、縱容有關，然後寫一個十一歲的孩子和兩個人口販子鬥爭的故事，並熱烈歌頌區寄這個勇敢機智，敢於反抗，終於戰勝強賊的少年英雄。表現出作者對掠賣人口惡俗的不滿。

區寄是個帶有傳奇色彩的人物。作者通過許多細節的描寫，來突顯他的性格特徵。當區寄遭綁架後，他就裝出恐懼的樣子欺瞞對方。當只有一個強盜且醉臥在地時，他便伺機等待，很巧妙地割斷繩子，殺死一個強盜。這第一回合的勝利就顯出他智慧勇氣不同一般，是所謂「奇」。第二個強盜回來了，捉住了他，並要殺死他，情況十分危急。區寄這時利用強盜貪圖財利的心理，急忙說出一番話，來穩住對方。到客店後，半夜裏他強忍疼痛，用火燒斷捆手的繩子，隨卽殺了第二個強盜。這又是一「奇」。事後，他在集市上大聲呼喊，以贏得群衆的支持。這就更「奇」了。幾個重要的細節，把一個小孩難得具備的勇敢機智、大膽沉著的特點寫出來了。最後，寫刺史要留區寄爲吏，他卻不肯。這一筆並非閑文，既照應篇首議論，說明刼賣兒童的惡俗並未引起官家的重視；同時也寫出了區寄這個小英雄的內心深處，對官府的深惡痛絕。使人覺得他不僅有智有勇，而且樸實可愛。

【注釋】

㈠ **童區寄傳** 本文在柳州作。童，小孩。區奇，姓區（音ㄡ）名寄。傳，古代文體名。

㈡ **越人少恩** 言越地的百姓薄情寡恩。越同「粵」，唐時五嶺以南，兩廣一帶均可稱越，此指柳州一帶。少恩，缺少恩情。

㈢ **自毀齒已上** 謂小孩長到七八歲換牙後。毀齒，兒童乳牙脫落，更換新牙，此指七、八歲換牙時年齡。

㈣ **父母鬻賣以覬其利** 指父母貪圖錢財，把孩子賣掉。覬，希圖。

㈤ **不足則盜取他室** 謂如果賣孩子錢不夠消費，就竊取別人家的孩子。

㈥ **束縛鉗梏之** 謂偷來後，就用繩子捆綁起來。束縛，捆綁。鉗，的音ㄑㄧㄢˊ，金屬夾具。此指用鐵箍（音ㄍㄨ）夾住。梏，古刑具名，即手銬。此指用手銬銬手。

㈦ **至有三句** 謂甚至長了鬍子的成年人，也因力氣弱小，都被迫當了奴僕。鬣，音ㄌㄧㄝˋ，鬍鬚。不勝，不足。屈，屈服。僮，封建時代受役使的未成年人，即奴僕。

(八) **當道相賊殺以爲俗**　謂在路上互相殘殺，成了風氣。賊，傷害。

(九) **幸得**二句　謂有幸長得強壯高大的，就去綁架年小體弱的人。幺，音一幺，小。亦作么。

(一〇) **漢官因以爲己利**　言漢人爲地方官者，藉此爲自已圖謀私利。因，依。以爲，以之爲，把這當做之意。

(一一) **苟得僮恣所爲不問**　謂只要能綁到廉價的僮僕，就任其所爲而不追究。苟，如果。恣，放縱。

(一二) **少得自脫**　謂很少能逃脫被賣，或被綁爲僮僕的命運。

(一三) **勝**　勝利。

(一四) **桂部從事杜周士爲余言之**　是說這件事，爲桂管經略觀察使的從事杜周士對我說的。桂部，桂管觀察使衙門。從事，官名，長官的助手稱從事。杜周士，人名。世綵堂本孫汝聽注：「周士，貞元十七年第進士，元和中，從事桂管。」爲余言之，向我講了此事。

(一五) **柳州蕘牧兒也**　言區寄是柳州一個打柴放牛的孩子。蕘，柴。在此作打柴解。

(一六) **行牧且蕘**　謂正在邊放牧邊打柴。行，正在。

(一七) **反接**　言把雙手捆綁在身後。

(一八) **布囊其口**　謂用布堵塞著他的嘴。囊，口袋，作動詞用，蒙住的意思。

(一九) **去逾四十里之墟所賣之**　是說把他綁到四十多里外的集市上去賣。去，離開。逾，超過。墟，鄉村集市，亦稱墟市。蓋市之所在，有人則滿，無人則虛；而嶺南村市，滿時少，虛時多，故謂市爲「虛」。

(二〇) **寄僞兒啼恐慄爲兒恒狀** 謂區寄假裝著號啕大哭，做出小孩子通常那種恐懼害怕的樣子。僞，佯裝。恐慄，恐懼發抖。兒恒狀，孩子的常態。

(二一) **易之** 以之爲易，即輕視他。

(二二) **去爲市** 談生意，尋找買主。

(二三) **植刃道上** 把刀插在路上。植，插。刃，指刀。

(二四) **微伺** 暗暗觀察等候著。

(二五) **以縛背刃力下上** 是說把綁手的繩子靠在刀刃上，用力上下磨擦。縛，綁雙臂的繩子。背刃，靠在刀刃上。力下上，用力上下磨擦。

(二六) **絶** 斷。

(二七) **逃未及遠市者還** 是說未逃出多遠，談買賣的強盜回來了。

(二八) **得童大駭** 是說抓住區寄，心裡大吃一驚。得，追獲。駭，驚恐。

(二九) **遽曰** 急忙說。

(三〇) **爲兩郎僮孰若爲一郎僮耶** 謂做你們二人的奴僕，何如做你一人的奴僕呢？意謂二人均分，不如你一人獨佔。郎，唐時奴僕稱主人爲郎。孰若，何如，怎能比得上。

(三一) **彼不我恩** 謂他待我不好。

(三二) **郎誠二句** 謂你果眞能保全我的性命並以恩德待我，我甚麼都依你。誠，眞。完，保全。見完，保全我的性命。

㉝ **良久計**　考慮很久。
㉞ **得專**　能獨佔。
㉟ **持童抵主人所**　謂押區寄到一家旅館。持，押。抵，到達。主人所，指借宿的旅館。
㊱ **牢**　牢固，結實。
㊲ **瘡手勿憚**　是說手被燒傷也不怕痛。瘡，外傷。瘡手，燒傷手。憚，怕。
㊳ **號**　哭。
㊴ **一虛**　全集鎭的人。
㊵ **願以聞於官**　謂希望把此事報告給官府。
㊶ **墟吏**　管理集鎭的官吏。
㊷ **幼愿耳**　言不過是個幼小而老實的孩子。愿，老實，善良。
㊸ **顏証**　人名。《舊唐書・德宗紀》：貞元二十年十二月庚午「以桂管防禦使顏証爲桂州刺史、桂管觀察使。」
㊹ **不肯**　主詞爲區寄，指區寄不肯。
㊺ **側目**　因敬畏而不敢正視。
㊻ **少秦武陽二歲**　秦武陽，戰國時燕國兒童。燕太子丹遣荊軻入秦刺秦王，燕有少年勇士秦武陽，年十三，殺人，人不敢忤視，太子丹令爲荊軻副手而往。事見《戰國策・燕策》及《史記・刺客列傳》（按《史記》作「秦舞陽」）。

㉗ **近** 接近，招惹，引申為冒犯。

【賞　析】

這篇〈童區寄傳〉，和他的〈宋清傳〉、〈種樹郭橐駝傳〉、〈梓人傳〉一樣，雖名為「傳」，但與傳統的史傳相比，卻具有新的風格，是一篇極富文學性的散文。在傳文之前，有一大段「引言」。所謂：

柳先生曰：越人少恩，生男女必貨視之。自毀齒已上，父兄鬻賣以覬其利。不足，則盜取他室，束縛鉗梏之。至有鬚鬣者，力不勝，皆屈為僮。當道相賊殺以為俗。幸得壯大，則縛取幺弱者。漢官因以為己利，苟得僮，恣所為不問。以是越中戶口滋耗，少得自脫；唯童區寄以十一歲勝，斯亦奇矣！桂部從事杜周士為余言之。

這段「引言」，對區寄的成長及鬥爭，勾畫出極富特徵的社會背景，同時也明確地表露了作者的思想傾向。而由「桂部從事杜周士為余言之」一句引出傳文，又說明他所寫的是社會生活中的眞人眞事，具有現實意義。

早在唐初，太宗李世民為了控制全國戶口，保證賦稅收入，就頒布過「不許典貼良人男女作奴婢驅使」的法令，但一開始卽未能徹底實行。到了中唐，南方各地掠賣奴隸之風更盛。據韓愈〈應所在典貼良人男女等狀〉記載，僅袁州一地被抵押在外的「良人男女」卽達七百三十一人。柳州的情況更為嚴重。柳宗元做刺史時為此制訂條例，讓淪為奴婢的按勞力計算工資，與債款相抵，卽可脫身為民。從前述「引言」和他釋放奴婢的行動可以看出：作者對暴徒刼持弱小為奴的惡俗深表不滿，對不設法制止，反而借此圖謀私利的官府更十分憎恨；對反抗豪賊而獲得勝利的區寄，則特別贊賞。這幾點，如果捨棄，必將削弱作品的意義；倘要同時得到表現，又難免頭緒紛繁，不易突出重點。作者爲文高明處，首先表現在對這些材料的處理上。他舉重若輕，以簡馭繁，集中力量寫區寄的被刼、反抗、勝利及其影響，而當區寄的形象逐漸樹立之時，前述的幾點意思，也就跟著突顯了。

第一段，只用「童寄者，柳州蕘牧兒也，行牧且蕘」寥寥十三個字，敍述了主人公的姓名、年齡、籍貫和身份。這本是記傳的老套；但這十三字，卻不應作老套看。「引言」中說「惟童區寄以十一歲勝，斯亦奇矣！」可知作者打算寫童區寄的「奇」。而在寫「奇」之前，卻先寫他並不「奇」。這不僅是爲了使文勢跌宕，富有波瀾；更重要的是先要爲他的「奇」提供根據。

現實生活中的「奇」，常植根於「平凡」之中。加個「童」字，表現區寄是個小孩；小孩有什麼「奇」呢？區寄是個「牧蕘兒」，每天「行牧且蕘」，這又有何「奇」呢？然而不難設想：這個小孩子正是在「行牧且蕘」的平凡生活裡得到鍛煉。他爬峭壁，涉急澗，砍荆棘，驅毒蛇，逐猛獸。惟其如此，才可以做出下文要寫的「奇」事來。若果換上個未經風雨琢磨的紈絝子弟，則下文所寫的「奇」，就未免「奇」得難以令人置信了。此其一。

「引言」中點出越地刼掠成風，這裡寫區寄正是屬於越地範圍的郴州人，已暗示出有可能被刼掠。而他又是個「蕘牧兒」，一則無錢無勢，二則常出沒於荒野，暴徒刼掠他既無後顧之憂，又不需費多大的氣力。此其二。

第二段包括兩小節，寫區寄的被刼、反抗及其勝利，是全文的主體。作者先寫區寄「行牧且蕘」時被「二豪賊刼持」。「二」字、「豪」字，都不應隨便讀過。賊既豪強，又是兩個，雙方的力量極其懸殊；而賊人手段又萬分狠毒，在刼持區寄之後，立刻「反接」雙手，「布囊其口」，抓到四十里以外的市上去賣。看來，這個十一歲的孩子絕難逃魔掌了。幾個簡短的句子，寫得驚心動魄，讀者在痛恨豪賊的同時，不能不爲主人公的命運捏一把汗。然而，就在此時，主人公出人意料的，在強敵面前已毫不「恐慄」，卻裝出「恐慄」的樣子，像一般小兒遇到危險時那樣哭哭啼啼，故意使敵人痲痺大意。敵人果然以爲勝利在握，開懷暢飲之後，一個去市上談交易，另一個醉醺醺地「植刃道上」睡著了。區寄就抓著這個時機，磨斷捆繩，「取刃殺之」。

讀者剛剛鬆了口氣，而一波始平，一波復起。區寄被從市上回來的豪賊抓住了，眼看要遭毒手。然而區寄卻鎮定異常，根據敵人唯利是圖的特點，揭穿了二賊之間基於利害衝突而產生的矛盾，使得那個利慾薰心的賊子因區寄殺了他的同伴，得以獨吞利益而額首稱慶，從而放下屠刀。可是，這一回，他防備更嚴了，區寄的處境比上一次更加困難。他就在處境極端困難的情況下，設法除掉了這個敵人。

殺死第二個賊子後，區寄不像上一回那樣逃跑，而是大聲號呼，召來市民，陳述經過，「願以聞於官」，這顯然是想通過這件事，引起官府對刼縛之風的注意。這在行文上反跌出下面一段文字。

這一大段，作者用異常精煉、生動的語言，靈活地寫出正反雙方針鋒相對，曲折複雜的過程及其結局，從而表現了區寄的沉著、機智、勇散和在強敵注視下毫不畏縮、敢於反抗、爭取生存的作爲，揭露了敵人殘酷、貪婪的惡行。

末段，寫區寄事件對社會的影響，於此可分兩層。第一層，從官府方面著筆。「墟吏白州，州白大府」，層層上報，直到地方最高行政長官那裡。足見這個案件之轟動。「大府召視，兒幼愿耳。」區寄既「幼」且「愿」（老實），不「奇」，照應第一段。「幼愿」而能「討殺二賊」，「奇」；「刺史奇之」，照應第二段。「留爲小吏，不肯」；這在刺史眼中，更是「奇」上加「奇」。而這樣轟動的大案，卻絲毫沒有引起官府對刼縛之風的注意而採取措施。刺史感興趣的，只是想把那個「奇」兒「留爲小吏」，替他做爪牙而已，區寄不肯做他的爪牙，就用「與衣裳，吏護之還鄉」之法，以了結此案。所以這一層，既是對區寄的贊揚，也是對官府的鞭撻。

第二層，從刼縛者方面落墨，區寄的義行給那些「行刼縛者」以沉重的打擊。在他們看來，區寄比歷史上著名的少年勇士秦武陽還有能耐，因而不敢觸犯他。

全文從「童寄者」到結尾，不過短短二百五十餘字，卻描繪出豐富多采的畫面。其間寫豪賊行刼，凶暴毒狠，令人握拳切齒；寫區寄義勇，愈出愈奇，令人拍案叫絕；寫勝利後的影響，寓意無窮，引人無限遐思。筆墨極洗煉，又極富變化。

這篇文章給人的突出感受是：篇幅短小，情節生動，形象鮮明，人物個性及其心理活動，都躍然紙上，而作者的愛憎和他所要表達的旨意，都含蘊其中。尤其重要的是其人其事，都來自現實生活，寫人寫事，都删繁就簡，只選最重要的情節；又字鍛句煉，使每字每句的容量，都達到最高限度。此其一。全篇集中寫人，特別是集中寫主人公區寄。故事情節隨著人與人之間的矛盾衝突展開，一開頭寫主人公出場，寥寥十三字，不僅介紹了他的簡況，同時，便單刀直入，寫事件的突發：「二豪賊刼持，反接，布囊其口，去，逾四十里，之墟所，賣之。」僅二十一字，卻構成七個短句，每句都寫人、寫動作、寫場面，而動作與場面的迅速轉換，把故事從發生、發展推向高潮，人物形象以及敵我雙方的矛盾衝突都躍然紙上，區寄的命運，至此更扣人心弦。此其二。寫人，不僅寫其行動、語言、表情，還往往兼寫心理活動。如寫區寄被突然劫持，縛至四十里以外的市場出賣時，只在「兒啼」前加一「僞」字，在「恐慄」後綴以「爲兒恒狀」，其內心活動則通過外在的表情流露無遺。其臨危不懼，機智勇敢的個性，也得到了有力的表現，從而迷惑敵人，轉變了故事發展的趨向。又如寫區寄殺一豪賊，另一豪賊本來將殺區寄，但在聽了區寄的說詞之後卻改變主意，「良久計曰」：「與其殺是僮，孰若賣之？與其賣而分，孰若吾得專焉？幸而殺彼，甚善！」這些內心的隱語。通過豪賊的心理活動，把賊子的自私、貪婪、殘忍，完全暴露於光天化日之下，而故事情節的發展，也因此有了出人意料的轉折。此其三。就行文技巧言，敍事與描寫，常常緊緊地結合在一起，而於人物形象的塑造，煉字煉句之妙，眞令人驚佩不已。如「一人臥，植刃道上」，一個「植」字，寫插刀之深，一個「道」字，見插刀之固。既表現豪賊的力氣過人，更爲下文寫區寄「以縛背刃，力上下，得絕」留下伏筆。而「植刃」、「背刃」、「取刃殺之」，短短數句中，「刃」字凡三見，關聯著敵我雙方的命運，讀之動人心魄。此其四。

乍看本文，作者只是客觀地描繪，似乎不費半點力氣；細讀幾遍，就會發現在這客觀、自然的描繪裡，滲透著作者的強烈愛憎，閃耀著光彩奪目的智慧火花。

三、遊記文選讀

我國古代較早的典籍，如《尚書·禹貢》、《山海經》等已有對自然山水的敍寫，但它們不是以山川景物作爲主要描繪對象，不能看作是遊記。古代最早而帶有遊記性質的文章，要推東漢馬第伯的〈封禪儀記〉，對登泰山的所見所感作了生動的描述。清人李鄴嗣把他和後來的酈道元、柳宗元相提並論，說他們都「能以奇文字記奇山水」。不過該文主要是記敍光武帝的封禪活動，嚴格的說來，還不能算作眞正的遊記。

進入魏晉南北朝，一些文人不滿黑暗腐朽的現實政治，於是向青山幽林之中尋求解脫，所謂：「莊老告退，山水方滋」，較多的寫景文字便應運而生，如廬山詩人的〈遊石門詩序〉，就是一篇模山範水的散文，梁代陶宏景的〈答謝中書書〉，和吳均的〈與宋元思書〉，皆爲書信體的山水小品。並以白描的手法，駢偶的句式，逸麗的詞藻，成爲一篇清新淡雅，精緻工巧的美文。至於北魏酈道元《水經注》中有著更多對自然山水的描寫，如其中著名的《江水·三峽》一段，把長江三峽兩岸不同季節的風光寫得繪聲繪色，便有不少人把他看作是我國遊記的開創者。

上述作品盡管具有濃厚的寫景成分，卓越的寫景技巧，但它們畢竟是詩序、書信或地理著作，也不是意義嚴格的遊記，不過它們對後來的遊記，產生了很大的影響，尤其在寫法、行文、語言、氣韻上，應該說《水經注》中記敍山水的文字，是我國遊記的雛形，也是柳宗元遊記散文的源頭。

到唐代，意義嚴格上的遊記才正式出現。其間的遊記作家首推元結。他不僅是唐代古文運動的先驅，而且在我國的遊記創作中也起了承先啓後的重要作用。清末吳汝綸就說：「次山放恣山水，開子厚先聲」。不過，元結的遊記數量不多，從總體上講影響畢竟不是很大，時至柳宗元，他在前人創作的基礎上，作了進一步的發展，使遊記獨立成篇，數量增多，並且大大提高了遊記的寫作技巧，增強了遊記的內涵和審美趣味，體現出鮮明的情景交融的特色，把我國的遊記創作，推進到一個新的高度。

柳宗元遊記散文中最著名的代表作爲「永州八記」，這是包括有八個短篇的一組遊記。按其所作時間先後排列，前四篇是〈始得西山宴遊記〉、〈鈷鉧潭西小丘記〉、〈至小丘西小石潭記〉，作於唐憲宗元和四年（八〇九）秋天。後四篇是〈袁家渴記〉、〈石渠記〉、〈石澗記〉、〈小石城山記〉，作於元和七年（八一二）。它們各有特點，而又互相連續，如同一卷精工美秀的山水畫長軸。另有一篇作於元和八年（八一三）的〈遊黃溪記〉，也寫得十分出色。此外，在一些亭、堂記中亦兼寫山水並紀遊，如〈永州韋使君新堂記〉、〈永州崔中丞萬石亭記〉等，也是相當不錯的。

柳宗元遊記的突出特點是，能夠生動傳神地描寫出自然界千幻萬狀的景物，用他自己的話說，就是「漱滌萬物，牢籠百態」，「模狀物態，搜伺隱隙」。他以那敏銳的觀察力，捕捉大自然美妙動人之處。他那豐富的想像力，又賦予山水景物以鮮活的生命。並以清新峻潔的語言，恰切生動的比喩，把自然景色形神畢肖地再現出來，達到了「文中有畫」的境界。

柳宗元的遊記，以其描摹自然景觀的卓越技巧，和情景交融的鮮明特色，爲我國古代遊記作出了劃時代的貢獻。明代張岱說：「古人記山水手，太上酈道元，其次柳子厚，近時則袁中郎。」可見柳宗元的遊記對後世產生了深遠影響。

柳宗元的遊記，在當時不僅是他成就最高、最富有創造性的散文樣式之一，就是置諸唐宋各家中，亦允推獨步，至於在我國古代遊記史上，更起著繼往開來的重大作用。

㈠ 遊黃溪記㊀

首段記州村大概，揭示永州山水，黃溪最善的主旨。

北之晉，西適豳，東極吳，南至楚、越之交㊁，其閒名山水而州者以百數，永最善。環永之治㊂百里，北至於浯溪㊃，西至於湘之源㊄，南至於瀧泉㊅，東至於黃溪東屯㊆，其閒名山水而村者以百數，黃溪最善。

次段具體描繪黃溪山水之奇麗。文中以黃神祠爲起點，以溪水爲線索，用移步換形法，逐層展開。

黃溪距州治七十里。由東屯南行六百步，至黃神祠㊇。祠之上，兩山牆立㊈，如丹碧之華葉駢植㊉，與山升降。其缺者⑪爲崖峭巖窟。水之中，皆小石平布。黃神之上，揭水⑫八十步，至初潭⑬，最奇麗，殆不可狀。其略若剖大甕⑭，側立千尺，溪水積焉。黛蓄膏渟⑮，來若白虹⑯，沉沉無聲。有魚數百尾⑰，方來會石下。南去，又行百步，至第二潭。石皆巍然，臨峻流⑱，若頦頷齗齶⑲。其下大石雜列，可坐飲食。有鳥赤首烏翼，大如鵠，方東嚮立。自是又南數里，地皆一狀。樹益壯，石益瘦，水鳴皆鏘然。又南一里，至大冥⑳之川，山舒水緩，有土田。

三段由祠及人，言黃神始末，有隱以黃神自喻

始黃神爲人時，居其地。傳者㉑曰：「黃神王姓㉒，莽㉓之世也。莽既死，神更號黃氏，逃來，擇其深峭㉔者潛焉。」始莽嘗曰：「余黃虞之後㉕也。」

故號其女曰黃皇室主㉖。黃與王聲相邇而又有本，其所以傳言者益驗。神既居是，民咸安焉。以爲有道，死乃俎豆㉗之，爲立祠。後稍徙近乎民。今祠在山陰㉘溪水上。

元和八年五月十六日㉙，既歸爲記，以啓後之好遊者。

的意思。

文末交待寫作時間及爲文用意。

【解　題】

元和八年（八一三），柳宗元隨永州刺史韋中丞前往黃神祠求雨，得遊黃溪，而作此記。文章開篇即言晉、豳、吳、楚之內，永州山水最美；而永州之內，黃溪山水又最美。如此由遠而近，層層突出所寫的景物，就有一種引人入勝的力量。使人明白黃溪山水不但甲於永州，而且甲於天下。這段文章顯然是模仿《史記・西南夷列傳》的寫法，其間不無誇張之處。

文中寫黃溪之美，主要是圍繞黃神祠、初潭、第二潭展開的。寫祠，不但用「牆立」二字勾勒出兩山峭立的形象，還有意設彩，把兩山比做並排長著的兩束紅花綠葉。境界何等奇絕。寫初潭，突出的是它的奇麗。文中用「若剖大瓮，側立千尺」來寫初潭的形狀，又從色、光、聲幾個層面來寫潭水的特點。就中「黛蓄膏渟」四字，不僅寫出了潭水的青綠、寧靜，還使人對它有一種潤滑的質感。接著又從動的角度，寫那乘漲而入「破瓮」之內的遊魚，不但顯出水的澄澈，還襯托出潭上氣氛的清幽。寫第二潭，主要是用幾個貼切的比喻，描寫潭邊石頭的「巍然」之狀，以白描手法寫那東向而立的異鳥。總之，一路寫來，景變，筆法亦變，換一種筆法，便展示一種新的景象。

篇末附記有關黃神的傳說，意在說明黃溪、黃神祠命名的由來，是文中不可少的筆墨。此外，從章法上看，在描寫山水的奇麗後，寫上一段傳說故事，更能使山水抹上一層迷人的色彩。

【注釋】

㈠**黃溪** 又名黃江，位於今湖南省零陵縣東七十里，在九疑山西，源出陽明山（零陵縣東一百里）的後龍洞，北至祁陽，合白水注入湘江。

㈡**北之晉西適豳東極吳南至楚越之交** 言北至晉，西到豳，東抵吳，南達楚越交界之處。之，至。晉，周代國名，指今山西省和河北省南部一帶。適，到。豳，古邑名，位於今陝西省旬邑縣西一帶。極，盡頭，此處作動詞用。吳，古國名，相當今江蘇、江西和安徽省的大部分地區。楚，古國名，相當今兩湖、兩廣一帶。越，古國名，相當今浙江、福建一帶。交，交界處。

㈢**環永之治** 環，圍繞。治，治所，指地方官署所在地。

㈣**浯溪** 位於祁陽縣南，北流注入湘江。浯，音ㄨˊ。

㈤**湘之源** 湘江源頭。湘江源出今廣西興安縣海陽山，唐有湘源縣。

㈥**瀧泉** 地名。今不詳為何地。

㈦**東屯** 如今人所說的「東村」。屯，人煙聚集處。

㈧**黃神祠** 後稱黃溪廟，舊址在今零陵縣福田區黃江口右側。詳見《永州府志》。

㈨**牆立** 如牆陡立。黃神祠後山稱百嶺，與江對岸寨子嶺兩相對峙，二嶺陡峭異常。

(一○) **駢植** 並排長著。

(一一) **缺者** 指寨子嶺面對黃神祠大門的一個凹陷缺口處。

(一二) **揭水** 提起衣服渡水。《詩經・邶風・匏有苦葉》：「深則厲(不脫衣服涉水)，淺則揭(音ㄑㄧˋ)。」

(一三) **初潭** 第一潭。從黃神祠門口涉水上行八十步，黃溪北岸有一深潭，即爲初潭。

(一四) **甕** 陶製容器，林紓說：「『略若剖大甕，側立千尺，溪水積焉』，則此石必高立，虛其腹若半瓠。所云溪水積者，石之下半，仰出溪底，溪水既平，遂漫此剖甕之下方。」(見《韓柳文研究法》)。

(一五) **黛蓄膏渟** 言潭水青黑發亮。黛，青黑色的顏料，古代女子畫眉用。膏，油脂指，油光發亮。渟，音ㄊㄧㄥˊ，水積而不流通。

(一六) **白虹** 形容水流巨大，如一道白虹。

(一七) **尾** 頭。楚、越之人，數魚以尾，不以頭。

(一八) **峻流** 湍急的流水。

(一九) **頦頷齗齶** 形容潭邊巨石參差不齊的形狀。頦、頷，下巴。齗，音ㄧㄣˊ，齒根肉，即牙齦。齶，音ㄜˋ，口腔的上壁。

(二○) **大冥** 指北方。

(二一) **傳者** 指傳說黃神故事的人。

(二二) **黃神王姓** 章士釗《柳文指要》引宋朱新仲(翌)《猗覺寮雜記》云：「黃、王不分，江南之音也，嶺外尤甚。」

㉓ **莽**　卽王莽，新朝的建立者，西元八——二三年在位。更始元年（西元二三年），新政權被赤眉、綠林等義軍推翻，王莽被殺。

㉔ **深峭**　幽深險峻。

㉕ **黃虞之後**　意謂我是黃帝、虞舜的後代。《漢書・王莽傳》：「莽曰：『王氏，虞帝之後也，出自帝嚳』。『虞氏之先受姓曰姚，其在陶唐曰嬀，在周曰陳，在齊曰田，在濟南曰王』，『凡五姓者，皆黃虞苗裔，予之同族也』。『其令天下上此五姓名籍於秩宗，皆以爲宗室。』」

㉖ **黃皇室主**　《漢書・王莽傳》記載，王莽女嫁漢平帝，平帝崩，王莽立劉嬰爲孺子，尊后爲皇太后。王莽廢劉氏卽位，改皇太后爲定安公太后，不久又改稱黃皇室主。

㉗ **俎豆**　祭祀。俎、豆，古代兩種祭祀用的禮器。

㉘ **山陰**　指寨子嶺下黃溪北岸。

㉙ **元和八年五月十六日**　元和八年爲西元八一三年。五月十六日，《文苑英華》作「十月五日入，六日歸」。柳集中有〈入黃溪聞猿〉、〈韋使君黃溪祈雨見召從行至祠下口號〉詩，和〈遊黃溪記〉大概寫於同一時間，可參看。

【賞　析】

本文作於元和八年（八一三），也正是作者貶謫永州的第八年，此時由於對再獲任用早已不抱希望，於是放情山水，寫出這篇景奇、人奇、情奇和見解獨特的一朵奇葩。

這篇遊記循著地點——風景——人文——附記的公式，展開了作者的筆觸，記敍了遊覽離永州七十里的黃溪勝況，第一段介紹此次遊覽的地點，以爲天下山水永州最佳，永州山水又以黃溪最善。文筆排比參差，反復渲染，以出奇制勝之筆，吸引讀者的注意力。其次，中間各段寫景。作者把讀者帶到黃溪的東屯村，就村南黃神祠附近的風景加以欣賞，寫得繪聲繪影，歷歷如畫。他先寫狀如丹霞，兩相壁立的山色，次寫循溪上山，經初潭、第二潭的奇麗景觀。末段寫黃神來歷事略的傳說，是此地僅有值得一提的人文景物。最後，附記寫作年月及目的。

此文筆法層次分明，同時抓住最突出之景觀加以點染。如在寫初潭和第二潭之後，敍舒緩的山川，平整的田地，用移步換形，層層推進的筆法，寫盡了黃溪數里之內壯偉、幽峭、平遠的各種境界。給人以千巖萬壑，目不暇接之感。尤其寫初潭，更是眞切生動。潭是石潭，石上有青苔，映入水中呈青黑色。潭水又給人一種滑潤濃重的感覺，所以用「黛蓄膏渟」來形容。溪水流入潭中很快，在日光照射下發著亮光，所以說：「來若白虹」。石潭接溪水的入口處和溪水相平，因此溪水流入時又「沉沉無聲。」短短二十個字，把潭水的色彩、形態、光澤、音響都寫得如在目前。眞是窮形盡相，維妙維肖。其他如寫山，曰「牆立」、曰「駢植」。寫石，曰「崖峭巖窟」，曰「頦頷斷齶」。寫水，曰小石似鋪祠上，初潭若剖甕高掛。且怪石巍然，臨流欲飲。無不鑄詞精煉，形象生動；而陡峭之勢，豐茂之態，皆體察入微，以勝奪人。

近代林紓《韓柳文研究法》說：「黃溪一記，爲柳州集中第一得意之筆，雖合荊、關、董、巨四大家，不能描而肖也。」足見前人對此文寫景的逼眞、傳神，評價是很高的。

(二) 始得西山宴遊記(一)

首段敘貶官後到處遊覽山水自娛，不僅爲一篇前序，更爲八記前序，段末一句起下段。

自余爲僇人(二)，居是州，恒惴慄(三)。其隟也(四)，則施施而行，漫漫而遊(五)。日與其徒(六)上高山，入深林，窮迴谿(七)，幽泉怪石，無遠不到。到則披(八)草而坐，傾壺而醉。醉則更相(九)枕以臥，臥而夢。意有所極(一〇)，夢亦同趣。覺而起，起而歸。以爲凡是州之山水有異態(一一)者，皆我有也，而未始知西山之怪特(一二)。

二段寫作者從仰望，俯瞰，攀登到見西山的高峻。

今年(一三)九月二十八日，因坐法華西亭(一四)，望西山，始指異之(一五)。遂命僕人過湘江(一六)，緣染溪(一七)，斫榛莽，焚茅茷(一八)，窮山之高而止。攀援而登，箕踞(一九)而遨，則凡數州(二〇)之土壤，皆在衽席(二一)之下。

三段寫作者登高望遠所見的境界，並由此引起感慨。

其高下之勢，岈然窪然(二二)，若垤若穴(二三)，尺寸千里(二四)，攢蹙(二五)累積，莫得遯隱(二六)。縈青繚白(二七)，外與天際(二八)，四望如一。然後知是山之特立(二九)，不與培塿爲類(三〇)。悠悠乎與顥氣俱，而莫得其涯(三一)；洋洋乎與造物者遊，而不知其所窮(三二)。

四段寫始得西山之樂，使作者忘却一切思慮。

引觴滿酌，頹然就醉(三三)，不知日之入。蒼然(三四)暮色，自遠而至，至無所見，而猶不欲歸。心凝形釋(三五)，與萬化冥合(三六)。然後知吾嚮之未始遊，遊於是乎始(三七)，故爲之文以志(三八)。是歲，元和四年(三九)也。

【解　題】

柳宗元謫居永州期間，寫有〈始得西山宴遊記〉、〈鈷鉧潭記〉、〈鈷鉧潭西小丘記〉、〈至小丘西小石潭記〉（以上四篇寫於元和四年）〈袁家渴記〉、〈石渠記〉、〈石澗記〉、〈小石城山記〉（以上四篇寫於元和七年），統稱「永州八記」。「八記」各自獨立成篇，但所記遊踪有一定的連貫性。在借山水以吐胸中塊壘這點上，又有它們的一致性。本文是八記的開端。特別是後者，作者在文中交代他出遊的背景，在「八記」中具有統攝全局的作用，是我們在讀「八記」乃至讀作者所有的山水記時，必須注意之點。

文中開篇卽言作者居永「恒惴慄」的心情，說明他爲了排遣愁悶，方去探幽尋勝。以下寫他遊盡永州諸山和陶醉其中的樂趣，既然「是州之山水有異態者，皆我有也」，卻不知西山之「怪特」，則西山之「怪特」可以想見。作者寫西山「怪特」，主要突出它的高峻「特立」，而寫其高峻「特立」，又不直接從寫西山風貌入手，而是通過間接描寫的手法，寫西山以外的景象（卽山頂四望所見的景象）來寫西山，

其實，作者是想借寫西山以吐胸中不平，爲本文立意所在，它的布局也是圍繞這點兒展開的。它以「未始知西山之怪特」，和「然後知是山之特立」分層次，又用「然後知嚮之未始遊」，和前面的「無遠不到」遙相呼應。行文中用「以爲」句反跌出「未始知」句，使文意一轉：又用「始指異之」，引出「知是山之特立」，寫出山形的怪特。用「知吾嚮之未始遊」，和「知是山之特立」對擧，以顯宴遊之樂。最後再用「遊於是乎始」回扣題目。其間文筆轉換，出人意料，而又妙合自然。

【注釋】

(一) **始得西山宴遊記**　文末敍明元和四年（八〇九）作於永州。本文及以下七篇山水遊記均作於永州，後人合稱爲「永州八記」。本篇領起其餘諸篇。始得，剛發現。西山，在永州城西。《輿地紀勝》卷五十六：「西山在零陵縣西五里，柳子厚愛其勝境，有〈西山宴游記〉。」《大清一統志》卷二八二永州府：「西山在零陵縣西……自朝陽巖起，至黃茅嶺北，長亘數里，皆西山也。」宴遊，遊覽並宴飲，類今之旅遊野餐。

(二) **僇人**　受辱的人，猶言罪人。

(三) **恆惴慄**　言心中經常恐懼不安。惴慄，恐懼戰慄。

(四) **隟**　同「隙」，指空閑之時。

(五) **則施施而行漫漫而遊**　謂緩步徐行，放情遊覽。施施，音ㄧˊㄧˊ，緩行貌。漫漫，漫無目標，毫不拘束。

(六) **徒**　朋輩。

(七) **窮迴谿**　窮，走盡。迴溪，紆迴曲折的溪流。

(八) **披**　分開。

(九) **更相**　交相，互相。

(一〇) **意有所極**　言心裡想到那裡。意，思想。極，到。

㈡**異態**　奇景。
㈢**未始知西山之怪特**　猶言竟不知還有一座奇異獨特的西山。怪特，奇異特別。
㈢**今年**　元和四年。
㈣**法華西亭**　法華，卽法華寺，在永州零陵縣城內東山上。西亭，在法華寺內，爲宗元所建，並寫有〈永州法華寺新作西亭記〉，曾云：「法華寺居永州，地最高。……余時謫爲州司馬，官外乎常員，而心得無事，乃取官之祿秩，以爲其亭。」又〈構法華寺西亭〉詩云：「步登最高寺，蕭散任疏頑。」因寺及亭甚高，故有以下「望西山」之句。
㈤**始指異之**　言開始指點西山，以爲奇異。
㈥**湘江**　水名，又名湘水。《元和郡縣圖志》卷二十九江南道永州：「湘水經州西十餘里。」因江在州西，故往西山必須過江。
㈦**緣染溪**　緣，順，沿。染溪，又名冉溪，宗元以後築室於此，改名愚溪。
㈧**斫榛莽焚茅茷**　言一路上披荆斬棘，焚茅開道。斫，砍。榛，樹名，叢生灌木。莽，草叢。茅茷，茅草。茷，音ㄈㄟˋ，草葉茂盛。
㈨**箕踞**　兩腿伸直岔開，席地而坐，形似簸箕。指隨意而坐。
㈩**數州**　指永州鄰州，如西邵州、東南道州、東北衡州。
㈡**衽席**　席子。衽也是席子。
㈢**岈然窪然**　言有的山谷幽深，有的低窪凹陷。岈然，山谷幽深貌。窪然，溪谷深陷貌。岈，音ㄒㄧㄚ，窪，音ㄨㄚ。

㉓ **若垤若穴**　謂高的如蟻塚，低的如洞穴。垤，音ㄉㄧㄝˊ，蟻穴外的小堆土。

㉔ **尺寸千里**　謂眼前似乎僅有尺寸之短，但事實上則有千里之遙。

㉕ **攢蹙**　音ㄘㄨㄢˊ　ㄘㄨˋ，密集。

㉖ **莫得遯隱**　謂山川城邑盡收眼底。

㉗ **縈青繚白**　謂綠樹白水，錯雜纏繞。縈，繞。青，指地面草樹之色。白，水澤之色。

㉘ **外與天際**　是說延伸開去，可遠與天際相接合。

㉙ **特立**　出衆卓立。

㉚ **不與培塿爲類**　言不屑和周圍低矮的小土丘爲伍。培塿，小土丘。類，同類。

㉛ **悠悠乎與顥氣俱而莫得其涯**　指它那寬濶宏偉，好像要和宇宙間浩然之氣融合爲一，而茫茫然無邊無際。悠悠，眇遠貌。顥氣，大氣。涯，邊際。

㉜ **洋洋乎與造物者遊而不知其所窮**　言自由自在地與天地同遊，而千年萬代永無盡期。洋洋，廣大。造物者，創造萬物者，即大自然。所窮，終點。

㉝ **引觴滿酌頹然就醉**　謂我怡然斟滿杯中之酒，開懷暢飲，直到醺醺醉倒。引，取，拿。觴，酒杯。頹然，下墜貌，指醉而不能自持。

㉞ **蒼然**　深暗貌。

㉟ **心凝形釋**　言此時我心凝神馳，形體消散，似乎忘掉自身的存在。心凝，精神與自然凝合。形釋，

軀體消散，不復存在。此句及下句極寫身心恬適，泯忘物我，與自然萬物融爲一體的境界。

㊱ **萬化冥合**　意謂與天地萬物融爲一體。萬化，萬物。冥合，暗合。

㊲ **然後知吾嚮之未始遊遊於是乎始**　是說這才知道我從前並未眞正的遊覽過，這一次西山之遊，才是眞正遊覽的開始。嚮，從前。於是，從這裡。

㊳ **志**　記。

㊴ **元和四年**　元和，唐憲宗年號。四年，爲西元八〇九年。

【賞　析】

在柳宗元文集中收錄的山水遊記，計有三十來篇，全是他貶官之後的作品，絕大多數作於永州。他因參與「永貞革新」被貶到這裡做員外司馬，心情抑鬱不平，經常徜徉於山水之間，於是寫下了寄情山水的「永州八記」。

這八篇遊記各自成篇，但又相互聯貫，構成一個連章組詩式的藝術整體。景物刻畫細緻傳神，形象鮮明生動。猶如一軸山水畫長卷，一景又一景地展現永州西山一帶幽奇秀美的山容水態。因此他筆下的自然景物，都不是純客觀的描摹複製，而是寄寓著自己的複雜情思和身世。他往往以情觀景，借景抒懷，使文章既有詩情，又有畫意，達到情景交融的境地。

柳宗元自永貞元年貶謫到永州之後，並未擺脫「罪謗交積，羣疑當道」的處境，原先相識的故舊大臣都不敢與之互通音問，孤身待罪南荒，時時擔心進一步的政治迫害，心情一直受到壓抑和苦悶。到了元和四年，他修建了法華寺西亭，遷居其中。並開始了不同往昔的遊覽山水的活動，發現了一處又一處的自然勝景，〈始得西山宴遊記〉就是柳宗元這一思想歷程的生動寫照。

既然是一個新的開始，就要對過去作一番小結，因而文章開始用了一大段文字，敍寫貶官永州之後，發現西山之前遊覽山水，排遣苦悶的情況。這一部分，對於〈始得西山宴遊記〉這個題目來說，是題前之意；對下文正面敍寫宴遊西山而言，是鋪墊之筆；對反映作者的思想歷程來說，卻是生活的實錄。

開頭三句「自余爲僇人，居是州，恒惴慄」，記述自己貶謫永州後處境的險惡和心情的惶恐。尤其「恒惴慄」三字，刻畫柳宗元的這種境況，可謂情態畢現。接著寫自己經常遊覽山水，借以排憂解愁，消磨時日。「施施而行，漫漫而遊」，表明這是一種隨意漫遊，沒有明確的目的。作者選用「施施」、「漫漫」兩詞，維妙維肖地寫出了緩步漫遊的外表行動，又反映出遊時無所事事的心理狀態。「日與其徒上高山，入深林，窮迴谿，幽泉怪石，無遠不到。」柳宗元因爲無事可做，整日出遊，幾乎走遍了永州的高山、深林、溪泉、怪石。「到則披草而坐，傾壺而醉。醉則更相枕以臥，臥而夢。意有所極，夢亦同趣。覺而起，起而歸。」這一節文字，採用了「頂針法」，句短意連，簡捷明快，概括了「坐」、「醉」、「臥」、「夢」、「覺」、「起」、「歸」等一系列活動，勾劃出作者恣意而遊，隨遇而安，一醉方休的神情意態，突出地顯示他內心無法排遣的苦悶。這一段描敍，與下面宴遊西山的活動，形成了鮮明的對照。「凡是州之山水之有異態者，皆我有也，而未始知西山之怪特」幾句，收束上段，開啓下文，是一個過渡。這裡點明自己未知西山，又暗示西山之怪特，巧妙而自然地把文章引入「始得西山宴遊」的正題。

第二段開頭先記敍始得西山的時間、地點和經過。作者特別記下發現西山的日期，意味著這一天不同尋常。法華寺西亭在永州東山上，這一天他閑坐其中，舉目遠眺，第一次感到西山景色的奇特。「始指異之」一句，極精煉地寫出作者指點而稱異的手勢、言語和神態。這裡「異之」與前面「怪特」相呼應，而用詞又不重複。他發現了西山，立即命僕人開道探勝。「過湘江，緣染溪」，記下行進的路線，也標明了西山的方位所在。「斫榛莽，焚茅茷，窮山之高而止」，他們一邊開道，一邊前進。這種披荆斬棘，攀援而登，直上頂峰的行動，顯示了柳宗元不同往昔的積極主動，探求自然美的精神狀態。

接著寫登臨西山頂峰之所見，爲我們勾劃出一幅鳥瞰圖。作者登上西山顚峰之後，就舒展雙腿，席地而坐，縱情欣賞大自然的美好風光。「則凡數州之土壤，皆在衽席之下。」這是他登上西山之頂的第一個印象。然後縱目四望，山周圍數州的土地，都展示在自己的坐席之下，可見西山之高。繼而具體描繪周圍山巒的千姿百態：它們高高低低，有的像螞蟻封窩的土堆，有的像凹下地面的坑穴。從高處望去，千里之遠，如在尺寸之間，重重疊疊的山峰，一覽無遺。反襯出西山的高峻。作者至此意猶未盡，接著拉開了一個長鏡頭，給我們展示了一幅「外與天際」的壯美山水圖景：四周青山、白水相互繚繞，層層推向遠處，一直到達天際。所謂「不畏浮雲遮望眼，只緣身在最高層」（王安石詩），進一步說明西山的高峻不凡。

經過作者對西山周圍景物的大筆塗抹，幾番渲染，人們對西山的高峻已經有了一個鮮明突出的印象。這時作者才用夾敍夾議的筆法正面贊頌西山：「然後知是山之特立，不與培塿爲類。悠悠乎與顥氣俱而莫得其涯，洋洋乎與造物者遊而不知其所窮。」西山高峻挺拔的氣概，與宇宙的浩氣連爲一體，無邊無際；與造物者交遊，沒有終極。小土丘之類怎能和它相比！這既是作者對西山的認識和評價，又含有明顯的自況之情，自負之意。他是用自己的性情人格寫西山，又借西山顯示自己的性情人格。山不在高，寓情則靈，柳宗元筆下特立的西山，已經成了一種高尚人品的象徵。

西山的特立不羣，使柳宗元心曠神怡，於是他暢懷痛飲：「引觴滿酌，頹然就醉，不知日之入。」寥寥十三個字，簡略地敍寫自己宴飲的情況，而飲酒前後的意態神情，已經躍然紙上。此時夕陽在山，天色漸漸暗，作者用「蒼然暮色，自遠而至」八個字，生動地寫出黃昏降臨的印象。他敏銳地捕捉住傍晚時分人的視野逐漸縮小的特點，說蒼然暮色自遠方向近處移動，來到跟前，多麼形象！「心凝形釋，與萬化冥合」，此刻他無思無慮，無拘無束，周身爽快，彷彿整個身心都與大自然融爲一體，達到物我無間的境界。這種境界是前所未有的。因此他說：「然後知吾嚮之未始遊，遊於是乎始。」他才認識到往日等於沒有遊過山水，眞正遊賞山水是從這一次開始的。再次正面點出「始」字，不但歸結到題目，也收束了全文。文章末尾記上年份，是爲了說明「遊於是乎始」，補充前面的「今年」。

總觀全文，作者是以一個「始」字貫串始終。第一大段寫「未始知」西山之前的景況，以「始」劃分界線。第二大段寫發現西山，用「始指異之」。遊賞了西山，說「然後知吾向之未始遊，遊於是乎始」，連用兩個「始」字作結。可見這個「始」字，是文眼所在，至關重要。作者處處提醒，反復強調，宴遊西山是一個嶄新的開始。從這一次開始，他眞正發現了永州山水之美，並從中獲得了豁然開朗的境界，使他精神上有了寄托。

爲了寫好這個新起點，作者匠心獨運，慘淡經營。對比和襯托手法，是他組織作品的基本手段。文章先花費不少筆墨寫未得西山之前的漫遊景況，然後再描寫發現西山、宴遊西山的過程。兩種不同的遊山玩水，構成了鮮明的對比。前者漫不經心地出遊，隨遇而安，毫無收穫地歸來。後者一發現西山異景，立即攀援登高；仰望遠天，境界無比廣濶壯美。他在自然美的陶冶中，獲得心身的解放，以至樂而忘返。通過比較，就可以看出這個新起點，與往昔相比，不僅所見的景色不同，更主要的是作者的精神境界、思想收穫不同。這樣做出的結論：「知吾向之未始遊，遊於是乎始」，就水到渠成，令人信服了。

實記與寄興的巧妙結合，也是本文一個顯著的特點。作者以簡潔、凝煉的文筆，如實地記敍宴遊西山的始末，登高遠矚的感受。小如蟻封的土丘，和高大西山的強烈對比，已經隱含幾分寓意。緊接著，作者即興抒情，贊頌西山，說它有著小土丘無法類比的高峻特立的形勢，具有超塵脫俗，與天地永存的氣概。這是寫山，也是寫人。這種象徵性的寄托，大大豐富了文章的思想內涵，和發人深思的藝術魅力。

三 鈷鉧潭記㊀

鈷鉧潭在西山西㊁，其始蓋冉水自南奔注㊂，抵㊃山石，屈折東流；其顚委勢峻㊄，盪擊益暴㊅，齧其涯，故旁廣而中深㊆，畢至石乃止㊇。流沫成輪㊈，然後徐行㊉，其清而平者且十畝餘，有樹環焉，有泉懸焉。

首段寫鈷鉧潭的特點。

其上有居者⑪，以予之亟遊也，一旦款門來告曰⑫：「不勝官租私劵之委積⑬，既芟山而更居⑭，願以潭上田，貿財以緩禍⑮。」

次段言潭上居民以田抵官租及債務。

予樂而如其言⑯。則崇其臺，延其檻⑰，行其泉於高者墜之潭⑱，有聲潀然⑲。尤與中秋觀月爲宜，於以見天之高，氣之迥⑳。孰使予樂居夷而忘故土者㉑，非茲潭也歟？

末段言因鈷鉧潭的景色，樂而忘歸，反襯出自己淒涼的心情。

【解　題】

本文通過對鈷鉧潭景色的描寫，揭露了當時官租的繁重，表達人民不能安居的痛苦，抒發作者滿腔鬱悶和憤激的情緒。

作者採取情景交融的寫法，借潭景以揭時弊，寄憂情，筆調含蓄，委婉自然。《唐宋文擧要》引徐幼錚語云：「結語哀怨之音，反用一『樂』字托出，在諸記中，尤令人淚隨聲下。」

【注釋】

㈠ **鈷鉧潭記**　本篇爲「永州八記」的第二篇。元和四年（八〇九）作。〈鈷鉧潭西小丘記〉云：「得西山後八日，尋山口西北道二百步，又得鈷鉧潭。潭西……有丘焉。」以是知本篇及〈鈷鉧潭西小丘記〉均作於始得西山之年，即元和四年。鈷鉧，熨斗，潭形如熨斗，故以名之。宋·范成大曾親歷永州，訪其舊跡，云：「渡瀟水，至愚溪，溪上有愚亭，以祠子厚。路旁有鈷鉧潭。鈷鉧，熨斗也。潭狀似之。」（《驂鸞錄》）

㈡ **西山**　即上文〈始得西山宴遊記〉中的西山。

㈢ **冉水自南奔注**　言冉水自南面急速流下。冉水，又名冉溪、染溪，宗元後改其名爲愚溪。奔注，急速流下。

㈣ **抵**　觸。

㈤ **其顚委勢峻**　謂水的上游和下游水勢峻急。顚。委，指上游和下游。勢峻，水勢險峻，波濤洶湧。

㈥ **盪擊益暴**　指水在潭中震盪衝擊更加厲害。益暴，更加猛烈。

㈦ **齧其涯故旁廣而中深**　謂水流衝刷潭岸，所以潭的兩岸寬濶而中間深陷。齧，音ㄋㄧㄝˋ，咬，在此作衝擊、侵蝕解。

㈧ **畢至石乃止**　畢，最終。至石，碰到四周的石頭。指岸邊泥土浸蝕殆盡，唯剩石岸。

㈨ **流沫成輪**　言水上旋轉流動的泡沫。形如車輪一般。

㈠徐行　緩慢流動。

㈡居者　住戶。

㈢亟　屢次，多次。

㈢不勝官租私券之委積　謂忍受不了拖欠的官租和私人債務的積累，無力償還。不勝，忍受不了。券，借債的憑據。委積，堆積。

㈣既芟山而更居　既，已經。芟山，在山上開荒。更居，遷居，搬家。

㈤願以潭上田貿財以緩禍　意謂願賣潭上之耕地以還債。貿財，賣地得錢。緩，解除。禍，指官租私債。

㈥予樂而如其言　是說我很樂意買潭，並按價付款。

㈦則崇其臺延其檻　謂建了高臺，修了長欄。崇，高。延，長。

㈧行其泉於高者而墜之潭　謂把泉水引向高處，然後傾落到潭中。行其泉，引泉水之意。

㈨深然　指泉水落入潭中之聲。

㈩氣迥　氣，天空。迥，遼濶。

㈡孰使予樂居夷而忘故土者　言誰使我居住邊遠地區，而忘記自己的故鄉。夷，古代對邊遠少數民族之貶稱，在此指永州。

【賞　析】

在〈永州八記〉中，〈鈷鉧潭記〉和〈小石潭記〉是以寫潭爲主的姊妹篇，但她們的面目神情卻很不相同。比較這種不同，有助於我們認識柳宗元的內心世界及其寫作技巧。

首先，鈷鉧潭與小石潭的景物本身各具特色，前者是一個較大的潭，「清而平者且十畝餘」；小石潭則確實很「小」，連裡面總共才「百許頭」的魚兒，也一覽無遺，簡直和小水坑差不多。根據這種差別，作者採用了不同的表現手法。前者抓住了它的「大」，側重於粗線條的勾勒；後者抓住了它的「小」，側重於細膩的工筆描繪，使它們各自的特徵，藉此凸現出來。

文章一開頭，作者的著眼點就不同。寫鈷鉧潭是從大處落墨，遠處源頭寫起，拉來作爲陪襯的是整個「西山」。從〈始得西山宴遊記〉中得知，西山乃是「凡數州之土壤，皆在衽席之下」，「特立」而「不與培塿爲類」，以至於「悠悠乎與顥氣俱」而「莫得其涯」的，足見它是多麼雄偉高峻了。鈷鉧潭與它並舉，也就足以顯示其份量。緊接著對鈷鉧潭源頭的描寫，作者並不是作一般靜態的介紹，而是著眼於其動態，並使用了一連串具有力度的詞匯，如「奔注」、「抵」、「盪擊益暴」、「齧」等等，寫出了它的氣勢非凡，爲下文對鈷鉧潭的描寫，定下了基調。

從篇幅上看，作者寫鈷鉧潭的源頭潑墨不少，而直接描寫潭本身的文字卻不多，且基本上都屬於高度概括性的說明。寫到潭的輪廓，是「旁廣而中深」，寫到潭面的水色，是「清而平」；特別是寫到潭上周圍的景物，更是筆大如椽，「有樹環焉，有泉懸焉」，平面一筆，立體一筆，毫不凝滯。寫潭本身用筆越粗，越顯出其疏朗。使讀者充分領略鈷鉧潭空曠高爽的特點。後來，作者「崇其臺，延其檻，行其泉於高者而墜之潭」，使鈷鉧潭得到了進一步發揚，更宜於中秋賞月，以見「天之高，氣之迥」了。

〈鈷鉧潭記〉首先給人的感覺便是空濶疏朗，它恰好與作者滌除煩憂、自信自強的意願相合。蓋作者由於長時間被壓抑的不屈與傲岸，充溢於胸間，返觀景物，則愈覺賞心悅目，似助其伸張發舒。登高望遠，逸興遄飛，渾身洒脫。作者雖無意刻劃自我的形象，但透過這富於感情的畫面，已分明浮現在我們眼前。

文學是語言的藝術，語言不僅是抒情寫物的工具，也是構成作品的藝術風格，增強其藝術感染力的一個重要因素。柳宗元的語言風格，近於他所追慕的太史公之「峻潔」。而這種「峻潔」還有各種不同的具體表現。在情調比較低沉的場合，它便演化爲峭深。句式多比較工穩的四字句，宜於傳達一種細膩深沉的情緒。像〈鈷鉧潭記〉，這種峻潔便發展爲勁健。從思想感情的角度來看，〈鈷鉧潭記〉確實是一篇骨氣凛凛的作品，而它的語言也正體現出這些特點，如用一個「齧」字，把水勢之凶猛刻劃得極爲傳神，充分顯示了作者煉字析詞的功力。「環」、「懸」二語，有如兎起鶻落，簡勁飛動，捶字不可謂不堅，「予樂而如其言」以下，是全文情緒發展的高潮，這時語言的變化也更加豐富多彩。其句式奇偶相間，長短疊用，參差錯落，有如急節繁點，一路傾下。駢散夾雜，高低起伏。「檻」、「潭」、「然」瀏然相續，琅琅上口。「崇」、「延」、「行」、「高」、「墜」、「高」、「迴」等詞語表達的意念低昂舛節，若抗若墜。更重要的是，作者將以上種種因素混合運用，構成一種意斷而氣連，氣轉而意不轉的局面。全篇以一個疑問句收尾，更顯得精神飽滿，語氣矯健。文末的疑問語氣詞「也歟」，與前半部分末尾的兩個「焉」字遙相呼應，使全文氣韻流貫，通體皆活。因此，我們吟誦這篇作品，自然感受到一股駿爽傲岸的意氣，不是偶然的。

(四) 鈷鉧潭西小丘記㊀

首段記小丘景色，重點在寫奇石。

得西山後八日㊁，尋山口西北道二百步，又得鈷鉧潭㊂。潭西二十五步，當湍而浚者爲魚梁㊃。梁之上有丘焉，生竹樹。其石之突怒偃蹇㊄，負土而出㊅，爭爲奇狀者㊆，殆不可數。其嶔然相累而下者㊇，若牛馬之飲於溪㊈；其衝然角列而上者(一〇)，若熊羆之登於山(一一)。

次段記買丘經過和賞丘情景。

丘之小不能(一二)一畝，可以籠而有之(一三)。問其主，曰：「唐氏之棄地，貨而不售。」問其價，曰：「止四百。」余憐而售之。李深源、元克己(一四)時同遊，皆大喜，出自意外。卽更取器用(一五)，剷刈穢草(一六)，伐去惡木(一七)，烈火而焚之。嘉木立，美竹露，奇石顯(一八)。由其中以望，則山之高，雲之浮，溪之流，鳥獸之遨遊(一九)，舉熙熙然迴巧獻技，以效茲丘之下(二〇)。枕席而臥(二一)，則清泠之狀與目謀(二二)，瀯瀯之聲與耳謀(二三)，悠然而虛者與神謀(二四)，淵然而靜者與心謀(二五)。不匝旬而得異地者二(二六)，雖古好事之士，或未能至焉(二七)。

末段作者由小丘遭遇，抒發無限感慨。

噫！以茲丘之勝(二八)，致之灃、鎬、鄠、杜(二九)，則貴游之士爭買者(三〇)，日增千金而愈不可得(三一)。今棄是州也，農夫漁父過而陋之(三二)，賈四百，連歲不能售，

㉝。而我與深源、克己獨喜得之，是其果有遭乎㉞！書於石，所以賀茲丘之遭也㉟。

【解　題】

本篇寫鈷鉧潭西小丘景色的奇異和它爲人所棄的遭遇，以及作者由此產生的感慨。文章寫小丘的奇異從兩方面加以表現：一是直接展現山石之奇。作者賦予簇簇亂石以生命，先合寫它們不甘心埋沒土中。「突怒偃蹇，負土而出，爭爲奇狀」的群象，接著用牛馬飲溪、熊羆登山兩個比喻，來形容「嶔然相累而下」，和「衝然角列而上」的兩排石頭。二是寫小丘經過「鏟刈穢草，伐去惡木」所顯露出來被隱蔽之美，和用作者陶醉其中的感受，來襯託這種難得的美。使小丘的特異之處更爲突出。作者是個被朝廷遺棄的人，他寫唐氏棄地的命運，實際上也在寫他自己的命運：就這層意義上說，作者之所以能對這塊「唐氏之棄地」產生特殊的親切感，並從它身上得到精神上的慰藉，就因爲兩者境遇相似，情趣相通。可以說，他寫小丘，正是在借以抒發心中的憤懣之情。而他的「賀茲丘之遭」，正是感慨自己的久久不遇。林雲銘分析得好：「末段以賀茲丘之遭，借題感慨，全說在自己身上。蓋子厚向以文名重京師，諸公要人，皆欲令出我門下，如致茲丘於灃、鎬、鄠、杜之間也。今謫是州，爲世大僇，庸夫皆得詆訶，頻年不調，亦何異爲農夫、漁父所陋，無以售於人乎？乃今茲丘有遭，而己獨無遭，賀丘，所以自弔。嗚呼！英雄失路，至此亦不免氣短矣。讀者當於言外求之。」（《古文析義》）

【注釋】

㊀本篇是「永州八記」中的第三篇，與上兩篇爲同時之作。小丘，小山。

㊁**得西山後八日**　得西山，發現西山。後八日，元和四年九月二十八日得西山，後八日即十月初七日。

㊂**尋山口西北道二百步**　尋，緣，順著。道，步行。步，古代長度單位，舊制以營造尺五尺爲一步。

㊃**當湍而浚者爲魚梁**　謂當急流深水處是一道水壩。當，值，對。湍，急流的水。浚，深。魚梁，障水的石壩，可捕魚。累石於河中爲攔水壩，中留空洞，置網於空洞處，魚順流入網，不能逃脫。

㊄**突怒偃蹇**　突怒，高起挺出的樣子。偃蹇，高聳貌。

㊅**負土而出**　謂石頭頂著泥土露出地面。

㊆**爭爲奇狀**　呈現出奇特的形狀。

㊇**嶔然相累而下者**　言那些聳立突起重疊下傾的石頭。嶔然，山石高峻貌。相累，互相連接、重疊。下，石勢向下。

㊈**若牛馬之飲於溪**　謂如成羣的牛馬往溪邊飲水。

㊉**衝然角列而上者**　謂那些崢嶸挺拔如排列的獸角而上衝的石頭。衝然，向上突起的樣子。角列，像角那樣排斜列。

⑪**若熊羆之登於山**　謂如熊羆一般向山上爬。羆，熊的一種，比熊大，也叫人熊或馬熊。

⑫ **不能**　不足之意。

⑬ **可以籠而有之**　意謂簡直可以把它全部裝在籠子裡。籠，作動詞用，指裝入籠中。

⑭ **李深源元克己**　俱人名，未詳，當爲宗元在永州的友人。

⑮ **即更取器用**　是說我們立即輪流揮動鋤鏟。即，當即。更，輪流。器用，器具，指鋤草工具。

⑯ **剷刈穢草**　剷，削平。刈，割。穢草，雜草。

⑰ **惡木**　不成材的樹，如灌木荆棘之類。

⑱ **嘉木立美竹露奇石顯**　謂美好的樹木，秀美的竹子，奇異的山石都顯現出來。立，挺立而不受遮避，作顯露解。

⑲ **遨遊**　自由自在地走動或飛翔。

⑳ **擧熙熙然迴巧獻技以效茲丘之下**　謂都愉悅快樂地運用其巧慧，奉獻其長技，呈現在這小丘下面。擧，全。熙熙然，和樂貌。迴，運，引申爲表現。效，呈獻。茲，此。

㉑ **枕席而臥**　指以石爲枕，以地爲席而睡。

㉒ **淸泠之狀與目謀**　指淸徹明淨的泉水叫人舒適順眼。淸泠，淸徹明淨，指水。謀，相合，指客觀景物和人的感官相融合。

㉓ **瀯瀯之聲與耳謀**　謂潺湲的水聲和諧悅耳。瀯瀯，水流聲。

㉔ **悠然而虛者與神謀**　言悠然空靈的境界令人神往。悠悠，天空遼遠無窮貌。虛，空靈的境界。

㉕ **淵然而靜者與心謀**　是說幽深寂靜的氣氛與心境交融。淵然，靜默的樣子。

㉖ **不匝旬而得異地者二** 不匝旬，不滿十天。異地，風景奇異之地。二，二處，指鈷鉧潭和鈷鉧潭西小丘。

㉗ **好事之士** 指酷愛山水的人士。

㉘ **勝** 景物優美曰勝。

㉙ **致之灃鎬鄠杜** 致之，送它到，或把它安排在。灃，借爲「酆」，古地名。在今陝西戶縣東。鎬，古地名，在今陝西西安西南。鄠，漢縣名，而今陝西戶縣。杜，此指杜陵，在今陝西西安東南。按灃、鎬、鄠、杜，泛指長安城郊，唐時富豪之家多建別墅於此。

㉚ **貴游之士** 王公貴族的子弟們。

㉛ **日增千金而愈不可得** 謂小丘的售價每天增加千金的重價，還買不到。

㉜ **陋之** 以之（小丘）爲陋，看不起它。

㉝ **賈四百連歲不能售** 謂價格僅四百錢，卻幾年也賣不掉。賈，同價，價格。

㉞ **遭** 機遇。

㉟ **書於石以賀茲丘之遭也** 謂把發現小丘的經過寫在石頭上，用來祝賀小丘幸運的遭遇。書，指書寫此文。

【賞　析】

這篇遊記，正如淸代著名散文家劉大櫆所說：「前寫小丘之勝，後寫棄擲之感，轉摺獨見幽冷。」

（見《唐宋文舉要》引）柳宗元抓住小丘風景的特色，著力描繪奇美的丘石和登臨小丘看到的山光水色，給人留下了難忘的印象。他還用抒情的筆觸，敍寫小丘久遭冷落、無人問津的際遇，借以抒發賢能之士天涯淪落的感慨和不平，情摯意深，動人心弦。

文章的第一段，精確地描繪出小丘的地理位置和獨特風姿。開頭告訴我們：在發現西山以後的第八天，沿著山口往西北走二百步，又找到了鈷鉧潭。潭西二十五步水深流急處，有一條石壘的魚梁。魚梁上面有一座小丘，生長著竹子和樹木。作者在這裡清楚地交代了發現小丘的經過，點明小丘的方位，又為下文埋下伏線：先寫得鈷鉧潭，後寫發現小丘，與後面「不匝旬而得異地者二」遙相呼應。寫小丘「生竹樹」，為下面寫鏟除穢草雜樹而後「嘉木立，美竹露」作好鋪墊。可見文章針線之細密。接著，作者敏銳地抓住小丘的獨特之處，集中筆墨描寫千姿百態的奇石：「其石之突怒偃蹇，負土而出，爭為奇狀者，殆不可數。其嶔然相累而下者，若牛馬之飲於溪；其衝然角列而上者，若熊羆之登於山。」寫小丘上的岩石，有的突起如怒，有的高仰似傲，都頂著泥土向上鑽，呈現各種奇形異狀，多得幾乎難以盡數。那些高高地聳起互相重疊，又傾斜著向下延伸的，宛如牛馬探身在溪邊飲水；那些昂然突起，像獸角一樣排列向前的，猶如熊羆奮力向山上攀登。作者筆下的奇山異石，如雕如塑，形神俱在，有著很強的立體感。柳宗元行文簡煉，用詞準確，富於表現力。如形容山石隆起，用「突怒偃蹇」四字。活現了奇石高突而起的崚嶒風姿。寫山石「負土而出，爭為奇狀」，用一個「負」字、一個「爭」字，彷彿這些岩石充滿生命力，有著好勝心，它們頂著泥土向上鑽，往外冒，爭相顯示自己的奇姿異彩，以逗人注目。這樣總體勾畫之後，作者又在一大片石羣中選取兩組奇石，著力加以渲染。他用「嶔然」形容高峻傾倒的情狀，用「衝然」形容山石突起向前的姿態，已經相當準確生動。他還把「嶔然相累而下」的岩石，比做「牛馬之飲於溪」；把「衝然角列而上」的岩石，比做「熊羆之登於山」。這種取譬於生活形象的比喻，鮮明生動，新穎貼切，化靜爲動，極富創造性和感染力。

第二段寫小丘的被棄和遇合，層層遞進而富有變化。開頭先敍述小丘遭受冷落的情景。小丘的面積不足一畝，簡直可以用一個籠子把它裝下。問到小丘的主人是誰，有人說：「這是姓唐人家廢置的土地，要賣卻賣不出去。」問它的價錢，「只要四百文。」這樣一個奇美的小丘，竟任其荒廢，沒有人看得上眼，只要四百文都賣不出去，可見其境遇的冷落，命運的悲慘。小丘的命運使貶謫南荒的柳宗元產生同病相憐的感情，於是文章推進到第二層：「余憐而售之。李深源、元克己時同遊，皆大喜，出自意外。即更取器用，剷刈穢草，伐去惡木，烈火而焚之。嘉木立，美竹露，奇石顯。」這裡柳宗元敍寫自己買下小丘及整治它的經過後，文章接著抒寫他開發之後的喜悅情懷：「由其中以望，則山之高，雲之浮，溪之流，鳥獸之遨遊，舉熙熙然迴巧獻技，以效茲丘之下。」這種境界，與其說是永州自然山水的再現，不如說是柳宗元內心情緒的嶄露。這種筆墨，與其說是寫景，不如說是抒情。讓我們再看下文：「枕席而臥，則清泠之狀與目謀，瀯瀯之聲與耳謀，悠然而虛者與神謀，淵然而靜者與心謀。」作者陶醉於眼前的美景中，心懷十分舒展，因此乾脆鋪席設枕，躺了下來。於是明淨清涼的景色映入眼帘，潺潺的水聲縈迴耳際，恬淡的境界融入神思，幽靜的氣氛沁入心靈。這時他的心神已經與四周的景物契合無間，情景完全交融一體。文章接著說：「不匝旬而得異地者二，雖古好事之士，或未能至焉。」柳宗元在十天內發現了鈷鉧潭和西小丘兩處勝地，使他開顏一樂，自以爲是前無古人的喜事。這一筆把前面抒寫的開發勝景所得的喜悅之情，作了一個收束。

最後一段，借題發揮，直接抒寫自己的感慨。以爲如果把這個小丘的勝景，搬到長安附近的灃、鎬、鄠、杜等地，那麼愛好山水的公子王孫必定爭相購買，即使每天增價千金也不一定能買到。現在被遺棄在這個僻遠的永州，連農夫漁父從這裡經過也看不上眼。作者在這裡以抒情的筆觸，借題發揮，以小丘的遭遇，抒發懷才不遇的悲憤與不平。這種以樂言憂，反襯自己的淪落不遇，正如《古文觀止》所評：「賀小丘，所以自弔也」。

柳宗元善於以簡潔俊爽的文筆，描繪山川景物，不僅能肖其貌，且能傳其神，表現出大自然蓬勃的生機。小丘的奇石千姿百態，他敏銳地抓住這個特徵，採用靜物動寫的手法，賦予新的生命力，使奇石形神畢現，給人留下難忘的印象。

(五) 至小丘西小石潭記㈠

從小丘西行百二十步，隔篁竹㈡，聞水聲，如鳴珮環㈢，心樂之㈣。伐竹取道㈤，下見小潭，水尤清冽㈥。全石以爲底㈦，近岸卷石底以出㈧，爲坻、爲嶼㈨、爲嵁、爲巖㈩。青樹翠蔓，蒙絡搖綴，參差披拂⑪。

潭中魚可⑫百許頭，皆若空遊無所依⑬。日光下澈⑭，影布石上⑮，佁然⑯不動；俶爾遠逝⑰，往來翕忽⑱，似與游者相樂。

潭西南而望⑲，斗折蛇行⑳，明滅可見㉑。其岸勢犬牙差互㉒，不可知其源㉓。

坐潭上，四面竹樹環合，寂寥㉔無人，淒神寒骨㉕，悄愴幽邃㉖。以其境過清㉗，不可久居㉘，乃記之而去。

同游者：吳武陵、龔古㉙，余弟宗玄㉚；隸而從者㉛，崔氏二小生㉜：曰恕己，曰奉壹㉝。

首段記小石潭的位置、質地與形狀。

次段記潭中游魚。

三段記潭上小溪。

四段記境界幽清，使人感到淒涼。

文末附記此次游潭的玩伴。

【解　題】

本篇記游小石潭，顯露出作者樂而生憂的心情。文章從潭的發現經過寫起。潭未出，先寫其聲，「隔篁竹，聞水聲，鳴珮環」，這種境界不但作者「心樂之」，讀者亦心嚮往之。起筆就引人入勝，使人渴望一睹潭上風光。接著就寫潭的形貌和潭的「水尤清冽」。繼而作者又把筆觸伸向潭周近岸處露出水面的一群石頭，還著意寫出石上「青樹翠蔓，蒙絡搖綴，參差披拂」的生動景象。有這一番點染，潭上環境的清幽，和潭水的明澈可鑒，自可想見。

作者寫潭水的清冽，用的是以實寫虛的辦法。寫潭形（直接表現）、潭水（借魚襯托）比較詳盡，寫潭邊小溪及其源頭卻比較簡略。寫潭上的清冷境界，使他「淒神寒骨，悄愴幽邃」，不能盡興而游，和前面的聞水聲而樂、觀魚而樂，形成鮮明的對比。正如孫琮所說：「古人遊記，寫盡妙景，不如不寫盡爲更佳。遊盡妙境，不如不遊盡爲更高。蓋寫盡遊盡，早已境況索然；不寫盡不遊盡，便見餘興無窮。篇中遙望潭西南一段，便是不寫盡妙景。潭上不久坐一段，便是不遊盡妙境。筆墨悠長，情興無極。」（《山曉閣選唐大家柳柳州全集》評語）

【注　釋】

㈠ 本篇爲「永州八記」中的第四篇。小丘，即鈷鉧潭西小丘。小石潭，以潭底是石，故名。《大清一統志》卷二八三永州府：「小石潭，在零陵縣西小丘之西。」

㈡ **篁竹**　堅而促節，體圓而質堅，皮白如霜粉。

㈢ **如鳴珮環**　謂水聲就像玉珮玉環碰撞時發出的響聲。珮，玉珮。環，玉環。皆古人腰間所佩之玉飾。

㉔ **心樂之** 謂喜歡它。

㉕ **取道** 開條路。

㉖ **水尤清冽** 謂潭水特別澄澈清涼。尤，更加。清冽，清涼。

㉗ **全石以爲底** 謂潭底是整塊大石。

㉘ **近岸卷石底以出** 謂靠近岸邊，石底從水中向上翻卷，露出水面。

㉙ **爲坻爲嶼** 爲，形成。坻，音ㄔˊ，水中小洲或高地。嶼，小島。

㉚ **爲嵁爲巖** 嵁，音ㄎㄢ，不平的巖石。巖，山巖，山壁。

㉛ **蒙絡搖綴參差披拂** 言綠藤纏繞覆蓋在青翠的樹上，搖擺下垂，長短不齊，隨風飄動。蒙，覆蓋。絡，纏繞。搖綴，搖擺連綴。參差，長短不齊。披拂，拂動。

㉜ **可** 大約。

㉝ **皆若空游無所依** 是說好像在虛空中游動，沒有任何依靠。依，憑依，依托。

㉞ **下澈** 日光下射。澈，洞澈，照及潭底。

㉟ **影布石上** 言魚兒的影子映在潭底石頭上。布，陳列，指映在。

㊱ **佁然** 痴呆不動的樣子。佁，音ㄞˇ。

㊲ **俶爾遠逝** 言忽又向遠處竄去。俶爾，忽然。逝，往，此指遠去。

㊳ **翕忽** 輕快迅疾之意。

㈠ **潭西南而望** 謂由小潭向西南方望去。
㈡ **斗折蛇行** 言溪水如北斗星那樣曲折，像游蛇一樣蜿蜒。
㈢ **明滅可見** 因溪水曲折，故水光時隱時現。
㈣ **其岸勢犬牙差互** 謂溪岸曲折如狗牙般參差不齊。犬牙，狗牙。差互，作參差交錯解。
㈤ **其源** 指潭水的源頭。
㈥ **寂寥** 寂靜。
㈦ **淒神寒骨** 謂使人感到心神淒涼，寒氣透骨。
㈧ **悄愴幽邃** 作冷寂幽深，悲愴難奈解。
㈨ **以其境過清** 是說因爲環境和氣氛過分淒清。
㈩ **居** 停留。
㈩㈠ **吳武陵** 信州人（今江西上饒），宗元好友，元和三年貶官永州，曾任韶州刺史。
㈩㈡ **龔古** 人名，生平未詳。
㈩㈢ **宗玄** 宗元的從弟。宗元無胞弟，其從弟見於集中者有宗一、宗玄、宗直。
㈩㈣ **隸而從者** 言作爲侍奉而跟隨同來的人。隸，隸屬、跟隨。
㈩㈤ **小生** 年輕人。
㈩㈥ **恕己奉壹** 孫汝聽注云：「崔簡之子也。」按：崔簡，字子敬，博陵安平（今河北定縣）人，宗元姊夫。貞元五年進士第，累官至刑部員外郎。出刺連、永二州。元和七年正月二十六日卒。二子奉喪踰海，遇暴風溺死。參見宗元〈故永州刺史流配驩州崔君權厝記〉、〈祭姊夫崔使君簡文〉、〈祭崔氏外甥文〉等文。諸文稱簡之二子爲處道、守訥，又稱韋六、小卿，而本文稱「恕己」、「奉壹」，所稱不同，不知何故。

【賞　析】

這篇遊記，是柳宗元於唐憲宗元和四年（八〇九）在永州寫的，一般省稱〈小石潭記〉，是八記中最著名的一篇。

這篇記的上一篇是〈鈷鉧潭西小丘記〉，所以這篇稱〈至小丘西小石潭記〉，小丘是承上文來的。所以開頭便說「從小丘西行百二十步，隔篁竹，聞水聲，如鳴珮環，心樂之。」先點明「從小丘西行」，再寫隔竹林聽到水聲。這裡寫小石潭，從水聲引出潭來，寫水聲像環珮碰撞時發出的聲音那樣清脆，引起喜悅。於是想去探個究竟，才伐竹取道，發現小石潭。這樣由形象寫到聲音，由聲音引人入勝。接下來寫小石潭，「水尤清冽」。先看到的是池水的清澄。再寫小石潭的特點：潭底全部由石頭構成，近岸處石頭從水底露出水面。這些石頭有種種形狀：「爲坻」，像高地，而上面平坦。「爲嶼」，像小島，而上面不平。「爲嵁」，是凹凸不平。「爲巖」，像岩石。把小石潭取名石潭的特點作了描繪。接下去寫潭上的景物：有青青的樹，而翠綠的藤蔓纏繞其上，結成個綠色的網，枝條參差不齊，隨風搖擺，顯出自然之美。

再來寫潭中的游魚。魚約百把條，陽光透過水面，看到魚兒都像在空中遊動，沒有什麼憑藉。在陽光的照射下，牠們的影子都落在潭底的石頭上，這就如同一幅魚影圖。作者寫潭中的魚，有時呆呆地不動。有時很快地游往遠處。一會兒游過去，一會兒游過來。「似與游者相樂」，在這裡，寫魚兒對游人毫無戒備之意，極自然生動。

接下來寫通到潭裡來的小溪。在潭上向西南望去，就溪身言，說它像北斗星那樣曲折，這是靜止的。就溪水言，說它像蛇行那樣蜿蜒，這是動態的。因爲小溪那樣曲折，所以望過去，一段看見溪水是亮的，一段看不見溪水，是不亮的。這樣運用多種比喻，從一動一靜，一明一滅，非常鮮明細致地寫出小溪和溪水來，顯出作者對景物形象刻劃的逼眞。

又寫小石潭周圍的景物。坐在小石潭上，周圍被竹子和樹木環抱著，靜得很，看不到來往的行人。因爲它的境界過於幽靜，不宜久留，就在那裡題了字回去。

柳宗元的這篇〈小石潭記〉寫得非常突出。正像他自己在〈愚溪詩序〉裡說的：「善鑒萬類，淸瑩秀澈，鏘鳴金石。」又說：「亦頗以文墨自慰，漱滌萬物，牢籠百態，而無所避之。」他寫卷石露出水面的各種形狀，寫魚的空游和活動，寫石上的魚影，寫小溪的斗折蛇行，明滅可見。這一切正是善鑒萬物。他的伐竹取道，發現小石潭；在一般人眼中看不見，他能加以發現，寫出，這正是「漱滌萬物」表現。他在潭上感到「淒神寒骨」，正是境物跟精神的接觸，一方面「心凝形釋」，是山水之美和作者精神的契合。一方面「淒神寒骨，不可久居。」是山水境界的幽邃，跟作者的精神相抵觸。不論是契合也好，抵觸也好，他的山水記，不僅文詞淸麗，音節諧和，更是把自己的情思都寫進去了。

(六) 袁家渴記(一)

首段承接上篇，引出袁家渴的地點。

由冉溪西南水行十里，山水之可取者(二)五，莫若鈷鉧潭。由溪口(三)而西陸行，可取者八九，莫若西山。由朝陽巖(四)東南，水行至蕪江(五)，可取者三，莫若袁家渴。皆永(六)中幽麗奇處也。

次段記渴之得名及其形狀。

楚、越之間(七)方言，謂水之反流者爲「渴」。音若「衣褐」之「褐」。渴上與南館高嶂合(八)，下與百家瀨合(九)。其中重洲(一〇)小溪，澄潭淺渚(一一)，間厠曲折(一二)，平者深墨，峻者沸白(一三)。舟行若窮，忽又無際(一四)。

三段記水中的山及山上草木受驚之狀。

有小山出水中，山皆美石，上生青叢(一五)，冬夏常蔚然。其旁多巖洞，其下多白礫(一六)，其樹多楓、柟、石楠(一七)、楩、櫧、樟、柚(一八)，草則蘭芷(一九)。又有異卉(二〇)，類合歡而蔓生(二一)，轇轕水石(二二)。每風自四山而下，振動大木(二三)，掩苒衆草(二四)，紛紅駭綠(二五)，蓊葧香氣(二六)，衝濤旋瀨(二七)，退貯谿谷(二八)，搖颺葳蕤(二九)，與時推移(三〇)。其大都如此，余無以窮其狀(三一)。

文末敍述寫作動機，並交代渴名袁家的緣故。

永之人未嘗遊焉，余得之，不敢專(三二)也，出(三三)而傳於世。其地主袁氏，故以名焉(三四)。

【解題】

本篇寫袁家渴的風光特色。開篇的手法與〈游黃溪記〉相同，都是仿《史記・西南夷列傳》，借永州諸勝爲賓，以襯托袁家渴的幽麗奇特。第二段寫袁家渴的地理位置、流水特點以及渴中的洲、溪、潭、渚。還設以舟行渴中，呈現「舟行若窮，忽又無際」的境界，顯得詩意十足。第三段寫水中小山，然後把衆草木以及水石皆置於大風之中，來突顯它們的各種風貌，和奇光異采。林紓以爲作者心含「靜氣」，筆帶「詩情」，方有這妙合「畫理」的文字。說極中肯。

【注釋】

㈠ **袁家渴記** 本篇爲「永州八記」中的第五篇，與後三篇合稱「後四記」，同作於元和七年(八一二)，較「前四記」晚三年。「前四記」以「西山」領起，「後四記」以「袁家渴」領起。渴，水之反流爲渴。袁家渴，爲袁某財產，故宗元以其姓，名之爲袁家渴，猶今之張家屯、李家莊之類。《輿地紀勝》永州：「袁家渴在州南十里，嘗有姓袁者居之，兩岸木石奇怪，子厚記之。」

㈡ **可取者** 謂可供遊覽之意。

㈢ **溪口** 指冉溪注入瀟水處。

㈣ **朝陽巖** 在永州城西南，唐元結所遊並命名處。其《朝陽巖銘幷序》云：「永泰丙午中，自春陵詣都使計兵，至零陵。愛其郭中有水石之異，泊舟尋之。得巖與洞，此邦之形勝也，自古荒之而無名稱，以其東向，遂以朝陽命之焉。」《方輿勝覽》卷二十五永州：「朝陽巖，在零陵南二里，下臨瀟水。舊經道州刺史元結魯山維舟山下，以地高而東向，遂名朝陽。」

㈤ **蕪江** 一名茆江，俗稱茅江，在零陵城東四里處，注入瀟水。

㈥ **永** 永州。

㈦ **楚越之間** 指永州一帶。

㈧ **上與南館高嶂合** 言上游和南館高嶂相接。上，上游。南館，指建於崖上的館舍。唐以後，館址改建為寺廟，名興福庵。高嶂，指袁家渴右側瀟水西岸的懸崖，崖似屏障十分陡峭。

㈨ **下與百家瀨合** 是說下游和百家瀨相接。下，下游。百家瀨，永州地名，位於零陵城南二里，從朝陽巖沿瀟水上行，約里許，有一沙洲，即百家瀨。瀨者，水從沙石上流過，激揚為瀨。

㈩ **重洲** 諸多沙洲。

⑪ **渚** 水中小塊陸地。

⑫ **間厠曲折** 謂雜列於曲折的渴中。間，雜列。厠，雜置。

⑬ **平者深墨峻者沸白** 謂水勢平穩處，呈現深黑色；水流湍急處，就像水在沸騰，湧起白色浪花。峻，高貌，此指浪高。沸白，水沸騰時翻起的白浪。

⑭ **舟行若窮忽又無際** 謂船行前方，好像已無路可通，忽然眼前又出現無邊的境地。窮，不通。際，邊。

⑮ **上生青叢** 言山上生長著青色的草樹。

（一六）**礫**　碎石子。

（一七）**楓柟石楠**　楓，楓樹。柟，音ㄋㄢˊ，即楠，常綠喬木。石楠，當作石南，又名千年紅，常綠小喬木。

（一八）**梗櫧樟柚**　梗，音ㄅㄧㄢˊ，即黃梗木，一種高大喬木。櫧，音ㄓㄨ，常綠喬木，樟，即豫章，常綠喬木。柚，橘類。

（一九）**蘭芷**　兩種香草。蘭，即今澤蘭。芷，香草，又名白芷。

（二〇）**異卉**　奇特的草。《說文》：「卉，草之總名也。」

（二一）**類合歡而蔓生**　言像是合歡樹卻長得支蔓旁出。合歡，草名，一名馬纓花，似梧桐，枝甚柔弱，葉似皂筴，極細而繁密，其葉至暮而合，故又名合昏。古人常以合歡贈人，取可以合好消怨之意。蔓生，不能直立，附它物而生長。

（二二）**轇轕水石**　謂縱橫錯雜地分布在水石之上。

（二三）**大木**　高大的樹。

（二四）**掩苒**　風吹物靡之意。

（二五）**紛紅駭綠**　此為互文句法，謂紅花紛亂而驚駭，綠葉驚駭而紛亂。紛，亂。紅，指花。駭，驚。綠，指葉。

（二六）**蓊葧香氣**　作香氣濃盛解。蓊葧，音ㄨㄥˇ ㄅㄛˊ。

（二七）**衝濤旋瀨**　謂大風掀起波濤，使急流廻旋。瀨，湍急的水。

㉘ **退貯谿谷**　指水波後退，流入谿谷之中。

㉙ **搖颺葳蕤**　言使得糾纏在水石上的花草在風中搖蕩。葳蕤，音ㄨㄟ　ㄖㄨㄟˊ，草木茂盛貌。

㉚ **與時推移**　謂隨著四時的不同而變化。推移，變遷。

㉛ **其大都如此余無以窮其狀**　謂袁家渴的景色大概如此，我無法把它的全部景象都寫出來。其，指代袁家渴的景色。大都，大概。窮，盡，全。

㉜ **專**　獨佔，獨自享受。

㉝ **出**　指寫成此記。

㉞ **其地主袁氏故以名焉**　謂「渴」地產權世代屬於袁氏，所以用「袁家」命本文之名。

【賞　析】

任何一件藝術精品，粗略看去，往往顯得樸素自然，但這恰恰是藝術家苦心經營，筆參造化的一種美學境界。在汗牛充棟的中國古典文學寶庫中，柳宗元的「永州八記」中的〈袁家渴記〉，就寄寓著作者無比深沉的憂憤。其筆法任憑興會所至，若不經意，但仔細玩味起來，一放一收，輕點濃抹，都無不凝聚著作者的獨特匠心。

本篇開始，就從大處落筆，好似一部風光片的開頭，攝影師先對永州的全景作一個鳥瞰式的介紹，觀衆的視線隨著鏡頭的移動，穿過重重疊疊的山嶺，沿著蜿蜒曲折的小溪，對各條風景線上的美景作了匆匆一瞥。我們知道，從〈始得西山宴遊記〉的開頭，到〈小石城山記〉的結尾，前後呼應，線索分明。既然如此，他就不能不考慮在適當的地方，採用不同的筆法，包括不同的開頭和結尾，從而避免平板雷同，取得筆勢變幻的效果。如果我們把〈袁家渴記〉的開頭，放到「永州八記」這個藝術整體中來分析，就發現它正起著這兩種作用。其他各篇大多直接從所要描寫的具體對象入手，惟此篇開頭卻跳出這種境界，溝溝壑壑盡收眼底，文氣爲之一變。

就本篇而言，作者宕開筆墨，先賓後主，對各處美景一晃而過，然後把袁家渴推到畫面的中心位置，這實際上是一個誘發讀者興趣的過程。通過賓主之間的對比和映襯，本篇所要集中描寫的對象便得到了強調。在作者的導引下，讀者的注意力也自然而然地落在這個對象上。

文章劈頭就是三個排句，順筆而下，雖已結穴於袁家渴，但文氣尚促，故緊接一句，「皆永中幽麗奇處也」。像一道長壩，攔住傾瀉而下的激流，使之略變舒緩，以便下文四面生發。從內容上說，它承上啓下，既是對上述一系列風景點作簡要的概括，又爲下文的展開定下了基調。「永州八記」所描繪的諸景觀，給人的總印象正是「幽、麗、奇」，而本文主體部分對袁家渴的描寫，也正是抓住這些特點作文章。不多不少三個字，字字都很有份量。總之，這一句之於全文，猶項頸之於人體，聯結著頭部和軀幹，具有樞紐的作用。

下段透過橫攔的長壩，暗與上文結穴處的「袁家渴」相通。作者仍不從袁家渴正面著筆，而是把筆宕開，從方言說起。一方面，介紹了楚、越之間方言對水之反流者的特殊稱法，使讀者獲得了新的見識。同時，作者暗中又完成了對袁家渴最突出的特徵——水反流——的說明。一舉兩得，不露痕迹。緊接著，作者寥寥幾筆，就分別從「渴上」、「渴下」、「其中」等不同方位，勾畫出了袁家渴的輪廓。「南館高嶂」一語，寫出了袁家渴的來源幽深；「百家瀨」一語，寫出了袁家渴的去路綿遠。特別是對袁家渴中景物的描寫，尤顯出作者構思的縝密和用字的凝煉。「洲」與「渚」不同，「溪」與「潭」有異。「洲」較高，故曰「重」，而「渚」曰「淺」。「潭」較深，故曰「澄」，而「溪」曰「小」。「洲」中水流往往分流成溪，故洲溪並舉。「渚」較低，溪流至此多匯而爲潭，故潭渚並舉。以上是分寫，「間厠曲折」一句是合寫。至此都是寫形，而「平者深墨，峻者沸白」是寫色。以上全部屬實寫，而「舟行若窮，忽又無際」是虛寫，以見如此美景正未有限，尚未見者不知有幾。從「渴上」到本段末，正面寫袁家渴的只有四十四個字，而位置精確，層次井然。

總觀中國歷代遊記，主要有兩種類型。一種是所遊範圍甚廣，時間較長，景物很多，只能循足迹所至，逐日記載。如陸游的〈入蜀記〉、徐霞客的遊記等。另一種是所遊往往止於一亭一台、一丘一壑，作者可對之反複觀摹。柳宗元的「永州八記」基本上都屬於這種類型。前者要求粗中有細，重點突出，力避平舖直敍，故以對景物的取捨剪裁爲首務。後者正因爲範圍原本不廣，變化本來有限，故仍然要注意對景物的取捨和剪裁。在這方面，柳宗元的〈袁家渴記〉爲我們樹立了一個典範。從永州的全景全貌到袁家渴，這是一次由面到點。作者先對袁家渴的輪廓作了一個概括性的勾勒，引導我們對袁家渴的來龍去脈來了一番大致的考察之後，又把鏡頭再一次地搖近，定位在「水中」的一座「小山」上，形成了一個特寫鏡頭。這是又一次收聚焦點，濃縮筆墨。鬱鬱葱葱的小山上，圍繞它反覆盤旋。如果說上段對於整個袁家渴的描寫側重於其形勢位置的話，那麼這一段對小山的描寫則突出了它的斑駁色彩，點面映襯，使它顯得特別醒目。山腳下沿溪一帶「多白礫」，猶如整個畫幅底色淺露。稍上一連串的岩洞，隔開上下，使整個畫面異常空靈。滿山「美石」，光怪陸離。上面覆蓋著一片「青叢」，一年四季都是滿目「蔚然」。我們看到畫面雖然五顏六色，卻仍然層次清晰。點綴其間的各種樹木花草，楓葉如火，花呈黃褐色，楠樹花葉皆綠，而果爲藍色；石楠、櫧樹、樟樹、柚樹都是綠葉，但花則或白或黃、或白而微綠，果有的紅色，有的褐色，有的暗紫色，有的淡黃色；蘭花是淡綠色，芷花又是白色。這些樹木花草大多是常綠植物，故冬夏季節依然爭奇鬬芳，令人陶醉。

據上所述，柳宗元已堪稱刻畫山水的能手。但若僅止於此，那還只是掌握了經營位置、點染顏色等技巧的的畫匠，而柳宗元卻是一位深諳藝術的大師。在對袁家渴由面到點。由形到色進行了一系列的靜態描寫後，突然筆法一轉，腕底生風，化靜爲動。鏡頭急速搖開，從剛才幾乎被遺忘了的整個溝谷及四面山上卷來一股的大風。一個「下」字，把它沿山翻滾而下，不可阻擋的氣勢，刻畫得飛動可感。大木像不屈的壯士，發出陣陣吼聲；弱草像窈窕的少女，在狂風中俯仰回旋；紅花綠葉則像一羣陡然受驚的兒女，睜大眼睛東張西望，不知所措。溪水也像被吵醒的蟄龍，咆哮奔騰。等到風聲漸細，它才喘息著緩緩躲進幽深的洞穴中去。此時回視溪谷上下，餘風拂拂，花香瀰漫，樹木草叢搖擺未已。無形的大風已將小山與整個袁家渴溶成一體，把聲、色、形、味糅成一團。點面形色的界限渾然不見了，展現在我們面前的不再是一幅靜止的圖畫，而是一個活生生的袁家渴。在這一刹那間，我們突然感覺到，袁家渴那靜靜流著的溪水，那默然兀立水中的石頭，那無聲無息生長在每個角落的花草，樹木，原都蘊含著自我的情感和性格。整個袁家渴，似乎隱藏著一種深邃的意志和魅力。接著，作者以「其大都如此，余無以窮其狀」一句收束上文，好似弦外之音，言外之致。

可以說自「渴上」以下一段，主要是寫出了袁家渴之「幽」；自「有小山」以下一段，主要是描繪了袁家渴之「麗」，而「每風自四山而下」一段，則突出地展現了袁家渴之「奇」。在對袁家渴景物之美作了這樣一番淋漓盡致的描繪之後，轉而寫出它竟然遭受到如此冷落的情形，一揚一跌，形成了極其強烈的對照。懷幽負奇而不偶，這是貫穿柳宗元「永州八記」的主旋律。這最末一段，看似輕鬆之筆，實則凝聚著深沉的悲憤與感慨，起著卒章明志的重要作用。

總之，這篇作品雖然篇幅很短，但有點有面，詳略得當，形色兼備，虛實結合，動靜互用，緩急相間，在藝術構思上很有特色。

(七) 石渠記(一)

自渴(二)西南行不能百步，得石渠，民橋(三)其上。有泉幽幽然(四)，其鳴乍大乍細。渠之廣，或咫尺(五)，或倍尺，其(六)長可十許步。其流抵大石，伏出其下(七)。踰石而往，有石泓(八)。昌蒲被之，青鮮環周(九)。又折西行，旁陷(一〇)巖石下，北墮小潭。潭幅員減百尺(一一)，清深多鯈魚(一二)。又北曲行紆餘(一三)，睨若無窮，然卒入于渴(一四)。其側皆詭石、怪木、奇卉、美箭(一五)，可列坐而庥焉(一六)。風搖其巔，韻動崖谷(一七)。視之既靜，其聽始遠(一八)。

首段記石渠周遭的物色。

予從州牧(一九)得之，攬去翳朽，決疏土石(二〇)，既崇而焚(二一)，既釃而盈(二二)。

次段記找到石渠後，加以整治的情形。

惜其未始有傳焉者，故累記其所屬(二三)，遺之其人，書之其陽(二四)，俾後好事者求之得以易(二五)。

三段點明本文作意。

元和七年正月八日，蠲渠(二六)至大石。十月十九日，踰石得石泓小潭。渠之美於是始窮也(二七)。

文末說明石渠在不斷發現與整修中日臻完美。

【解　題】

本文寫泉水和泉上景物，各具特色。泉水在石渠中流，其特點是「細」，顯出它與別的泉水不同。寫泉上景物有樹木、花草、竹子。它們的特點是遭風吹拂時，樹木花草發出的聲音，造成廻響。由於作者對石渠周遭的景物作了細膩的觀察，深切的體會，才能掌握各自的特點，給予動人的描繪。

【注釋】

㈠ 本篇爲「永州八記」中的第六篇，作於元和七年（八一二）。因渠底、渠側多石，故名石渠。

㈡ **渴**　袁家渴。詳見上文〈袁家渴記〉。

㈢ **橋**　用如動詞，架橋。

㈣ **幽幽然**　作顏色深暗解。

㈤ **咫尺**　一尺左右。咫，音ㄓˇ，周代長度單位，八寸曰咫，合今市尺六寸二分二厘。

㈥ **其**　代詞，指渠水。下句「伏出其下」的「其」字，指石頭。

㈦ **其流抵大石伏出其下**　謂渠流遇大石，便從石下穿過。抵，觸，遇。伏出，由下穿過。

㈧ **石泓**　石底的深潭。泓，下深之意。

㈨ **昌蒲被之青鮮環周**　意謂昌蒲覆蓋在石泓上面，周圍長滿了綠色的苔蘚。昌蒲，草名。有石菖蒲、水菖蒲兩種。被，覆蓋。青鮮，綠色苔蘚。

㈩ **陷**　沉落。

⑪ **幅員減百尺**　即幅圓，本指疆域。廣狹稱幅，周圍稱圓。此指潭水面積。減百尺，不足百尺。

(一二) **鰷魚**　魚名。即俗稱的白條魚。鰷，音ㄔㄡˊ。

(一三) **曲行紆餘**　是說水又向北曲折流動。紆餘，曲折延伸貌。

(一四) **睨若無窮然卒入于渴**　謂看上去，石渠似乎沒有盡頭，但最終流入袁家渴。睨，注視。卒入，最後流入。

(一五) **其側皆詭石怪木奇卉美箭**　是說渠兩側都是奇特的石頭、怪異的樹木、異樣的花卉、美好的竹子。

(一六) **列坐而庥焉**　言可以成排的坐著休息。庥，同休，休息。

(一七) **風搖其顛韻動崖谷**　謂風吹動竹樹花草的梢，聲音在崖谷中振蕩共鳴。巔，此指樹竹花草的枝梢。韻，和諧的聲音。

(一八) **視之既靜其聽始遠**　謂眼見那些竹樹花草已停止擺動，但聲音卻傳至遠方，在虛谷中迴蕩。既，已經。靜，風停樹竹靜。聽，指所聽到的聲音。清何焯云：「『視之既靜，其聽始遠。』遠者，虛谷相應，故此貌已靜，彼聲轉遠。」（《義門讀書記》評語）

(一九) **州牧**　州刺史。此指永州刺史。據韓淳注，元和七、八年間永州刺史可能是韋彪。

(二〇) **攬去翳朽決疏土石**　謂清除遮蔽泉水的腐枝枯葉，開通土石，使渠水暢通。攬去，取去，清除。翳，遮蔽。朽，腐爛的草木。

(二一) **既崇而焚**　謂雜草腐木既已積聚起來燒掉。崇，積聚，堆高。

(二二) **既釃而盈**　謂泉流既經疏通，水就充滿了。釃，疏通。

(二三) **惜其二句**　謂可惜還沒有記敍石渠美景而使它流傳的文章，所以本文一連串地寫下與石渠相關的景物。

㉔**遺之其人書之其陽**　是說傳給那些愛好山水的人，並把這篇文章刻在石渠之北的石頭上。

㉕**好事者**　熱愛遊山玩水之人。

㉖**元和七年**　卽公元八一二年。

㉗**蠲渠**　淸除渠中雜物。蠲，音ㄐㄩㄢ，淸除，疏通。

㉘**渠之美於是始窮也**　謂石渠的美景，到這裡才算完備。

【賞　析】

作者在本篇著眼於「石渠」這一特定環境中景物的特徵，以極爲凝煉精粹的語言加以表現，從而達到發人遐思的藝術境界。

「長可十許步」的石渠，因爲時寬時窄，且有奇石遍布，使其中的泉流有著與衆不同的特色。文中寫石渠泉水，正是抓住這個特徵，著意寫出流程中的渠水出沒變化。作者先繪泉水之形：「有泉幽幽然」，這就突出泉水之「細」，是涓涓細流，無汪洋浩瀚之勢；接寫泉水之聲：「其鳴乍大乍細」，泉聲潺潺，時大時小，時高時低，生出變幻莫測的節奏；然後寫泉水之流：「其流抵大石，伏出其下」，泉水從大石下穿過，時隱時現，旣不激石濺浪，也不越石漫流。這就是石渠泉水。它一會兒流過菖蒲覆蓋，「靑鮮環周」的「石泓」，一會兒西折「旁陷岩石下」，一會兒又向北落入小潭中。它不停地流，終於由細微變成「無窮」，並在袁家渴找到它的歸宿。石渠的水，如一支生命的歌曲，一彎鑽霧的新月，起起伏伏，躲躲閃閃，隱隱約約，把人帶進一個時而明晰、時而隱秘的境界。這就是作者筆下的石渠！我們怎能不驚贊作者的體物之工，描摹之細呢！

石渠的水雖然涓小，但它永不枯竭。用自己生命的血漿，滋育著石渠上的各種生物。綠的菖蒲、青的苔蘚，環繞著石泓。白鯈魚在清澈的潭水中悠然自得的往來游動；渠畔詭異的岩石、古怪的樹木，奇特的花草、秀美的修竹，錯雜叢生。這些景色點綴著曲折而短小的石渠，與泉水交相輝映，構成了一個詩意的境界。作者對以上景物並未多費筆墨，而是點到即止。比如寫游魚，因爲在「八記」之四的〈至小丘西小石潭記〉中已有詳細描繪，所以本文便不再贅述，只用「清深多鯈魚」五字作簡要交代。再如寫石、木、草、竹，也只以「其側多詭石、怪木、奇卉、美箭，可列坐而庥焉」兩句帶過，並未具體展開。而作者的藝術觸角卻越過「詭石、怪木、奇卉、美箭」，非常敏銳地感受到只有在石渠上才能捕捉到的一幅生動畫面，那就是：「風搖其巔，韻動崖谷。視之既靜，其聽始遠。」這裡，作者將自己審美的視覺、聽覺充分調動起來，風吹草木，本來是很平常的景象，但它一旦與曲折曠遠的山谷聯爲一體，便能產生渾放空蕩的回響，以至風停林靜，回聲還向著遼遠的山間婉轉流蕩，餘音裊裊，久久不散。這是自然的造化，也是石渠特有的景觀。它將人帶進深邃而澎湃的茫茫廣宇，生發不盡的聯想。而這一切，全在於作者的凝神默察，靜心諦聽，妙筆描畫，在短暫中蘊藉著永恒。

作者寫泉水上景物，都能緊扣石渠的特色落筆，看似信筆所之，揮洒自如，其實是頗具匠心的。另一方面，作者又沒有單純地描寫石渠景物，而是將自己的感受寓於景物之中，從而使審美主體與審美客體統一在一個完美的藝術整體中。首先，從景物描寫上看，作者以自己的游踪爲線索，如金線串珠般將石渠的景物連綴成生動的畫面。文章開篇卽以「自渴西南行，不能百步」一句，點明了作者的行迹，中間又用「逾石而往」、「又折西行」和「又北曲行紆餘」等幾句，交代他觀察點的不斷轉換，石渠的景物也隨之而發生變化。這樣使得畫面的安排有條有理，文章的語言流轉自然，讀者所得的印象十分清晰。其次，從第二段的敍事看，作者在找到石渠後，便親自動手清除雜草腐木，開鑿土石，疏浚水道，使本來細微的泉水變得充滿了，石渠的水、石渠的景，因此而更美，這怎能不歸功於作者的勞績！第三，從議論抒情的文字看，「惜其未始有傳焉者，故累記其所屬，遺之其人，書之其陽，俾後好事者求之得以易。」這裡表面是寫石渠的如此勝景，竟然長期遭到遺棄與埋沒，事實上是隱含著作者的身世之感。因爲參加政治革新而貶謫邊荒，抱負不爲人知，理想無由實現。這不幸遭遇與石渠勝景不爲人知的情況何其相似！綜觀上述三點，文中無論寫找到石渠，觀賞石渠，還是清理石渠，記述石渠，處處都可感受到作者的氣息，觸摸到作者的脈搏，跳動著作者摯愛、惋惜而又憂憤的心靈。

(八) 石澗記㈠

石渠之事既窮㈡，上由橋㈢西北，下土山之陰，民又橋焉。其水之大，倍石渠三之一㈣。亘石爲底，達於兩涯㈤，若床若堂，若陳筵席，若限閫奧㈥。水平布其上㈦，流若織文，響若操琴㈧。揭跣而往㈨，折竹箭、掃陳葉、排腐木㈩，可羅胡牀十八九居之⑪。交絡之流⑫、觸激之音⑬，皆在牀下；翠羽⑭之木、龍鱗之石⑮，均蔭其上。古之人其有樂乎此⑯耶？後之來者，有能追予之踐履耶⑰？得意之日，與石渠同⑱。

首段記述石澗之形狀、物色，爲抒發遊賞之樂鋪墊。

由渴而來者，先石渠，後石澗⑲；由百家瀨⑳上而來者，先石澗，後石渠。澗之可窮者，皆出石城村東南㉑，其間可樂者數焉㉒。其上深山幽林，逾峭險，道狹不可窮也㉓。

二段記石澗之方位，和石澗周遭環境。

【解　題】

本文起句承上篇，接著記石澗。先點橋，寫橋下水勢，次石澗，寫石上水流，繼而記遊賞之樂。最後點明石澗的位置，與前兩篇加以連接。

作者採用大量的比喻來描繪景色。如寫水中石頭，用「若床若堂，若陳筵席，若限閫奧。」寫泉水，則用「流若織文，響若操琴。」寫泉上的樹和石，則又用「翠羽」「龍鱗」。有的是明喻，有的是暗喻，顯示出運筆修辭的過人手法，和觀察入微的妙思。

【注　釋】

㈠ **石澗記**　本篇是「永州八記」中的第七篇。寫作時間與上篇同。石澗，澗底爲石，故名。澗，兩山間水曰澗。

㈡ **石渠之事既窮**　謂整治，游賞石渠景色的事，既已完畢。

㈢ **上由橋**　即由石渠橋上。上，上去。

㈣ **其水之大倍石渠三之一**　謂橋下水比石渠的水量大三分之一。倍，多，增加。三之一，三分之一。

㈤ **亘石爲底達於兩涯**　謂澗以石板爲底，從這岸連到那岸。亘，空間上延續不斷。達，到。涯，岸。

㈥ **若限閫奧**　謂有些石頭像正屋屋基。限，門檻，此處作動詞用，有分隔之意。閫奧，音ㄎㄨㄣˇ ㄠˋ，室內深隱之處。

㈦ **水平布其上**　謂水平鋪於石上。

㈧ **流若織文響若操琴**　言溪底有各種不平的石頭，水流其上，呈現像織錦上的圖案花紋，流水聲像彈奏的琴音。操琴，彈琴。

㈨ **揭跣而往**　謂提起衣服，赤腳涉澗。揭，音ㄑㄧˋ，提起衣服。跣，音ㄒㄧㄢˇ，赤腳。

(一〇) **折竹箭掃陳葉排腐木** 謂折竹當掃帚，掃清久落的樹葉，清除腐朽的樹枝。

(一一) **可羅胡牀十八九居之** 言能擺放十八、九把交椅坐著。胡牀，即交椅，因由北方胡地傳入，故名胡牀。居，坐。居之，坐胡牀上。

(一二) **交絡之流** 指澗中像交織錦紋般的水流，即上文「流若織文」。

(一三) **觸激之音** 指水衝激石頭所發出的聲響，即上文「響若操琴」。

(一四) **翠羽** 本指翡翠的羽毛，在此作翠綠色的樹葉。

(一五) **龍鱗之石** 似龍鱗般的石頭。

(一六) **樂乎此** 樂於此。

(一七) **追予之踐履耶** 言後之人有能追隨著我的腳步，來此一遊的嗎?

(一八) **得意之日與石渠同** 謂在發現石渠同時，發現石澗。得意，得到快意，即發現石渠。日，日子，時候。

(一九) **由渴三句** 是說如果從袁家渴來，先到石渠，後到石澗。渴，袁家渴。

(二〇) **百家瀨** 見〈袁家渴記〉注⑨。

(二一) **澗之二句** 謂石澗源頭可以找到的，都在石城村東南。窮，盡。石城村，永州村名，未詳其地。

(二二) **其間可樂者數焉** 謂其中可供遊樂的景緻有好幾處。

(二三) **逾峭險** 指越來越陡峭艱險。

(二四) **道狹不可窮也** 謂道路狹窄，不能窮盡。沈德潛云：「去路不盡。」（《唐宋八家文讀本》）

【賞析】

本文緊承〈石渠記〉之後，描寫石澗一帶的石態水容。兩篇雖然同是寫水寫石，但前篇移步換形，本篇由總到分；前篇純用白描，本篇多用比喻。這一方面體現了柳宗元富於變化的才能，另一方面也集中反映出他簡煉、生動、優美的語言特色。

文章仍以敍述開篇。「石渠之事既窮，上由橋西北，下土山之陰，民又橋焉。」作者遊賞、整治石渠的事完畢之後，向上由石渠的橋上，往西北到土山的北面，當地民衆又造了一座橋。這裡先從石渠說起，一來交代了作者的遊踪，體現本文與〈石渠記〉之間的連貫性；二來爲下文多次提到石渠預設伏筆，說明石澗與石渠兩者的聯繫。而這裡對石澗並未正面點出，只是借助「橋」將其暗示給讀者，避免了行文的淺露、平直。接著作者轉入對石澗景色的正面描畫。先是總寫：「其水之大，倍石渠三之一」用比較手法，突出澗水的規模。「亘石爲底，達於兩涯」，直接描寫澗石特色，一「亘」、一「達」，石底的面積之大，石勢的不同尋常便躍然紙上。這裡所寫的是作者初到石澗，站立橋上所得的總體印象，雖然能一下子就捉住了石澗水大石闊的特徵，但初步顯示了作者敏捷的藝術感受力。然後分寫：「若床若堂，若陳筵席，若限閫奧」，寫澗石，它們有的像床，有的像正屋，有的像碗盞杯碟，有的像門檻分隔內外，眞的奇姿異態，趣味橫生。「水平布其上，流若織紋，響若操琴。」寫澗水，它平布在石底上，流動的水面像織錦上的花紋，潺湲的水聲如跳躍的琴韻，眞是細膩美麗，悅耳動聽。這裡寫的是作者仔細觀察後，對石態水容獲得的具體形象。寫石頭的形態，用日常生活中常見的四種事物作比喻，通俗、形象，顯示了各具神彩的石頭的靜態美；寫石上流水的形狀和音響，以形象鮮明的「織紋」和優美動聽的琴聲比譬，突出了晝夜不輟的流水的動態美和音樂美。而石與水的關係又相輔相成：唯其石態變幻，才致使流水不斷產生出富有魅力的圖案，和清脆宛轉的樂聲。因此，這裡石與水的有機結合，靜與動的和諧統一，便構成清新寧靜、令人神往的境界，使讀者心旌搖動，如臨其境。這不能不說是因爲作者運用非常形象而簡煉的藝術語言，所產生的奇妙效果。正因爲石澗的石和水具有這樣強大的魅力，所以作者接著寫道：「揭跣而往，折竹箭，掃陳葉，排腐木，可羅胡床十八九居之。」遊賞者拎起衣裳赤著腳涉水向前，折斷竹枝，掃除陳枝爛葉，可以排列十八九把椅子坐著。這裡寫遊賞者的行動，他們不在岸上休憩，卻要到水中尋樂，如此異舉，說明他們對石澗的自然風光，有著何等濃厚的興趣。當他們置身於石澗中，又一幅生動的畫面展現在他們面前：「交織之流，觸激之音，皆在床下；翠羽之木，龍鱗之石，均蔭其上。」交織的水流，撞激的水聲，都在椅下，蒼翠欲滴的綠樹，龍鱗般排列的石頭，都蔭護著坐於水中椅上的觀賞者。這裡以整齊的句式，精當地勾勒出作者的所見所聞，那碧波蕩漾的水流，叮咚作響的水聲，葱蘢的樹木，重疊的岩石，構成一個多麼幽雅而清淡的境界。至此爲止，作者敍事結合寫景，將遊賞石澗的過程及石澗優美的景色，作了非常清晰的交代。

柳宗元遊記散文的藝術成就，除了表現在以其生動優美的語言，創設了一個個美麗動人的境界，具有很高的審美價值外，還在於這些文章眞實記錄了作者處於特定歷史時期眞誠的思想感情，具有一定的認識價值和感染力量。作者常常在寫景之後，忽然插入兩包飽含著深長感慨的抒情語言，從而立即照耀前後，使全篇的景物都光彩煥發，散發出濃鬱而感人的深情。本文也是這樣一篇作品。作者在描繪完石澗景色之後，寫道：「古之人有樂乎此耶？後之來者有能追予之踐履耶？」此兩句如奇峰異巔，拔地而起。初看，與前文似乎轉得突兀；細想，卻又非常順理成章。尤其當他面臨著這秀水奇石，良辰美景，正有些自得其樂時，怎能不聯想到自己的身世遭際？怎能不將它渲泄紙面呢？

綜觀全文，作者將敘事、寫景、抒情熔於一爐，鑄造成生動的藝術篇章，具有不朽的審美價值。特別是文中簡煉、形象的語言，靈活、貼切的比喻，更爲我們提供了學習、借鑒的榜樣。

(九)　小石城山記㊀

首段記小石城山的奇異景物。

自西山道口徑北㊁，踰黃茅嶺㊂而下，有二道：其一西出，尋之無所得㊃；其一少北而東㊄，不過四十丈，土斷而川分，有積石橫當其垠㊅。其上爲睥睨梁欐之形㊆，其旁出堡塢，有若門焉㊇。窺之正黑㊈；投以小石，洞然㊉有水聲，其響之激越⑪，良久乃已。環⑫之可上，望甚遠，無土壤而生嘉樹美箭⑬，益奇而堅⑭，其疏數偃仰，類智者所施設也⑮。

二段記作者觸景生情，發揮感想說出胸中之激憤。

噫！吾疑造物者⑯之有無久矣。及是⑰，愈以爲誠有。又怪其不爲之⑱於中州而列是夷狄，更千百年不得一售其伎⑲，是固勞而無用⑳，神者儻不宜如是，則其果無乎？或曰：「以慰夫賢而辱於此者㉑。」或曰：「其氣之靈，不爲偉人，而獨爲是物㉒，故楚之南㉓少人而多石。」是二者，余未信之㉔。

【解　題】

本篇寫小石城山的天然奇景和作者因目睹奇景而生的感慨。文章分兩部分展開。前一部分寫小石城山的方位和它的自然形貌，突出的是它作爲天然石城的特徵，和它「類智者所施設」的種種物象。後一部分爲議論文字，而議論，處處不離小石城山。他相信造物主的存在，是因爲見到了小石城山的奇異景象，不相信造物主的存在，則是因爲它不把小石城山設於中州，「而列是夷狄，更千百年不得一售其伎」。至於一說留此石以娛賢，一說此地靈氣不鍾於人而鍾於石，更是爲了解釋小石城何以在此的原因。並借此抒發他的鬱勃愁思，憤慨情緒。誠如茅坤所說，本文是作者「借石之玫瑰，以吐胸中之氣」。（《山曉閣選唐大家柳柳州全集》評語）。通觀「永州八記」所寫的奇山勝水，都有這種寓意在內。相比之下，本文表現得更明顯一些而已。作爲「八記」的最後一篇，作者在本文中的議論，實際上是對前七篇游記起著點醒題旨的作用。

【注釋】

㈠ 本篇爲「永州八記」中的第八篇，寫作時間與上篇同。因山全石無土，又與城相似，故名。《大清一統志》卷二八二永州府：「石城山在零陵縣西。此山與石城相似而差小，故名。」

㈡ **自西山道口徑北** 言從西山下的岔路口一直向北。西山，卽上〈始得西山宴遊記〉之西山。徑。直徑北，直向北行。

㈢ **踰黃茅嶺** 踰，翻越。黃茅嶺，永州山名，見前〈始得西山宴遊記〉注㈠引《大清一統志》。

㈣ **無所得** 指未發現佳境。

㈤ **少北而東** 指稍偏北向東。

㈥ **垠** 音一ㄣˊ，邊界。

㈦ **其上爲睥睨梁欐之形** 謂上面的積石，呈現出城垛和屋房棟梁的形狀。睥睨，ㄅㄧˋ ㄋㄧˋ，城牆上的短牆。梁欐，房屋的樑棟。欐，音ㄌㄧˇ。

(八) **其旁二句** 謂石城旁邊有個突出的堡壘，其中有個像門似的洞。堡塢，城堡。

(九) **正黑** 漆黑。

(一〇) **洞然** 投石入水之聲。

(一一) **激越** 音響高亢淸遠。

(一二) **環** 盤旋。

(一三) **嘉樹美箭** 即美好的樹木和箭竹。

(一四) **益奇而堅** 指長在山石上的竹樹，更加奇特而堅實。

(一五) **其疏二句** 謂石頭的分布有疏有密，形狀有倒臥有直立，好像一個有智慧的人安排布置好的。疏，疏散。數，密集。偃，臥倒。仰，抬頭。沈德潛云：「四字盡山水之妙。」（《唐宋八家文讀本》）

(一六) **造物者** 創造萬物的神。

(一七) **及是** 到此地。

(一八) **爲之** 設置它（指小石城山）。

(一九) **更千百年不得一售其伎** 謂它經歷千百年得不到人們欣賞的機會。更，經歷。售，賣，出手。伎，通技，技巧，才能，此指美景。茅坤云：「暗影自家。」

(二〇) **是固勞而無用** 謂這眞是勞而無功。

(二一) **神者儻不宜如是** 是說造物者不應當這樣作。儻，或者。宜，應該。如是，如此，這樣做。

㊂ **或曰以慰夫賢而辱於此者**　是說有人認爲造物者是以此來安慰被貶謫來永州的賢人的。以，用來。

㊃ **氣之靈不爲偉人而獨爲是物**　是說此地的靈秀之氣，沒有產生偉人，卻偏偏成爲珍貴的美景。靈，指天地之靈氣。爲，造作。獨，僅。是物，此物，指石城。

㊄ **楚之南**　楚地南部，指永州

㊅ **未信之**　謂這兩種說法我都不相信。

【賞　析】

〈小石城山記〉是「永州八記」最末一篇，清代散文家儲欣認爲它有「總束永州諸山水記」的作用，是不無道理的。

文章開頭先敍述去小石城山的途徑：「自西山道口徑北，踰黃茅嶺而下，有二道：其一西出，尋之無所得；其一少北而東，不過四十丈，土斷而川分，有積石橫當其垠。」這幾句，作者以遊覽者的口吻，寫出自己發現小石城山的經過。他從西山道口一直向北，越過黃茅嶺往下走，眼前展現著兩條道路。其中一條往西延伸，沿路尋去，沒有什麼發現，然後向另一條路走去。這條路稍稍偏北又轉向東，走了不過四十丈，便發現一座斷裂的土山，河流從此分爲兩支，石堆擋住了山路的盡頭。這就是作者要記敍的小石城山了。

文章接著描繪小石城山：「其上爲睥睨梁欐之形，其旁出堡塢，有若門焉。窺之正黑，投以小石，洞然有水聲，其響之激越，良久乃已。」作者筆下的小石城山，儼然像一座古城堡的遺址：上面有墻垣和屋梁的形狀，旁邊聳立著城堡。從城堡的門洞裡窺探，黑呼呼的。投一塊石頭進去，隱約可以聽見清脆的水聲回蕩其中，好一陣子才停息下去。這山中的情景，眞叫人感到奇異莫測。緊接著，作者又略加點染，寫出了山上的景色：「環之可上，望甚遠，無土壤而生嘉樹美箭，益奇而堅，其疏數偃仰，類智者所施設也。」這幾句的大意是：環繞著可以攀登城堡的頂上，在那裡能夠望得很遠。堡頂沒有泥土，而長出的嘉樹美竹，卻是疏密相間，高低俯仰，錯落有致，寥寥數筆，把小石城山點綴得更爲奇特、壯麗，給人以神奇之感。

文章的前一部分主要寫景，景中有情，而後一部分則完全是借景抒情，發表議論了。作者目睹小石城山的雄奇景色，贊嘆它像智者設置出來的一樣。文章後一部分就從這裡生發，以自問自答的語氣，議論造物者的有無。這一部分可以分爲三層意思。第一層：是說我懷疑有沒有創造萬物的神明很久了，來到這裡看到上述奇景，越發感到神明確實是存在的。接著，筆鋒一轉，引出第二層：然而我又覺得奇怪，造物者爲什麼不把這樣美好的景色置於中原，而偏偏把它放在這個邊遠的地區，使它經歷千百年也沒有機會向遊賞者顯示一下自己的奇姿美態，這實在是勞而無功的事。造物者既不會這樣做，那末神明果眞是沒有的吧？這樣，作者又否定了造物者的存在。於是文章轉入第三層，試圖對於山川之美不在中原而在邊遠之地的現象作一番解釋：有人說：「這是用來安慰那些賢明而被貶到這裡的人的。」有人說：「這是天地的靈氣沒有造成偉大人物，而是造成自然景物，所以永州一帶人才少而奇石多。」對這兩種說法，我沒有相信它。文章就這樣嘎然收尾了，眞可以說是留不盡之意於言外，讓讀者去體會。

縱觀文章的後一部分，「醉翁之意不在酒」，他以秀麗的風景不在中原而在邊荒，來隱喩賢能之士不爲朝廷所用而被逐到邊地的情況，借以抒發自己橫遭貶謫，壯志難酬的悲憤。作者在這裡使用的是「言在此而義歸彼」的曲筆，表面上是講山水景物，實際上是在訴說人事的不平。這一段議論，可以看作是「永州八記」的一個小結。

柳宗元的遊記散文，文筆清新秀美，語言簡潔生動。他總是以簡短凝煉的清詞麗句，準確而生動地寫出自然景物的千姿百態；抒情議論，含蓄雋永，做到言有盡而意無窮。本文描寫小石城山的奇景美致，只用數行簡煉的文字加以勾畫，那像城堡一樣的山丘，那幽深奇妙的洞門，那疏密相間、俯仰有致的嘉樹美竹，其形貌風神，無不宛然在目，清晰可見。後面的一段議論，忽而肯定，忽而否定，文筆運轉十分自如。兩個「或曰」錯落有致，隨筆生發，結尾自然，且作者胸中的滿腔憤懣，以爐火純青的議論出之，其駕馭語言文字的功力，實非一般人可以企及。

(一〇) 柳州山水近治可遊者記(一)

首段為一篇總敘，全文以柳州為點，以潯水為經，以山水為緯，錯綜成文。

次段記柳州北面之山水可遊者。

三段記柳州南面之山水可遊者。

四段記柳州西面之山水可遊者。全文依北、東、南、西之順序，描繪柳州近治之名山勝水，脈絡分明，如視諸掌。

古之州治，在潯水(二)南山石間。今徙(三)在水北，直平四十里(四)，南北東西皆水匯(五)。

北有雙山(六)，夾道嶄然(七)，曰背石山。有支川(八)，東流入于潯水。潯水因是北而東(九)，盡(一〇)大壁下。其壁曰龍壁(一一)。其下多秀石，可硯。

南絕(一二)水，有山無麓(一三)，廣百尋，高五丈，下上若一(一四)，曰甑(一五)山。山之南，皆大山，多奇。又南且西，曰駕鶴山，壯聳環立，古州治負焉(一六)。有泉在坎(一七)下，恒盈而不流。南有山，正方而崇，類屏者，曰屏山(一八)。

其西曰四姥山(一九)。皆獨立不倚(二〇)。北沉潯水瀨下(二一)。又西曰仙弈之山(二二)。山之西可上。其上有穴，穴有屏，有室，有宇(二三)。其宇下有流石(二四)成形，如肺肝，如茄房(二五)，或積于下，如人，如禽，如器物，甚衆。東西九十尺，南北少半(二六)。東登入小穴，常有四尺(二七)，則廓然甚大，無竅(二八)，正黑，燭(二九)之，高僅見其宇，皆流石怪狀。由屏南室中入小穴，倍常而上(三〇)，始黑，已而大明(三一)，為上室。由上室而上，有穴，北出之，乃臨大野(三二)，飛鳥皆視其背(三三)。其始登者，得石枰(三四)

於上，黑肌而赤脈㉟，十有八道，可弈，故以云㊱。其山多檉，多櫧㊲，多篔簹之竹㊳，多橐吾㊴。其鳥多秭歸㊵。石魚之山，全石，無大草木，山小而高，其形如立魚㊶，尤㊷多秭歸。西有穴，類仙弈。入其穴，東出，其西北靈泉在東趾下㊸，有麓環之。泉大類轂雷鳴㊹，西奔㊺二十尺，有洄㊻，在石澗，因伏㊼無所見。多綠青㊽之魚，多石鯽，多鯈㊾。雷山，兩崖皆東面㊿，雷水出焉。蓄崖中曰雷塘，能出雲氣，作雷雨，變見有光(51)。禱用俎魚(52)、豆彘(53)、脩形(54)、糈稌(55)、陰酒(56)，虔則應(57)。在立魚南，其間多美山，無名而深(58)。峨山在(59)野中，無麓，峨水出焉(60)，東流入于潯水。

【解題】

作者被貶永州十年，直到唐憲宗元和十年（八一五）正月才被召回京師，但旋又被任命爲柳州刺史，此次官職雖升，而任所卻更爲僻遠。所幸柳州山水之美不亞於永州。他到任後，仍經常借遊山玩水來解悶消愁。在他踏遍柳州的奇山異水之後，才得以寫下這篇綜合性的遊記文字。

本文內容以柳州爲軸心，按北、東、南、西的順序，描繪柳州周圍值得一遊的山水景物。粗讀之時，覺得文章片斷零碎，其實全文皆被一條線聯綴，形成一幅以潯水始，也以潯水終的環狀畫卷，總見作者藝術構思的匠心。

如同其他遊記作品一樣，本文在客觀冷靜地記敍自然景物的背後，於字裡行間透露出的那種冷雋深幽，寂寞寥廓的悽清氣氛，可以體察柳宗元因貶謫邊地，而產生的滿腔悲憤和孤寂的情緒。

【注釋】

㈠ **柳州山水近治可遊者** 元和十年（八一五）正月，召宗元入京師，同年三月，出爲柳州刺史。此文作於柳州。近，靠近。治，州治，州衙門所在地。柳州山水近治可游者，指柳州城可遊覽的名山勝水。

㈡ **潯水** 亦稱柳江，由柳州城西繞城南、東而過。《元和郡縣圖志》卷三十七，嶺南道柳州：「貞觀八年改爲柳州，因柳江爲名。」《輿地紀勝》卷一百十二柳州：「柳水，一名潯水。」

㈢ **徙** 遷移。

㈣ **直平** 平坦。

㈤ **水匯** 廻合。

㈥ **雙山** 兩山對峙。

㈦ **嶄然** 卽巉然，山勢高峻貌。

㈧ **支川** 水的支流。

㈨ **潯水因是北而東** 謂潯水由此向北偏東流。

㈩ **盡** 止。

(一一) **龍壁**　《明一統志》卷八十三柳州府：「龍壁山在府城東北一十五里，中有石壁峭立，下臨灘瀨。」

(一二) **絶**　橫渡。

(一三) **無麓**　麓，山腳。無麓，山陡峭無緩坡。

(一四) **下上若一**　謂山的上下陡直無變化。

(一五) **甑**　古代蒸飯用的一種瓦器。

(一六) **古州治負焉**　謂山在州城後，城倚山而建。回應本文首二句。負，背。

(一七) **坎**　岩低陷之處。《易・說卦》：「坎，陷也。」

(一八) **類屏者曰屏山**　謂好像屏風名叫屏山。《明一統志》卷八十三：「屏山，在府城南二里。」

(一九) **四姥山**　《明一統志》卷八十三柳州府：「四姥山，在府西城五里，其山四面對峙，因名。」

(二〇) **不倚**　不靠，不相連。

(二一) **北沉潯水瀨下**　言潯水向北的這一段在沙石淺灘上湍急地流過。瀨，從沙石灘上流過之水。

(二二) **仙弈之山**　《大清一統志》卷三五七：「仙弈山在馬平縣西南，亦名仙人山。」

(二三) **宇**　屋檐，此指石穴上，外突部分像屋檐。

(二四) **流石**　鐘乳石，亦名石鐘乳。

(二五) **茄房**　蓮蓬。

(二六) **少半**　小於一半。

(二七) **常有四尺**　常，古度量單位。《國語・周語》下：「其察色也，不過墨丈尋常之間。」注：「五尺爲墨，倍墨爲丈；八尺爲尋，倍尋爲常。」常，卽十六尺。有，通又，舊時計數於整數和零數之間加「有」字。有四尺，卽又四尺。

(二八) **竅** 孔，洞，指透日光之孔洞。

(二九) **燭** 用蠟燭照亮。

(三〇) **倍常而上** 謂三丈二尺的上面。

(三一) **已而大明** 謂向上走不久，很亮。已而，不久。大明，很亮。

(三二) **北出之乃臨大野** 謂由北面出洞穴，俯視廣大平原。臨，面對。野，原野。

(三三) **飛鳥皆視其背** 謂鳥都在視線以下飛，極言山高。視其背，看到鳥的脊背。

(三四) **枰** 棋盤。

(三五) **黑肌而赤脈** 言黑色盤面，紅色線條。

(三六) **故以云** 所以叫仙弈山。

(三七) **多樫多櫧** 樫，木名，又名觀音柳、西河柳、紅柳、三春柳，落葉小喬木，可供觀賞，枝葉能入藥。櫧，常綠喬木，木質堅硬，結實如橡子，可食。

(三八) **篔簹** 一種大竹名，皮薄，節長而竿高。

(三九) **橐吾** 草名，常綠多年生，菊科草本植物。一名獸須。

(四〇) **其鳥多秭歸** 謂山中多秭歸鳥。秭歸，杜鵑的別名，或作子規。

(四一) **立魚** 山名，山形如直立的魚。

㊷ **尤** 原作「在」，據《全唐文》改。

㊸ **東趾下** 指東邊的山腳下。

㊹ **泉大類轂雷鳴** 謂泉眼大如車轂，聲音如同雷鳴。轂，車輪中間車軸貫入處的圓木，安裝在車輪兩側軸上。

㊺ **奔** 奔流。

㊻ **洄** 水回旋而流。

㊼ **伏** 隱藏。

㊽ **綠靑** 指魚的顏色。

㊾ **鯈** 一種小魚，亦稱白鯈魚，又名白鰷，長尺餘，形狹長，背淡黑微靑，腹白鱗細，好羣游水面。

㊿ **雷山兩崖皆東面** 言雷山上兩座崖壁都面向東方。雷山，《大清一統志》卷三五七：「雷山在馬平縣南十里。」面，原作「西」。姚姬傳云：「疑西字當作面」，吳摯甫云：「姚說是。」今據改。（見章士釗《柳文指要》引）

(51) **變見有光** 指在雷雨變化時，有白光閃耀。

(52) **禱用俎魚** 禱，祈神求福。俎，放置祭品的禮器，木製，似案。

(53) **豆彘** 豆，古禮器，木製，形如高腳盤。彘，豬。豆彘，豆中盛豬肉。以下食物皆豆中所盛。

(54) **脩形** 脩，乾肉。形，「鉶」的假借字。盛茶和羹的瓦器。

(55) **糈稌** 祭神用的精米。音ㄒㄩˇ ㄊㄨˊ。

(三六) **陰酒**　麴酒。章士釗云：「陰酒，水酒。」

(三七) **虔則應**　指如心地虔誠，就會應驗。虔，恭敬、虔誠。

(三八) **深**　幽深。

(三九) **峨山**　當作「鵝山」，在馬平縣西三里。

(四〇) **峨水出焉**　言峨水即發源於此。峨水，即鵝水。《輿地紀勝》：「廣南西路柳州……鵝山在馬平縣西十里，山顛有石，狀如鵝，故名。鵝水出焉。」

【賞析】

柳宗元外放爲柳州刺史後，仍時藉遊山玩水以消悶解憂。柳州附近之名山秀水，幾被其遊賞殆遍，秀麗可餐之景色，深深烙印其腦海中，然後才得以寫出此篇記遊名作。孫琮云：「一篇無起無收，無照無應，逐段寫去，彷佛昌黎畫記。」近人章士釗亦云：「山水諸記，惟此篇門面較廣，篇幅亦長，敍述皆依據故籍，彌覺典重，與永州山水諸記之短峭跳脫，足移人性情者不同。」

如同柳氏他篇遊記作品一樣，本文非僅冷靜記述自然景觀，而不加任何議論。實際上，讀者只要細審字裡行間時時透露之冷雋深幽，寂寞寥廓之悽清氣象，即可體察柳氏因貶居蠻荒而產生之滿腔孤憤，與百無聊賴之情緒也。

全文可分四段：第一段總敍。第二段「北有雙山」以下，記北面之山水。第三段「南絕水」以下，記南面之山水。第四段「其西曰四姥山」以下一大段，皆記西面之山水。脈絡分明，互不相混。

比擬是才華之標誌，亦是使被描寫之事物鮮明生動有力之藝術手段。富有智慧、想像力之柳氏，在本文中即善於運用比喻與擬人化之手法，增強其描繪自然景觀之程度。如寫仙奕山之鐘乳石，云：「其宇下有流石成形，如肺肝，如茄房，或積于下，如人，如禽、如器物，甚衆。」指石簷下有熔巖流出凝結而成各種形狀，或像肺肝，或像蓮蓬，有的更堆積於地面，如人形、禽獸、器物者極多。都是用一系列之比喻，形容鐘乳石之千姿百態，奇形怪狀，其比擬之眞切生動，使人宛然可見。

柳氏記柳州近治山水之可遊者，能以巧奪天工，窮微入妙之筆觸，描繪得引人入勝，與怪石特出之情態，這是柳氏山水遊記藝術上之突出成就，很值得我們今天汲取、借鑑。

四、寓言文選讀

寓言是柳宗元散文中最富有創造性的作品，也是柳宗元對我國古代文學作出最大貢獻的一種文學形式。

寓言是一種含有勸戒和諷喻的故事。有諷喻寄託，而無故事情節的作品，不是寓言；有故事情節，而無諷喻寄託的作品也不能算寓言。有諷喻寄託和有故事情節是寓言的兩個緊密相連，不可或缺的條件。此外，有的作品雖有寓意和故事，但故事只作爲引子和次要部分。其主要篇幅是故事之後的長篇議論，那也不應看作寓言，而是雜文、議論文或別的文體。事實上柳宗元所作寓言數目不是很多，約有十多篇。如果僅指以散文形式創作的寓言，則數目還要更少。不過，柳宗元寓言的量雖不多，但思想和藝術水準，卻達到較高的境界，影響較大。是我國古代文學，特別是古代寓言遺產中的瑰寶。

我國寓言，遠在先秦時期就出現了。先秦寓言數量繁富，是古代寓言創作的第一個高峰。當時寓言是爲了適應百家爭鳴、講學論道和征伐兼幷、遊說陳情的時代條件下產生的，所以在諸子散文如《孟子》、《列子》、《莊子》、《韓非子》、《呂氏春秋》，和歷史散文《戰國策》等書中，保留的寓言就特別多：如「揠苗助長」、「五十步笑百步」、「杞人憂天」、「愚公移山」、「庖丁解牛」、「望洋興嘆」、「鄭人買履」、「守株待兎」、「刻舟求劍」、「狐假虎威」、「鷸蚌相爭」等等，都是膾炙人口、歷久彌新的著名寓言故事。這些寓言，篇幅短小，情節生動，寓意深刻，有著鮮明的特色。

柳宗元的寓言作品，是在借鑑我國先秦以來的寓言，和從印度傳來佛經的寓言基礎上，受了現實社會生活的觸發，和對自然現象的觀照，在自己創作思想指導下進行的智慧結晶。它比之我國以前的寓言有超越性的進步，並賦予自己獨有的特色。柳宗元有意創作寓言，使之完整成篇，不僅富有文學色彩，同時更富有社會政治性，成爲有力的思想武器。他爲我國寓言的進一步發展，作出了重要貢獻。

柳宗元是位觀察敏銳，具有高度慧悟的思想家和文學家，他的寓言散文立意深刻，寄喻雋永，耐人尋味。所包含的道理往往符合事物的內在客觀規律，有著普遍和永久的意義，表現出豐富的哲理性。如〈三戒〉是柳宗元寓言散文中的代表作，由三篇寓言組成，即〈臨江之麋〉、〈黔之驢〉、〈永某氏之鼠〉，它們既有一個共同的主題相貫串，而又各有側重，獨立成篇。正文之前還有一個小序，說明作者的創作意圖。由此可知，他創作寓言是試圖寄寓一些道理，進行具體的勸戒。

柳宗元的寓言比之先秦寓言，雖然篇幅較長，故事更爲完整複雜，但他仍然繼承並發展了先秦寓言「語約而辭盡」的傳統，敍寫緊湊集中，語言簡約精練。如〈蝜蝂傳〉、〈羆說〉等，故事委婉，寓意深刻，而每篇均只有百餘字或二百來字。由於作者精確地用了富於動態的字眼，所以把事物描繪得維妙維肖，刻骨傳神。至於其篇末又附帶了畫龍點睛的議論，更是高度濃縮精鑄而成的警句格言。

柳宗元寓言散文的語言，還有著冷峭犀利的特色。他文中許多筆墨，看似平淡，實際語含嘲諷，一針見血。如〈臨江之麋〉、〈蝜蝂傳〉，雖然是淡淡幾筆，客觀敍寫，但猶如一幅精巧的漫畫，把至死不悟的臨江之麋，和貪婪無厭的小爬蟲形象，以藏鋒不露的文字，寫得含蓄深沉，活現紙上，顯示了他語言冷雋、鋒利逼人的力量。

鄭振鐸在〈寓言的復興〉一文中指出：「中國的寓言，自周秦諸子之後，作者絕少。……韓愈、柳宗元諸作家，似亦頗有意於寓言，柳宗元尤爲努力。他所作的〈永氏鼠〉、〈黔之驢〉一類的作品，也還有趣。在中古時代能見這種作品，猶如在北地見幾株翠柳綠竹臨風搖擺，至可珍異。」他肯定了柳宗元寓言的彌足珍貴，但是柳宗元的寓言不只是體現了「寓言的復興」，而且開闢了我國寓言發展的里程碑，對後來的寓言創作產生了重大影響。諸如他的有意爲之，獨立成篇，較多的動物故事和動物形象，以及擬人化的手法，跌宕起伏的布局，精警生動的敍寫，強烈的主觀感情色彩，與卒章顯志的結尾，哲理性、諷刺性和現實性的和諧結合等等，這些特色，爲後來不少寓言作者拓展了思維的空間。

㈠ 三 戒㈠

文章開篇是個小序，作者出手先說明本文的主題思想，寫作動機。

吾恆惡世之人，不知推己之本㈡，而乘物以逞㈢，或依勢以干非其類，出技以怒強，竊時以肆暴㈣，然卒迨於禍㈤。有客談麋、驢、鼠三物，似其事㈥，作〈三戒〉㈦。

臨江之麋㈧

首段寫麋初來時依仗主人之勢，狗不敢輕舉妄動。

次段寫麋長大後恃勢傲慢，而狗畏權勢，與麋「友好」是出於被迫。

三段寫麋失勢後，終於被外狗吃掉的可悲下場。

臨江之人，畋得麋麑㈨，畜之(一〇)。入門，羣犬垂涎，揚尾皆來(一一)。其人怒，怛(一二)之。自是日抱就犬，習示之，使勿動，稍使與之戲(一三)。積久，犬皆如人意(一四)。麋麑稍大，忘己之麋也，以爲犬良我友(一五)。抵觸偃仆，益狎(一六)。犬畏主人，與之俯仰甚善(一七)，然時啖其舌(一八)。三年，麋出門，見外犬在道甚衆，走欲與爲戲(一九)。外犬見而喜且怒，共殺食之(二〇)，狼藉道上(二一)。麋至死不悟(二二)。

黔之驢(二三)

首段寫黔驢的來歷，及其在虎眼中

黔無驢，有好事者船載以入(二四)。至則無可用，放之山下(二五)。虎見之，尨然大物也，以爲神(二六)。蔽林間窺之(二七)，稍(二八)出近之，慭慭然莫相知(二九)。

的印象。次段詳言黔驢技窮至死的過程。

他日，驢一鳴，虎大駭，遠遁㉚，以為且噬己也㉛，甚恐。然往來視之，覺無異能者㉜。益習其聲㉝，又近出㉞前後，終不敢搏㉟。稍近，益狎㊱，蕩倚衝冒㊲，驢不勝怒㊳，蹄之。虎因㊴喜，計㊵之曰：「技止此耳！」因跳踉大㘎㊶，斷其喉，盡其肉，乃去。

文末發表議論，點明主題。

噫！形之龐也類有德，聲之宏也類有能㊷。向㊸不出其技，虎雖猛，疑畏㊹，卒不敢取。今若是㊺焉，悲夫！

永某氏之鼠

首段言鼠乘某氏迷信之機，肆意橫行。

永有某氏者，畏日㊻，拘忌異甚㊼。以為己生歲直子，鼠，子神也㊽。因愛鼠，不畜㊾貓犬，禁僮勿擊鼠㊿。倉廩庖廚，悉以恣鼠不問(51)。

次段言鼠由於某氏之縱容，以致猖狂為害，釀成災禍。

由是鼠相告，皆來某氏，飽食而無禍。某氏室無完器，椸無完衣(52)，飲食大率(53)鼠之餘也。晝累累(54)與人兼行，夜則竊齧鬬暴(55)，其聲萬狀，不可以寢(56)。終不厭(57)。

三段言鼠不識時勢已改，仍怙惡不悛，終於被新主人捕殺淨盡。文末揭示寫作主題，照應前文「飽食而無禍」。

數歲，某氏徙居他州(58)。後人來居，鼠為態如故(59)。其人曰：「是陰類惡物也(60)，盜暴尤甚，且何以至是(61)乎哉！」假(62)五六貓，闔門撤瓦灌穴(63)，購僮羅捕之(64)。殺鼠如丘，棄之隱處，臭數月乃已。

嗚呼！彼以其飽食無禍為可恆也哉(65)！

【解　題】

為了生動闡述道理或巧妙地進行論辯，先秦諸子和一些歷史人物創造了許多精彩的寓言。但當時先秦諸子和一些歷史人物，只是把寓言作爲說理、論辯的一種手段，因而他們的寓言，大都穿插在說理或論辯的文字之中。眞正花很大力氣寫作寓言，使寓言成爲獨立的文學樣式者當推柳宗元。他一共寫過十一篇以動物爲題材的寓言，〈三戒〉便是他的代表作之一。

〈三戒〉寫三件值得警戒的事，其中〈臨江之麋〉寫一頭小鹿的遭遇。它在家中因有主人的保護，家狗不敢惹它，反而與之俯仰善處，使得它竟然忘了自己是一頭鹿。及至出門，欲與道中野狗爲戲，結果被野狗吃掉了。而麋卻至死不悟。這則寓言諷刺的是那些狐假虎威、恃寵而驕的人物。〈永某氏之鼠〉在立意和情節安排上與〈臨江之麋〉大同小異。在寫老鼠利用主人禁忌捕鼠的機會，群聚爲惡，無所忌憚，後來房子的新主人一來，就把它們一掃而光。說明壞人恃寵，固可以得意於一時，但終於難免大禍臨頭。〈黔之驢〉寫「龐然大物」的驢，被老虎吃掉的故事。說明一個人要有自知之明，如果本無多大能耐，偏要耀武揚威，必定失敗。

三則寓言均可以獨立成篇，可是合起來時，也可表現一個共同的主題，那就是不知推己之本，或量力而爲的人，總會落到可悲的下場。作品中的麋、驢、鼠，都是作者根據生活體驗創造出來的藝術形象，有很強的典型意義。這對後來的蘇軾很有啓發，使他寫了〈二魚說〉。

三則寓言，皆篇幅簡短，形象生動，在細節描寫中，誇張渲染而不違背生活眞實，藝術成就很高。

【注釋】

(一) **三戒** 戒，古代文體，記載警告言辭以爲法戒。明・徐師曾《文體明辨序說》云：「按字書云：『戒者，警敕之辭，字本作誡。』《淮南子》載〈堯戒〉曰：『戰戰慄慄，日謹一日，人莫蹪於山，而蹪於垤。』至漢杜篤遂作〈女戒〉，而後世因之，惜其文弗傳。其詞或用散文，或用韻語，故分爲二體云。」宗元又有〈敵戒〉爲韻文，此文則爲散體。三戒者，三件足以警戒之事。這是三篇警世的小品，居永州時作。

(二) **吾恆惡世之人不知推己之本** 謂我始終憎惡社會上某些人，不懂得考察自己的實際能力。恆，常。推，推究，考察。本，根本，指本身的實際能力。

(三) **而乘物以逞** 謂卻憑借外界力量而爲所欲爲。乘，借。物，指客觀事物或形勢。逞，恣意逞能。

(四) **或依勢三句** 指有的依仗權勢，硬要和不是自己的同類要好，有的使出自己一身本領，去激怒強敵，有的利用時機，任意行兇作惡。分別指文中的「臨江之麋」、「黔之驢」和「永某氏之鼠」。干，干犯，接觸。非其類，不與己同類。出技，顯示技能。怒強，使強者發怒。竊時，利用時機。

(五) **卒迨於禍** 卒，最終。迨，及，至。迨于禍，遭受災禍。

(六) **似其事** 與這些事相類似。

(八) **臨江之麋** 臨江，唐代縣名，屬江南東道吉州，即今江西清江縣。麋，鹿的一種，形稍大於鹿。

(九) **畋得麋麑** 畋，打獵。麋麑，鹿子，幼鹿。

⑩ **畜之** 指不殺死而活著帶回。

⑪ **羣犬垂涎揚尾皆來** 此處描繪犬欲吃麋麑的情狀。

⑫ **怛** 驚懼，恐嚇。

⑬ **自是四句** 寫主人馴犬，使犬不咬麋。自是，從此。就，靠近。習，常，屢次。示之，指示犬。稍，漸漸。

⑭ **如人意** 順從主人意願。

⑮ **犬良我友** 以爲犬眞是自己的好友。良，信，眞。

⑯ **抵觸二句** 此寫麋對犬的嬉戲親密狀態。抵觸，頭與頭相抵。偃，仰倒。仆，前覆。益狎，越來越親暱。

⑰ **俯仰甚善** 指犬爲迎合主人，就順著麋的性子，和牠在一起玩得很好。

⑱ **啖其舌** 指犬時常舔著舌頭，想吃麋。啖，吃，音ㄉㄢˋ，這裏作舔解。

⑲ **走欲與爲戲** 謂麋跑過去想與羣犬戲耍。

⑳ **殺食之** 咬死並吃掉了牠。

㉑ **狼藉道上** 指麋被吃後，尸骨散亂滿地。

㉒ **悟** 明白。

㉓ **黔** 唐代州名，治所在四川彭水縣，今爲貴州省的簡稱。

㉔ **黔無驢有好事者船載以入** 言黔地本不產驢，有個喜歡多事的人，用船載進了一頭。

㉕ **放之山下** 此爲「放之於山下」的省略。意思是說驢子運到後，沒甚麼用處，就把牠放在山下。

㉖ **虎見三句** 言虎見驢子體形高大，以爲是神物。尨然，「尨」通「龐」。高大貌。

㉗ **蔽** 隱藏。

㉘ **稍** 漸漸。

㉙ **慭慭然莫相知** 謂虎小心謹慎，對驢還是一無所知。慭慭然，謹慎之意。知，了解。慭，音ㄧㄣˋ。

㉚ **遁** 逃。

㉛ **且噬己也** 且，將，要。噬，咬。

㉜ **異能** 特殊本領。

㉝ **益習其聲** 謂越來越習慣驢的叫聲。

㉞ **近出** 指靠近活動。

㉟ **搏** 撲鬪，擊。

㊱ **狎** 親近而態度不莊重。

㊲ **蕩倚衝冒** 寫老虎對驢子故意的去碰撞、挨擠、衝擊、冒犯牠。蕩倚，推擠偎依。衝冒，衝撞冒犯。

㊳ **不勝怒** 言驢子怒不可遏。不勝，受不住。

㊴ **因**： 因此。

㊵ **計** 盤算。

㊶ **因跳踉大㘎** 指於是老虎便跳躍吼叫。跳踉（音ㄌㄤˊ），跳躍。大㘎，大聲怒吼，㘎，同「闞」，音

厂ㄢˇ，虎聲。

(四二) **形之二句**　謂驢的形體高大，好像很有德行；聲音宏亮，好像很有本領。

(四三) **向**　假使開始時。

(四四) **疑畏**　疑其有德有能而畏懼。

(四五) **若是**　落得這般下場。

(四六) **畏日**　舊時迷信，對日辰有忌畏而不敢有所舉動。

(四七) **拘忌異甚**　謂拘守禁忌特別厲害。

(四八) **以爲己生歲直子鼠子神也**　認爲自己生於子年，鼠是子神。直，通「值」，正當。子，古以十二種動物配合十二地支，組成十二生肖，卽子、鼠、丑、牛……。子年卽鼠年。

(四九) **畜**　養。

(五〇) **僮**　未成年的僕役。

(五一) **倉廩庖廚悉以恣鼠不問**　謂倉庫和廚房，全任老鼠糟蹋而不過問。倉，穀倉。廩，米倉。倉廩，泛指倉庫。恣，放縱。

(五二) **某氏室無完器椸無完衣**　謂傢俱和衣服全被老鼠咬壞。完，完好的。椸，衣架。

(五三) **大率**　大都。

(五四) **累累**　連續不絕。

(五五) **竊齧鬬暴**　謂偷咬東西，互相爭鬥。竊齧，盜咬。鬥暴，搏鬬暴亂。

㊱ **寢**　睡覺。

㊲ **終不厭**　謂始終不討厭。

㊳ **他**　別的。

㊴ **爲態如故**　指老鼠活動和從前一樣。

㊵ **陰類**　穴居而避人之物。

㊶ **何以至是**　爲何猖獗到這種程度。

㊷ **假**　借。

㊸ **闔門撤瓦灌穴**　是說關上大門拿開屋裏的盆盆罐罐，用水灌鼠洞。闔，關。撤，搬。瓦，指各類陶製器皿。穴，鼠洞。

㊹ **購僮羅捕之**　謂出錢僱人，來四處圍捕老鼠。羅捕，四面包圍捕捉。

㊺ **彼以其飽食無禍爲可恆也哉**　是說那些老鼠還以爲牠們吃得飽而沒有災禍的日子，是可以長久的呢！

【賞　析】

柳宗元不僅是山水遊記的大家，而且更是諷刺小品的高手。他寫的雜文，短小精警、形象生動，寓意深遠，像一把鋒利的匕首。他在永州寫下的寓言式雜文〈三戒〉，就是借麋鹿、驢子和老鼠，抨擊那些恃寵而驕，外強中乾，逞意肆志者的傑作。指出他們雖然一時得意，最終總是逃脫不了滅亡的命運，直指現實中那些腐朽官僚及其爪牙，具有濃厚的現實特色，對後人也有強大的警誡作用。

〈三戒幷序〉由〈序〉及〈臨江之麋〉、〈黔之驢〉、〈永某氏之鼠〉四部分組成，全篇以〈序〉爲綱，以「戒」爲目，總分有致，聯繫緊密；又能各自獨立成篇，敍述一個完整的故事，表達一個深刻的寓意。這樣，使合與分，整體與部分在全文中達到完美的統一。

〈序〉是全文的總綱，明確交待了作者寫作〈三戒〉的緣起。一開篇，作者便提綱挈領地表明自己的態度，提出鞭撻的對象：我常常厭惡世上的人，不知審察自身的實際本領，卻仗著有所憑借而逞意肆志。然後分述他所厭惡的三種人及其結局：一種人依仗他人勢力冒犯別人；一種人炫耀自己本領激怒強者；一種人偸偸看準時機肆意妄爲。但無論是哪種人，他們最終都逃脫不了滅亡之禍。這裡由總而分，再由分而合，有著內在的邏輯聯繫，點明作者思想傾向，而這正是促使作者寫作本文的主觀因素。〈序〉最後說：「有客談麋、驢、鼠三物，似其事，作三戒」，是觸發作者寫作本文的客觀因素，作者以此引領全篇，不著痕跡地過渡到三則寓言。不過這三則寓言，在藝術表現上，有許多顯著的特色：

一，是諷刺深刻。三則寓言都寄寓了深刻的寓意，鋒芒所向，直指當權者中那些依仗權勢，玩弄陰謀，逞凶一時的醜惡小人。但是各篇又以〈序〉爲本，並各從一個側面揭示寓意，這樣既避免重複，又相互補充，相得益彰，從而更加強了全篇的諷刺力量。〈臨江之麋〉敍述的是一個臨江人在田獵時捕獲一隻幼麋，於是畜養家中，不讓家犬欺侮，並逐漸使它與狗親近，共同遊戲。幼麋長大後，確信狗是它的好友，便依仗主人的庇護，得意忘形，更加與狗親近廝混。不料三年後卻在路上被野狗分屍。麋到死也沒能省悟，它所以能生存三載不被家犬所食，並不是靠了它自身的力量，而是仗著主人的寵愛。作者借此告訴人們：麋的悲劇不在於它的弱小和糊塗，而在於它的不自量力，恃寵而驕，從而深刻諷刺了那些「依勢以干非其類」，因靠著別人的力量而得意一時，一旦脫離了這種力量，便逃脫不了滅亡命運。〈黔之驢〉則從另一個側面來揭示全文的主題。黔地無驢，一個喜歡多事的人，用船從外地運來一頭驢子，放在山下，虎初見，不知驢子為何物，見其形體龐大而畏懼，甚而驢子大叫一聲，都嚇得牠遠遠逃走了。正因為這一叫，暴露了驢子無能的眞面目，使虎更加大膽地戲弄牠，驢子大怒，又踢虎一腳，老虎喜出望外：原來只有這點本事。於是，毫不客氣的將牠咬死吃光。驢子的可悲處，不在於牠的老實和無能，而在於牠外強中乾，色厲內荏，明明沒有實際本領，卻要「出技以怒強」，憑著形體的龐大，顯示自己的才能，借勢嚇人，結果只能一命嗚呼！這裡借此諷刺了那些高官顯貴，滿腹稻草，卻要暴露自己的可憐相。作者的揭露眞可謂切中時弊，入木三分。〈永某氏之鼠〉是批判社會現實中那些貪殘暴虐的投機分子。他們像永州某人家的老鼠一樣，在主人姑息養奸時，肆無忌憚地占有一切可以占有的東西，以滿足自己的私欲，凶殘地摧毀一切有價值的物品，達到破壞社會的目的；而一旦江山改，主人易，對他們嚴懲不貸，也終究難逃敗亡的結局。這則寓言對那些「竊時以肆暴」、刻意鑽營，貪婪殘暴的傢伙，無疑是一記當頭棒喝！作者通過曲折的故事，將那些社會殘渣，歷史餘孽的醜惡嘴臉剖析開來，進行了尖銳而深刻的諷刺，以達到警誡他人的作用。在這三則寓言中，作者除了寓諷刺於故事之中，還以簡勁有力的議論，加強諷刺的力量。如：「麋至死不悟。」「噫，形之龐也類有德，聲之宏也類有能，向不出其技，虎雖猛，疑畏，卒不敢取；今若是焉，悲夫！」「嗚呼！彼以其飽食無禍為可恒也哉！」這些議論，皆文字精警，內涵豐富，感喟良深，諷刺辛辣，和故事情節珠聯璧合，大大增強了文章的感染力量和表達效果。

二、是形象生動。作者揭示深刻的道理，不是依據嚴密的邏輯推理，而是借助生動的形象塑造，這就使本篇不僅具有認識和教育作用，而且也有很高的審美價値。作者筆下的「形象」，主要是一羣大小不等的動物，大至麋、驢，小至老鼠，它們雖然只有本能沒有人性，但在作者的筆下，卻被賦予了某些人的特徵和思想感情，代表了各種不同類型的人，這就使它們有別於現實生活中的那些動物，而具有典型意義，並因此得以長存於文學形象的畫廊之中。〈臨江之麋〉中的麋鹿，作者緊緊抓住牠依賴主人而盲目得意的特性來刻劃。從它被捕獲畜養開始，作者就突出了它的依賴性。剛進門，便有「羣犬垂涎，揚尾皆來」的可怕情景，要不是主人「怒」而「怛之」，它早已命喪黃泉了；但它在與狗混熟後，不但不加提防，反而自鳴得意，盲目樂觀，「忘己之麋也，以爲犬良我友，抵觸偃仆，益狎」，顯得多麼可笑又可憐；尤其當它在「見外犬在道甚衆」的情形下，不僅不避而遠之，相反的卻「走欲與爲戲」，最終被外犬「共殺食之」，而它又「至死不悟」，則使人感到這是多麼可悲而又可嘆啊！〈黔之驢〉中的驢子，作者則將牠和老虎對比著寫，以虎的機智，襯托驢的愚蠢，以虎的勇敢，襯托驢的心虛，以虎的靈捷，襯托驢的拙劣。虎由懼怕變爲不怕，直至主動進攻；而驢卻由貌似強大變爲技窮，最終喪命。如果說驢的一踢，還有出於防守的意圖，那麼「一鳴」則完全是爲了賣弄。而虎正是從它的一鳴，一踢中，捕捉到其致命的弱點，無能的信息，最後，果敢地大顯虎威，結束了驢的性命。愚蠢、心虛、拙劣、賣弄，這就是黔驢的全部屬性。這些特徵通過與虎的對比、襯托，在文中表現得極爲生動。對〈永某氏之鼠〉中的老鼠，作者以大膽誇張的手法，來實現其可憎的面目。「室無完器，椸無完衣，飲食大率鼠之餘也」，極寫老鼠貪殘之甚；「晝累累與人兼行，夜則竊齧鬪暴，其聲萬狀」，極寫老鼠之放肆，「殺鼠如丘」、「臭數月乃已」，極寫老鼠數目之多。從這些誇張性的描寫中，將肆意妄爲的老鼠形象，表現得淋漓盡致，給人留下鮮明生動的印象。

總之，因爲作者借助這些生動的形象，來揭示深刻的寓意，讀者從作品中感知的，已不只是抽象的事理，而是具有豐富的形象意義；唯其有了這些豐富的藝術形象，作品的現實性、諷刺性、深刻性，才有了附麗，有了政論文所達不到的強大的藝術魅力。使其盛傳不衰，在文學史上享有崇高的聲譽。

(二) 蝜蝂傳㊀

首段寫蝜蝂的特性，喜負物爬高，至死乃已。

蝜蝂者，善㊁負小蟲也。行遇物，輒持取，卬㊂其首負之。背愈重，雖困劇不止㊃也。其背甚澀㊄，物積因不散。卒躓仆㊅不能起。人或憐之，爲去其負㊆。苟能行，又持取如故㊇。又好上高，極其力不已㊈，至墜地死。

次段寫官場貪鄙之人的行爲、下場；與蝜蝂一樣可悲。

今世之嗜取者㊉，遇貨不避，以厚其室(一一)，不知爲己累(一二)也，唯恐其不積(一三)。及其怠而躓(一四)也，黜棄之，遷徙之(一五)，亦以病矣(一六)。苟能起，又不艾(一七)。日思高其位，大其祿(一八)，而貪取滋甚(一九)，以近於危墜(二〇)，觀前之死亡(二一)不知戒。雖其形魁然大者也，其名人也，而智則小蟲也(二二)。亦足哀夫(二三)！

【解　題】

這篇寓言故事，從題目上看，似在替小蟲蝜蝂作傳，實際上卻是在爲社會上某些醜惡人物畫像。

蝜蝂貪物善負，又喜爬高，直至墜死方休。這一形象，足以令人厭惡，然而魁然大物的嗜取者——剝削階級，其貪婪不已的本質，又何嘗不是如此。這些人名利薰心，貪得無厭，最後也必定難逃悲慘的結局。在柳宗元的筆下，人與蟲何其相似乃爾。

柳宗元的寓言小品，大都寫動物故事，短小警策，意味雋永，含蓄犀利，富有諷刺文字的特色，有深刻的教育意義和作用。尤其作者善於捕捉事物特徵，扣緊中心議論，並以簡煉辛辣的語言，作細膩深入的描寫。韵味深長，耐人咀嚼。

【注釋】

㈠ **蝜蝂** 蟲名，黑色，體小。《爾雅・釋蟲》「傅，負版。」負版本義為背著國家的版圖。蓋此蟲習性，喜負物，類似負版之狀，故以名。又加「虫」旁，寫作「蝜蝂」。

㈡ **善** 喜歡。

㈢ **卬** 高抬，卽「昂」。

㈣ **困劇不止** 困，疲倦。劇，極。止，停止(指持取負物)。

㈤ **澀** 不光滑。

㈥ **躓仆** 跌倒，此指壓倒。

㈦ **去其負** 指去掉牠揹的東西。

㈧ **如故** 像從前一樣。

㈨ **極其力不已** 是說用盡氣力也不停止。極，盡。已，停止。

㈩ **今世之嗜取者** 指當今社會上，那些貪得無厭的人。

⑪ **遇貨不避以厚其室** 言見到財物就不放過，用來增加他的家產。

⑫ **為己累** 會成為自己的累贅。

㊂ **積** 聚集。

㊃ **及其怠而躓** 言等到他因精疲力盡而跌倒時。

㊄ **黜棄之遷徙之** 指被罷官免職，放逐到邊遠的地方。

㊅ **亦以病矣** 也是因貪財而受到禍害了。

㊆ **苟能起又不艾** 起，起用。艾，止。

㊇ **高其位大其祿** 使他的官位增高，俸祿加多。

㊈ **滋甚** 更加厲害。

⑳ **危墜** 危險墜落而摔死。

㉑ **死亡** 指犯罪而死的人。

㉒ **雖其三句** 謂雖然他們的形體魁偉高大，名義上叫做人，但他們的智力卻和小蟲一樣。

㉓ **亦足哀夫** 是說也實在可悲啊。

【賞 析】

傳者，傳也，以傳示後人的意思。文人學士之爲文，其所欲表彰者，類皆發潛德之幽光，補史傳之所未及，至於借無足輕重之物，而爲之作傳者，必定因其於人頗有關係，如本文內容卽爲顯例。故本文非正式之傳記，乃一篇富有諷刺性的寓言小品。

柳宗元散文作品中，寓言是最富有創造性的一部分。數目不多，但思想和藝術境界很高，它可以說是我國古代文學，特別是古代寓言遺產中的瑰寶。〈蝜蝂傳〉短小精悍，全文只有一百六十多字，但卻飽含著豐富的故事情節，和強烈的政治諷刺意義，並隱寓著深刻的人生幾微。

全文在記敍蝜蝂善於負重載物，貪多務得，又喜歡向上爬行，乃至於墜地而死。旨在表現對急功好利，爭權奪勢者之批判，展示貪婪者必招自取滅亡之可悲下場。由本文記敍手法，可知作者長於捕捉事物特徵，作深入細膩之描述，如先寫它善負的習性，再寫它善負的條件，善負造成的挫跌，又補充寫出它的另一特性好上高，終於墜地死，這是善負的最後結局。然後再轉入對「今世之嗜取者」的描述。先寫這些人的遇貨不避、貪婪成習。再寫他們因嗜取而挫跌，最後終於危墜，這是嗜取者的結局。前後兩段文字，相互映襯，嗜取小人同善負的小蟲的共同之處，通過層層對比，揭示得淋漓盡致。

就本文形式結構上說：前半刻劃蝜蝂之貪，後半借蝜蝂以喻世之急功好利者。前半是賓，是虛，後半是主是實。大致全文可分爲三個自然段：「自「蝜蝂者」起，至「不止也」爲第一段，寫蝜蝂之負物，末兩句爲一篇伏案。自「其背甚澀」，「墜地死」爲第二段，寫蝜蝂之所以能負物及其習性，結處又加三句，爲文章的引申法。自「今世」以下，爲末段，寫人之以身殉物，與蝜蝂之負物而死無異。兩線重合，主題突出，是議論之筆。全文各層互相照應，條理井然，文字傳神，而語言簡練辛辣，寓意深長，耐人玩味。

林紓《韓柳文研究法》說：「柳宗元寓言小品後面，必有一句最有力量，最透闢者鎮之。」韓醇於《柳宗元集》卷十七〈蝜蝂傳〉注云：「公之所言，蓋指當時用事貪取滋甚者發。」吳德旋《初月樓古文緒論》說：「此文用意太纖太刻。」「未免小說氣，」這些批評，都值得我們參考。不過，柳宗元是個矛盾的人物。他對人爲物役，心爲形役的厭惡，在善負小蝜和嗜取者汲汲碌碌的形象中，是否透露些甚麼呢？當然，安時處順，哀樂不入，也並非積極的態度。至於在「蝜蝂哲學」之外，這篇短文千百年來傳誦不衰，已足以證實它的藝術魅力了。

伍　附錄

附錄一：柳宗元簡譜

(一) 柳宗元家族世系圖

（本「世系圖」錄自清代廣陵馬曰璐《柳先生年譜》）

- 子夏 徐州長史。
  - 從心
    - 回
    - 因
    - 固
  - 從裕 滄洲清池令。
    - 某 臨邛令。子厚有亡姑陳氏墓誌。云考諱某。爲臨邛令是也。
      - 某 旌德尉。子厚有伯祖妣李氏墓誌。云夫人生男一人。諱某。新史云不幸終於宣州旌德尉。旌德令。恐誤。
        - 曹郎 子厚有伯祖妣李氏墓誌云。有孫二人。長曰曹郎。
    - 察躬 湖州德清令。子厚有讓監察御史狀云。臣祖名察躬是也。
      - 鎮 侍御史。
        - 宗元 子厚之從兄弟見於集者。有宗一、宗玄、宗直等。世系不可得而詳。
          - 告 字用益。退之墓誌云。子厚有子男二人。長曰周六。季曰周七。始四歲。子厚卒乃生。但不知所謂告者爲誰也。
      - 某 朔方營田副使殿中侍御史。集有墓版文。
        - 曹婆 集有叔妣陸氏遷祔誌云。夫人生男一人。曰曹婆。
      - 纁 華陰主簿。集有叔父祭六伯母文。
      - 綜
      - 續 皆見叔父墓碑文。

(二) 簡　譜（本譜錄自高文、屈光同編的《柳宗元選集》附錄〈柳宗元簡譜〉）

代宗大曆八年（七七三），生於長安。

父，柳鎮，三十四歲，爲長安主簿。母，盧氏，三十四歲。

王叔文二十一歲。韓愈六歲。白居易、劉禹錫、呂溫均二歲。三年前，杜甫卒。

大曆十四年（七七九），七歲。

父柳鎮爲宣城令。

五月，代宗崩。德宗卽位。

元稹生。

德宗建中三年（七八二），十歲。

河北道諸藩鎮叛變。

建中四年（七八三），十一歲。

父柳鎮爲閿鄉令。

長安兵變，德宗奔奉天，朱泚據長安稱秦帝。段秀實爲朱泚所殺。

德宗興元元年（七八四），十二歲。

父柳鎮爲鄂岳沔都團練判官。隨父在夏口。

德宗貞元元年（七八五），十三歲。

南遊長沙，隨父至江西。

貞元四年（**七八八**），**十六歲**。

父柳鎮入朝爲殿中侍御史。宗元隨父入京。

貞元五年（**七八九**），**十七歲**。

求進士，未第。

二月，竇參爲中書侍郎同中書門下平章事。父柳鎮貶爲夔州司馬。

貞元六年（**七九〇**），**十八歲**。

作舉進士準備。進〈上權德輿補闕溫卷決進退啓〉。

李賀生。

貞元八年（**七九二**），**二十歲**。

竇參貶爲郴州別駕，再貶爲驩州司馬，未至，賜死。父柳鎮還京復爲殿中侍御史。

韓愈登進士第。

貞元九年（**七九三**），**二十一歲**。

戶部侍郎顧少連權禮部侍郎知貢舉，宗元與劉禹錫等三十二人同登進士第。父柳鎮卒於長安。

梁肅卒。元稹明經科及第。

貞元十年（**七九四**），**二十二歲**。

遊邠州，省侍叔父。訪故老卒吏，得段秀實逸事。

貞元十二年（七九六），二十四歲。

應博學宏詞科，未第。娶弘農楊憑女，時楊憑爲禮部郎中。作〈故御史周君碣〉。

貞元十四年（七九八），二十六歲。

第博學宏詞科，爲集賢院正字。

貞元十五年（七九九），二十七歲。

在集賢院爲正字，踔厲風發，名聲大振。

與韓愈、韓泰、呂溫、劉禹錫、獨孤申叔等交友。

貞元十六年（八〇〇），二十八歲。

在集賢院爲正字。

白居易登進士第。

貞元十七年（八〇一），二十九歲。

自集賢院正字調藍田尉。

貞元十八年（八〇二），三十歲。

在藍田尉任。

韓愈任四門博士。

貞元十九年（八〇三），三十一歲。

自藍田尉入爲監察御史裡行。

韓愈自四門博士轉監察御史。冬，貶爲陽山令。杜牧生。

貞元二十年（八〇四），三十二歲。

爲監察御史裡行。

呂溫出使吐蕃。

貞元二十一年（八月改永貞元年）（八〇五），三十三歲。

自監察御史裡行爲尚書禮部員外郎。

正月，德宗崩，順宗立。任用王叔文、王伾等革新政治，參與新政的主要人物有韋執誼、陸贄、呂溫、李景儉、韓曄、韓泰、陳諫、劉禹錫、柳宗元、凌準、程異、房啓等。新政僅行五六個月，遭到宦官俱文珍等舊勢力攻擊。七月，皇太子李純勾當軍國政事。八月，順宗內禪，憲宗（李純）即位，新政失敗，貶王叔文爲渝州司戶，王伾爲開州司馬。九月，貶宗元爲邵州刺史，韓泰爲撫州刺史，韓曄爲池州刺史、劉禹錫爲連州刺史。未至，十一月，再貶宗元爲永州司馬，韋執誼、韓泰、陳諫、劉禹錫、韓曄、凌準、程異同貶爲遠州司馬，史稱「八司馬」。宗元母盧氏、從弟宗直、表弟盧遵皆從宗元赴永。十一月，至永，居龍興寺。

韓愈自山陽令徙江陵法曹參軍。陸質卒。

憲宗元和元年（八〇六），三十四歲。

在永州司馬任。母盧氏卒，年六十八。

正月，改元（爲元和）大赦，八月有詔，「八司馬」不在大赦之列。

元稹、白居易同登才識兼茂明於體用科，白除盩厔尉、集賢院校理，元除右拾遺。韓愈自江陵召還，拜國子博士。王叔文賜死。凌準病逝於連州。

元和二年（八〇七），三十五歲。

在永州司馬任。是年前後作〈永州龍興寺息壤記〉。

今年或去年，韋執誼病逝於崖州。

元和三年（八〇八），三十六歲。

在永州司馬任。

吳武陵以事貶永州，宗元與之相交甚厚。呂溫自京貶道州刺史。韓愈以國子博士分司東都。白居易拜左拾遺、翰林學士。

元和四年（八〇九），三十七歲。

在永州司馬任。作〈非國語〉六十七篇，並與呂溫、吳武陵通信往還討論，有〈與呂道州溫論非國語書〉、〈答吳武陵論非國語書〉。遊永州西山作〈始得西山宴遊記〉、〈鈷鉧潭記〉〈鈷鉧潭西小丘記〉、〈至小丘西小石潭記〉。去年及今年患脾病、心臟病。作〈辨伏神文〉。

表弟盧遵遊桂州。宗元作文相送。

韓愈任都官員外郎，守東都省。

元和五年（八一〇），三十八歲。

在永州司馬任。築室愚溪，自龍興寺移居於此。作〈愚溪詩序〉及詩〈冉溪〉等。

呂溫調衡州刺史。韓愈授河南縣令。
白居易由左拾遺改京兆府戶曹參軍。
元和六年（八一一），三十九歲。
在永州司馬任。
呂溫卒於衡州。作〈祭呂衡州文〉、〈唐故衡州刺史東平呂君誄〉、詩〈同劉二十八哭呂衡州〉等。
韓愈入爲尚書職方員外郎。
白居易母陳氏卒，丁憂居下邽渭村。
元和七年（八一二），四十歲。
在永州司馬任。作〈袁家渴記〉、〈石渠記〉、〈石澗記〉、〈小石城山記〉。
妹壻崔策子符遊永州，子厚有〈送崔子符罷舉詩序〉及詩〈與崔策登西山〉。
韓愈復爲國子博士。
元和八年（八一三），四十一歲。
在永州司馬任。作〈永州鐵爐步志〉、〈答韋中立論師道書〉及詩〈入黃溪聞猿〉等。
韓愈改比部郎中，六月爲史館修撰。
李商隱生。
元和九年（八一四），四十二歲。

在永州司馬任。作〈段太尉逸事狀〉、〈與史官韓愈致段秀實太尉逸事書〉。

十月，韓愈爲考功郎中。

白居易服滿，授太子左贊善大夫。

元和十年（八一五），四十三歲。

正月，憲宗有詔召赴長安。與劉禹錫同赴京。沿途有〈汨羅遇風〉、〈善誰驛和劉夢得酹淳于先生〉、〈詔追赴都二月至灞亭上〉等詩。

二月，至京。有〈奉酬楊侍郎丈因送八叔拾遺戲贈詔追南來諸賓〉二首等詩。

三月，出爲柳州刺史。「八司馬」中，韋執誼、凌準先死，程異已遷官。餘五人同召至長安，同出爲遠州刺史。韓泰爲漳州，韓曄爲汀州，陳諫爲封州，劉禹錫爲播州。宗元以播州荒遠，禹錫母老，力請以柳州易播州，裴度爲禹錫請移近處，因改授連州。宗元與禹錫同南行赴任，於衡陽分路。

六月，宗元至柳州。沿途及至柳詩有〈再上湘江〉、〈長沙驛前南樓感舊〉、〈衡陽與夢得分路贈別〉、〈重別夢得〉、〈三贈劉員外〉、〈嶺南江行〉、〈登柳州城樓寄漳汀封連四州〉、〈古東門行〉等。

七月，從弟宗直死於柳州。

是年，吳元濟、李師道叛亂。六月，王承宗、李師道遣刺客刺死宰相武元衡，刺傷御史中丞裴度。白居易上書急請捕賊，被貶江州司馬。

元和十一年（八一六），四十四歲。

在柳州刺史任。

長子周六生。從弟宗一離柳州，宗元作〈別舍弟宗一〉詩。

韓愈遷中書舍人。李賀卒，年二十七。

元和十二年（八一七），四十五歲。

在柳州刺史任，因俗施教，解放奴隸，修孔廟。

岳父楊憑卒。

蔡州平。韓愈爲裴度行軍司馬，以軍功遷刑部侍郎。程异由鹽鐵轉運副使遷轉運使。

元和十三年（八一八），四十六歲。

在柳州刺史任。作〈平淮夷雅〉，上表獻給憲宗。

權德輿卒，年六十。程异入相。

元和十四年（八一九），四十七歲。

在柳州刺史任。十一月八日，病逝於任所。病重期間曾遺書劉禹錫、韓愈託孤，並將遺稿寄與劉禹錫，託爲編集。七月，憲宗受尊號，大赦天下，裴度請召宗元，詔書未達，宗元病逝。

程异卒於三月。正月，韓愈以諫迎佛骨，貶潮州刺史，十月，改袁州刺史。白居易自江州司馬遷忠州刺史。

附錄二：柳宗元本傳

㈠　舊唐書柳宗元傳

柳宗元子厚，河東人。後魏侍中濟陰公之系孫。曾伯祖奭，高祖朝宰相。父鎮，太常博士，終侍御史。宗元少聰警絕衆，尤精西漢詩騷，下筆構思，與古爲侔，精裁密緻，璨若珠貝，當時流輩咸推之。登進士第，應舉宏辭，授校書郎，藍田尉。貞元十九年，爲監察御史。順宗卽位，王叔文、韋執誼用事，尤奇待宗元，與監察呂溫，密引禁中，與之圖事，轉尙書禮部員外郞。叔文欲大用之，會居位不久，叔文敗。與同輩七人俱貶。宗元爲邵州刺史，在道再貶永州司馬。旣罹竄逐，涉履蠻瘴，崎嶇堙厄，蘊騷人之鬱悼，寫情叙事，動必以文。爲騷文十數篇。覽之者爲之悽惻。元和十年，例移爲柳州刺史。時朗州司馬劉禹錫，得播州刺史。制書下，宗元謂所親曰，禹錫有母年高，今爲郡蠻方，西南絕域，往復萬里，如何與母偕行？如母子異方，便爲永訣。吾於禹錫爲執友，胡忍見其若是？卽草章，奏請以柳州授禹錫，自往播州。會裴度亦奏其事，禹錫終易連州。柳州土俗以男女質錢，過期則沒入錢主。宗元革其鄉法。其已沒者，仍出私錢贖之，歸其父母。江嶺間爲進士者，不遠數千里皆隨宗元師法。凡經其門，必爲名士。著述之盛，名動於時。時號柳州云。有文集四十卷。元和十四年十月五日卒，時年四十七。子周六、周七，纔三四歲。觀察使裴行立，爲營護其喪及妻子還於京師，時人義之。

(二) 新唐書柳宗元傳

柳宗元字子厚，其先蓋河東人。從曾祖奭，爲中書令，得罪武后，死高宗時。父鎭，天寶末遇亂，奉母隱王屋山，常間行求養。後徙於吳。肅宗平賊，鎭上書言事，擢左衛率府兵曹參軍。佐郭子儀朔方府，三遷殿中侍御史，以事觸竇參，貶夔州司馬，還終侍御史。宗元少精敏絕倫。爲文章，卓偉精緻，一時輩行推仰。第進士、博學宏詞科，授校書郞，調藍田尉。貞元十九年。爲監察御史裡行。善王叔文、韋執誼，二人者奇其才。及得政，引內禁近，與計事，擢禮部員外郞，欲大進用。俄而叔文敗，貶邵州刺史。不半道，貶永州司馬。既竄斥，地又荒癘，因自放山澤間。其堙厄感鬱，一寓諸文。倣離騷數十篇，讀者咸悲惻。雅善蕭俛，詒書言情（文見《柳河東集》卷三十），又詒京兆尹許孟容，（見《柳集》卷三十）然衆畏其才高，懲刈復進，故無用力者。宗元久汩，振其爲文，思益深。嘗著書一篇，號〈貞符〉。（見《柳集》卷一）宗元不得召，內閔悼悔，念往吝，作賦自儆，曰〈懲咎〉。（見《柳集》卷二）元和十年，徙柳州刺史。時劉禹錫得播州。宗元曰，播非人所居，而禹錫親在堂，吾不忍其窮，無辭以白其大人。如不往，便爲母子永訣。卽具奏欲以柳州授禹錫，而自往播。會大臣亦爲禹錫請，因改連州。柳人以男女質錢，過期不贖，子本均則沒爲奴婢。宗元設方計，悉贖歸之。尤貧者令書庸，視直足相當，還其質。已沒者出己錢助贖。南方爲進士者，走數千里從宗元遊。經指授者，爲文辭皆有法。世號柳柳州。十四年卒，年四十七。宗元少時嗜進。謂功業可就。既坐廢，遂不振。然其才實高，名蓋一時。韓愈評其文曰：「雄深雅健似司馬子長，崔（駰）、蔡（邕）不足多也。」既沒，柳人懷之，託言降於柳州之堂，人有慢者輒死。廟於羅池，愈因碑以實之云。

贊曰：叔文沾沾小人，竊天下柄，與陽虎取大弓，《春秋》書爲盜無以異。宗元等橈節從之，徼幸一時，貪帝病昏，抑太子之明，規權遂私，故賢者疾，不肖者娼，一僨而不復，宜哉。彼若不傅匪人，自勵材猷，不失爲明卿才大夫，惜哉！

附錄三：柳宗元祭銘

(一) 柳子厚墓誌銘

韓　愈

子厚，諱宗元。七世祖慶爲拓拔魏侍中，封濟陰公。曾伯祖奭，爲唐宰相，與褚遂良、韓瑗俱得罪武后，死高宗朝。皇考諱鎮，以事母棄太常博士，求爲縣令江南；其後以不能媚權貴失御史，權貴人死，乃復拜侍御史；號爲剛直，所與游皆當世名人。

子厚少精敏，無不通達。逮其父時，雖少年，已自成人，能取進士第，嶄然見頭角，衆謂柳氏有子矣。其後以博學宏詞授集賢殿正字。儁傑廉悍，議論證據今古，出入經史百子，踔厲風發，率常屈其座人。名聲大振，一時皆慕與之交；諸公要人爭欲令出我門下，交口薦譽之。

貞元十九年，由藍田尉拜監察御史，順宗卽位，拜禮部員外郎。遇用事者得罪，例出爲刺史；未至，又例貶永州司馬。居閑，益自刻苦，務記覽，爲詞章，汎濫停蓄，爲深博無涯涘。而自肆於山水間。元和中，嘗例召至京師；又偕出爲刺史，而子厚得柳州。既至，歎曰：「是豈不足爲政耶！」因其土俗，爲設教禁，州人順賴。其俗以男女質錢，約：不時贖，子本相侔，則沒爲奴婢。子厚與設方計，悉令贖歸；其尤貧力不能者，令書其傭，足相當，則使歸其質。觀察使下其法於他州，比一歲，免而歸者且千人。衡湘以南爲進士者，皆以子厚爲師，其經承子厚口講指畫爲文詞者，悉有法度可觀。

其召至京師而復爲刺史也，中山劉夢得禹錫亦在遣中，當詣播州。子厚泣曰：「播州非人所居，而夢得親在堂，吾不忍夢得之窮，無辭以白其大人；且萬無母子俱往理。」請於朝，將拜疏，願以柳易播，雖重得罪死不恨。遇有以夢得事白上者，夢得於是改刺連州。嗚呼！士窮乃見節義！今夫平居里巷相慕悅，酒食游戲相徵逐，詡詡強笑語以相取下，握手出肺肝相示，指天日涕泣，誓生死不相背負，眞若可信；一旦臨小利害，僅如毛髮比，反眼若不相識，落陷穽，不一引手救，反擠之，又下石焉者，皆是也。此宜禽獸夷狄所不忍爲，而其人自視以爲得計；聞子厚之風，亦可以少愧矣！

子厚前時少年，勇於爲人，不自貴重顧藉，謂功業可立就，故坐廢退；既退，又無相知有氣力得位者推挽，故卒死於窮裔，材不爲世用，道不行於時也。使子厚在臺省時，自持其身已能如司馬刺史時，亦自不斥；斥時，有人力能舉之，且必復用不窮。然子厚斥不久，窮不極，雖有出於人，其文學辭章，必不能自力以致必傳於後如今，無疑也。雖使子厚得所願，爲將相於一時，以彼易此，孰得孰失，必有能辨之者。

子厚以元和十四年十一月八日卒，年四十七；以十五年七月十日歸葬萬年先人墓側。子厚有子男二人：長曰周六，始四歲；季曰周七，子厚卒乃生。女子二人，皆幼。其得歸葬也，費皆出觀察使河東裴君行立。行立有節槩，重然諾，與子厚結交，子厚亦爲之盡，竟賴其力。葬子厚於萬年之墓者，舅弟盧遵。遵，涿人，性謹愼，學問不厭；自子厚之斥，遵從而家焉，逮其死不去；既往葬子厚，又將經紀其家，庶幾有始終者，銘曰：

是惟子厚之室，既固既安，以利其嗣人。

(二) 祭柳柳州文

皇甫湜

嗚呼柳州，秀氣孤稟。弱冠游學，聲華籍甚。肆意文章，秋濤瑞錦。改迴蟲濫，王風凜凜。

(三) 祭柳員外文

劉禹錫

維元和十五年歲次庚子正月戊戌朔日，孤子劉禹錫銜哀扶力，謹遣所使黃孟萇具清酌庶羞之奠，敬祭于亡友柳君之靈。嗚呼子厚，我有一言，君其聞否。惟君平昔，聰明絕人。今雖化去，夫豈無物。意君所死，乃形質耳。魂氣何託，聽余哀詞。嗚呼痛哉！嗟余不天。甫遭閔凶，未離所部。三使來弔，憂我衰病。諭以苦言，情深禮至。欵密重複，期以中路。更申願言，途次衡陽。云有柳使，謂復前約。忽承訃書，驚號大叫。如得狂病，良久問故。百哀攻中，涕淚迸落。魂魄震越，伸紙窮竟。得君遺書，絕絃之音。悽愴徹骨，初託遺嗣。知其不孤，末言歸輤。（輤，音茜，載柩車。）從祔先域，凡此數事，職在吾徒。永言素交，索居多遠。鄂渚差近，表臣分深。想其聞訃，必勇於義。已命所使，持書徑行。友道尙終，當必加厚。退之成命，改牧宜陽。亦馳一函，候於便道。勒石垂後，屬于伊人。安平宣英，（韓泰，字安平。韓曄，字宣英。）會有還使。悉已如禮，形於具書。嗚呼子厚，此是何事。朋友凋落，從古所悲。不圖此言，乃爲君發。自君失意，沉伏遠郡。近遇國士，方伸眉頭。亦見遺草，恭辭舊府。志氣相感，必踰常倫。顧余負釁，營奉方重。猶冀前路，望君銘旌。古之達人，朋友則服。今有所厭，其禮莫申。朝晡臨後，出就別次。南望桂水，哭我故人。孰云宿草，此慟何極。（《禮記》云：「朋友之墓有宿草則不哭。」）嗚呼子厚，卿眞死矣。終我此生，無相見矣。何人不達，使君終否。何人不老，使君夭死。皇天后土，胡寧忍此。知悲無益，奈恨無已。君之不聞，余心不理。含酸執筆，輒復中止。誓使周六，（子厚之子）同於己子。魂兮來思，知我深旨。嗚呼哀哉尚饗！

㈣　重祭柳員外文　劉禹錫

嗚呼！自君之沒，行已八月，每一念至，忽忽猶疑。今以喪來，使我臨哭。安知世上，眞有此事。既不可贖，翻哀獨生。嗚呼！出人之才，竟無施爲。炯炯之氣，戢于一木。形與人等，今既如斯。識與人殊，今復何託。生有高名，沒爲衆悲。異服同志，異音同歎。唯我之哭，非弔非傷。來與君言，不言成哭。千哀萬恨，寄以一聲。唯識眞者，乃相知耳。庶幾儻聞，君儻聞乎。嗚呼痛哉！君有遺美，其事多梗。桂林舊府，感激主持。俾君內弟，得以義勝。平昔所念，今則無違。旅魂克歸，崔生實主。幼穉在側，故人撫之。敦詩退之，各展其分。（崔羣，字敦詩。韓愈，字退之。）安平來賵，禮成而歸。其它赴告，咸復于素。一以誠告，君儻聞乎。嗚呼痛哉！君爲已矣。余爲苟生，何以言別。長號數聲，冀乎異日。展我哀誠，嗚呼痛哉尙饗！

㈤　為鄂州李大夫祭柳員外文　禹錫

嗚呼！至人以在生爲傳舍，（傳，音轉，廨也。）以軒冕爲儻來，達於理者，未嘗惑此。昔余與君，諗之詳熟。孔子四科，罕能相備。惟公特立秀出，幾於全器。才之何豐，運之何否，大川未濟，乃失巨艦，長途始半，而喪良驥。搢紳之倫，孰不墮淚。昔者與君，交臂相得。一言一笑，未始有極。馳聲日下，驚名天衢。射策差池，高科齊驅。攜手書殿，分曹藍曲。心志諧同，追歡相續。或秋月銜觴，或春日馳轂，甸服載期，同升憲府。察視之列，斯焉接武。君遷外郎，予侍內闈。出處雖間，音塵不虧。勢變時移，遭離多故。中復賜環，上京良遇。曾不踰月，君又即路。遠持郡符，柳水之壖。居陋行道，疲人歌焉。予來夏口，忽復三年。離索則久，音睨屢傳。篋盈草隸，架滿文篇。鍾索繼美，班揚差肩。（鍾隸、索靖善書。班固、揚雄善文。）賈誼賦鵬，屈原問天。自古有死，奚論後先。痛君未老，美志莫宣。邅回世路，奄忽下泉。嗚呼哀哉，令妻蚤謝。穉子四歲，天喪斯文。而君永逝，翩翩丹旐。來自遐裔，聞君旅櫬。既及岳陽，出門一慟。貫裂衷腸，執紼禮乖。出疆路阻，故人奠觴。莫克親舉，馳神假夢。冀獲晤語，平生密懷。願君遺吐，遺孤之才與不才。敢同己子之相許，嗚呼哀哉尚饗。

附錄四：柳宗元文集敍錄

㈠ 唐尚書禮部員外郎柳宗元文集序

劉禹錫

八音與政通，而文章與時高下。三代之文，至戰國而病，涉秦漢復起。漢之文，至列國而病，唐興復起。夫政厖而土裂，三光五嶽之氣分，太音不完，故必混一而後大振。

初貞元中，上方嚮文章，昭回之光，下飾萬物。天下文士，爭執所長，與時而奮，粲焉如繁星麗天，而芒寒色正，人望而敬者，五行而已，河東柳子厚，斯人望而敬者歟。

子厚始以童子有奇名於貞元初，至九年，爲名進士，十有九年爲材御史，二十有一年，以文章稱首，入尚書爲禮部員外郎。是歲，以疎雋少檢獲訕，出牧邵州，又謫佐永州，居十年，詔書徵不用，遂爲柳州刺史，五歲，不得召。病且革，留書抵其友中山劉禹錫曰：「我不幸卒以謫死，以遺草累故人。」禹錫執書以泣，遂編次爲四十五通行於世。

子厚之喪，昌黎韓退之誌其墓，且以書來弔曰：「哀哉！若人之不淑。吾嘗評其文，雄深雅健似司馬子長，崔蔡不足多也。」安定皇甫湜於文章少所推讓，亦以退之言爲然。凡子厚名氏與仕與年，暨行己之大方，有退之之誌若祭文在，今附於第一通之末云。

㈡ 河東先生文集後序

穆修

唐之文章。初未去周隋五代之氣。中間稱得李杜。其才始用爲勝。而號專雄歌詩。道未極其渾備。至韓柳氏起。然後能大吐古人之文。其言與仁義相華實而不雜。如韓元和聖德平淮西柳雅章之類。皆辭嚴義偉。製述如經。能萃然聳唐德於盛漢之表。蔑愧讓者。非二先生之文則誰與。予少嗜觀二家之文。常病柳不全見於世。出人間者殘落纔百餘篇。韓則雖目其全。至所缺墜亡字失句。獨於集家爲甚。志欲補得其正而傳之。多從好事訪善本。前後累數十。得所長。輒加注竄。遇行四方遠道。或他書不暇持。獨賚韓以自隨。幸會人所寶。有就假取正。凡用力於斯。已蹈二紀外。文始幾定。久惟柳之道。疑其未克光明於時。何故伏其文而不大耀也。求索之莫獲。則既已矣於懷。不圖晚節。遂見其書。聯爲八九大編。夔州前序其首。以卷別者凡四十有五。眞配韓之鉅文歟。書字甚樸。不類今跡。蓋往昔之藏書也。從考覽之。或卒卷莫迎其誤。脫有一二廢字。由其陳故劘滅。讀無甚害。更資研證就眞耳。因按其舊。錄爲別本。與隴西李之才參讀累月。詳而後止。嗚呼。天厚予嗜多矣。始而饜我以韓。既而飫我以柳。謂天不吾厚。不誣也哉。世之學者如不志於古則已。苟志於古。求踐立言之域。捨二先生而不由。雖曰能之。非予所敢知也。天聖元年秋九月河南穆修伯長後序。

(三) 四明新本河東先生集後序

沈晦

學古文必自韓柳始。兩家文字剝落。柳爲尤甚。國初文章。承唐末五代之弊。卑弱不振。至天聖間。穆修鄭條之徒唱之。歐陽文忠尹師魯和之。格力始回。天下乃知有韓柳。韓文屢經名士手。頃余又爲讎勘。頗完悉。唯柳文簡古雅奧。不易刊削。年大來試爲紬繹。兩閱歲。然後畢見。凡四本。大字四十五卷所傳最遠。初出穆修家。云是劉夢得本。小字三十三卷。元符間。京師開行。顚倒章什。補易句讀。訛正相半。曰曾丞相家本。篇數不多於二本。而有邢郞中楊常侍二行狀。冬日可愛平權衡二賦。共四首。有其目而亡其文。曰晏元獻家本。次序多與諸家不同。無非國語。四本中晏本最爲精密。柳文出自穆家。又是劉連州舊物。今以四十五卷本爲正。而以諸本所餘作外集。參考互證。用私意補其闕。如皇室主宜加黃字。馮翊王公宜去王字。緊當作掔。珝當作肛。鮑勛當作鮑信。改規當作段規。疥瘧宜爲痎瘧。狠倖宜爲狠悻。吳武陵初貶永州。貞符中。宜如唐書去量移字。韓曄時猶未死。答元饒州書中。宜於韓宣英上去亡友字。以唐書孝友傳校復讎議。以楚辭天問校天對。以左傳國語校非國語。以唐宋類書唐人牋表校天論等篇。其見於唐書者。悉改從宋景文。凡漫乙是正二千處而贏。又釐革京兆請復尊號表。增入請聽政第二表。賀皇太子牋。省試慶雲圖詩。總六百七十四篇。鋟木流行。購逸拾遺。猶俟後日。政和四年十二月望。胥山沈晦序。

(四)柳州舊本河東先生集後序　李褫

柳侯子厚。實唐巨儒。文章光豔。爲萬世法。是猶景星慶雲之在天。無不欽而仰之。粤惟柳州。迺侯舊治。其如生爲利澤。歿爲福壽。以遺此土之民者。可謂博厚無窮。然自唐迄今。垂四百年。此邦寂未有以侯文刊而爲集者。殆非欽侯英靈而慰侯惠愛。覬其聳笑降鑒而廟食于柳人也。紹興載歲。殿院常公子正。被命守邦。至謁祠下。退而訪侯遺文。則茫然無有。獨得石刻三四。存於州治。自餘雖詩章記事。所以藻飾柳邦者。亦蔑如爾。又安得所謂全文備集者哉。因喟嘆久之。出舊所藏及旁搜善本。手自校正。俾鳩良工。創刊此集。其編次首尾。門類後先。文理差舛。字畫訛謬。無不畢理。且委僚屬助成其事。未克就。促召公對。眷眷相矚焉。褫雖不才。實獲躡蹤繼軌於公之後塵。而喜公樂善之心。付託之語。乃督餘工。助成一簣。豈惟不墜侯之偉文。抑亦成公之雅志焉。紹興四年三月初一日。右朝奉郎特差權發遣柳州軍州兼管內勸農事借紫金魚袋李褫序。

(五) 河東先生集題後

李石

石所得柳文凡四本。其一得之於鄉人蕭憲甫。云京師閻氏本。其一得之於范衷甫。云晏氏本。其一得之於臨安富氏子。云連州本。其一得之於范才叔之家傳舊本。閻氏本最善。爲好事者竊去。晏氏本蓋衷甫手校以授其兄偃刊之。今蜀本是也。才叔家本。似未經校正篇次。大不類富氏連州本。樸野尤甚。今合三本校之以取正焉。如劉賓客序云。有退之之誌幷祭文附于第一通之末。蓋以退之重子厚敍之意云爾也。蜀本往往只作幷祭文。其以有率意改竄字句以害義理者尚多。此類或作字、一作字、衍字、去字。此三本之相爲用也。然亦未敢以爲全書。尚冀復得如閻氏本者而取正焉。方舟李石書。

(六) 河東先生集記後

韓醇

世所傳昌黎文公。文雖屢經名儒手。余昔校以家集。其舛誤尚多有之。用爲之訓詁。柳柳州文。胥山沈公謂其參考互證，是正漫乙若無遺者。余紬繹既久。稽之史籍。蓋亦有所未盡。南嶽律和尚碑。以廣德先乾元。御史周君碣以開元爲天寶。則時日差矣。賓羣除左拾遺。而表賀爲右拾遺。連山復乳穴。

而記題爲零陵郡。則名稱差矣。代令公舉裴冕狀。時柳州蓋未生。賀册尊號表。時已刺柳。而云禮部作。其他舛誤。類是不一。用各疏於篇。視文公集益詳。諸本所餘。復編爲一卷。附於外集之末。如胥山之識云。淳熙丁酉秋八月中瀚。臨邛韓醇記。

附錄五：研究柳宗元散文參考資料類列

一、柳宗元文集部分

河東先生集　宋廖瑩中輯注　上海蟫隱廬影印本
增廣注釋音辯唐柳先生集　宋童宗説等　商務四部叢刊初編本
柳河東全集　明蔣之翹輯注　中華書局四部備要本
五百家注音辯柳先生文集　宋魏仲舉編輯　商務四庫珍本
柳河東集　景印文淵閣四庫全書　商務印書館
山曉閣評點柳柳州全集　清孫琮輯評　上海錦章書局本
點校本柳宗元集　臺北漢京文化事業公司
柳河東全集　臺北河洛出版社　「夏學叢書」本
柳宗元文　胡懷琛選注　商務印書館人人文庫本
唐柳柳州全集　孫同峰評點　新文豐出版社印行
韓柳散文　潘勤孟選注　香港大源書店印行
柳文選析　胡楚生編著　華正書局印行

韓柳散文選　金民天選注　新文豐出版社印行
柳宗元選集　高文、屈光選注　上海古籍出版社印行
柳宗元詩文賞析集　金濤主編　巴蜀書社印行
柳宗元詩文選注　柳宗元詩文編注組　陝西人民出版社印行
柳宗元詩文選注　胡士順選注　上海古籍出版社印行
柳宗元詩文選　北京大學中文系　北京人民出版社印行
柳宗元散文選　汪冬青注譯　香港三聯書店印行
柳宗元散文新賞　呂晴飛主編　臺北地球出版社印行

二、專門著作部分

柳先生年譜　宋文安禮著　藝文印書館「百部叢書」本
韓柳年譜　清馬曰璐著　商務印書館「人人文庫」本
柳子厚年譜　施子愉著　自印本（未注出處）
柳宗元年譜　羅聯添著　臺大文史哲學報抽印本
柳宗元評傳　吳文治著　中華書局
柳宗元評傳　楊志莊著　嘉義師專學報抽印本
柳宗元新傳　劉光裕、楊慧文合著　上海人民出版社印行

柳宗元評傳　梁容若著　私立東海大學出版在「文學十家傳」中
柳宗元傳論　孫昌武著　北京人民出版社印行
夜闌話韓柳　金性堯著　香港中華書局印行
柳宗元事蹟繫年及資料類編　羅聯添　臺灣國立編譯館
柳宗元哲學選集　侯外廬等編　香港中華書局印行
柳宗元哲學思想討論會文集（上、下册）　廣西社科院出版
柳宗元散論　高海夫著　江蘇人民出版社印行
柳宗元社會心理思想研究　陳雁谷著　廣西師範大學出版社印行
柳宗元研究文集　柳州市柳宗元學術研究會編輯　廣西人民出版社印行
柳宗元與柳州　戴義開著　廣西教育出版社印行
柳宗元研究　羅清能著　臺灣輔仁大學中研所碩士論文
柳宗元思想研究　方介　臺大中研所碩士論文
第九世初期對天的爭辯——柳宗元的「天說」與劉禹錫的「天論」註解　雷蒙特著、王穎譯　臺灣國立編譯館主編初版
韓柳歐蘇古文論　陳幼石著　上海文藝出版社印行
韓愈柳宗元文學的評價　黃雲眉　香港龍門
柳宗元散文藝術　吳小林著　山西人民出版社印行

韓柳文研究法　林紓著　廣文書局印行

柳文探微　章士釗著　華正書局印行

韓柳比較研究　方介著　臺灣大學中文研究所博士論文

韓柳文新探　胡楚生著　學生書局印行

山水知己柳宗元　林子鈞著　臺北莊嚴出版社印行

柳宗元生平及其散文研究　張翠寶著　三民書局印行

柳宗元寓言文學探微　段醒民著　文津出版社印行

柳宗元永州游記校評　徐善同著　華岡出版社印行

柳宗元散文研究　金容杓著　臺大中研所碩士論文

柳河東詩繫年集釋　丁秀慧著　臺灣師大國研所碩士論文

韓柳比較論　王春庭著　江西師範學院中國古代文學專業研究所碩士論文

論柳宗元散文　謝蒼霖著　江西師範學院中國古代文學專業研究所碩士論文

柳宗元寓言研究　袁本秀著　東海大學中研所碩士論文

柳宗元山水文學研究　蔡振璋著　東海大學中研所碩士論文

枯淡詩人柳宗元　譚繼山編譯　臺北萬盛出版社印行

柳宗元詩研究　何淑貞著　臺北福記文化圖書公司出版

柳宗元的遊記研究　朴井圭著　高雄師大國研所碩士論文

柳宗元之史學意識與史學貢獻　袁本秀著　自印本
柳宗元研究資料彙編　明倫出版社《中國古典文學研究叢書》之一

三、單篇論文部分

柳宗元　劉中龢　自由青年四十七卷五期
柳宗元　臺靜農　中國文學論叢
柳宗元家世考述　段醒民　臺北商專學報
柳宗元生平及其思想研究　羅葆善　臺南師專學報
讀柳宗元集　錢穆　新亞學報三卷二期
柳子厚黨事之剖析　王泳　大陸雜誌二〇卷五、六期
柳宗元哲學思想述評　吳文治　中國哲學史研究四期
柳宗元的天人論　吳乃恭　柳宗元哲學思想討論會文集上册，廣西社科院出版
柳宗元論人的能動作用　鍾興錦　柳宗元哲學思想討論會文集上册，廣西社科院出版
論柳宗元的哲學思想及其歷史地位　屈志清　柳宗元哲學思想討論會文集上册，廣西社科院出版
試論柳宗元的綜合儒釋　王一民　中國哲學史研究（民國七十四年十月出版）
柳宗元天對與天廷相答天問之比較　胡楚生　中興大學中文學報三期
柳宗元之史觀與史筆析論　曹淑娟　鵝湖月刊一九八、一九九期

柳宗元歷史哲學述評　王成儒　柳州柳宗元國際學術討論會論文（一九九三年八月）
柳宗元亦是傑出的歷史學家　何慶中　柳州柳宗元國際學術討論會論文（一九九三年八月）
試從天對看柳宗元在中國　覃溥　中國哲學史研究（民國七十四年十月出版）
兩極對峙——柳宗元心靈之凹陷與補償　袁本秀　柳州柳宗元國際學術討論會論文（一九九三年八月）
柳宗元的天人思想　方介　國立編譯館館刊十三卷一期
柳宗元散文思想及其造詣發微　姚振黎　中央大學人文學報九期
韓柳交誼及其相角作品之研究　蔣美華　（未詳出版處所）
遊記之祖——柳宗元　林宗霖　勵進雜誌三〇八期
柳宗元貶謫與西南的開發　于徵　古今談八八期
柳宗元的遊記　劉文獻　中國文選七八期
柳宗元的生活體驗及其山水記　日本淸水茂　中國文學報二册
談柳宗元的永州八記　何沛雄　華學月刊八八、八九期
評論柳宗元遊記文章的結構　李栖　中國學術年刊六期
柳宗元の山水記について　日本太田次男　斯道文庫第一輯
投迹山水地，放情詠離騷——論柳宗元山水文學特色　蔡振璋　中國文化月刊六八期
苦悶的象徵——永州八記　龍廼珍　中華學苑三十五期
柳子厚永州八記較析　王令樾　古典文學第十集

雲霄一羽毛——永州八記　張翠寶　臺北商專學報
柳宗元的寓言散文　余利溪　新潮第三十一期
柳宗元二篇山水記的分析　羅聯添　中國文學史論文選集㈢
略論柳宗元對傳記文學的發展　金聲濤　柳州柳宗元國際學術討論會論文（一九九三年八月）
柳宗元〈封建論〉析評　袁本秀　臺中商專學報二十五期
柳宗元撰著〈非國語〉的旨趣　劉三富　古典文學第七集
柳宗元與《國語》　鄭良樹　古典文學第七集
從〈答韋中立論師道書〉看柳宗元的學文理論　何沛雄　思與言十三卷三期
從《國語》到〈非國語〉一文　秦松鶴　北京師範大學學報三期
論柳宗元傳記文的獨特性　周陸軍　湖南師大社會科學報四期
讀柳宗元〈詠三良〉詩　胡楚生　中國文化月刊一三六期
唐柳宗元〈愚溪詩序〉〈愚溪對〉二文創作心理之分析　袁本秀　臺中商專學報第二〇期
柳宗元〈漁翁〉詩的兩個問題　姚榮松　古典文學第八集
柳宗元〈懲咎〉賦非悔志解　何淑貞　高雄師大學報一期
柳宗元的獨釣之情　張春榮　中華文藝十五卷四期
柳子厚〈尊勝幢贊並序〉眞僞考　林伯謙　六朝隋唐文學研討會論文（一九九四年四月）
韓柳文論比較研究　林惠勝　臺南師專學報二〇期

韓柳賦之比較　胡楚生　柳州柳宗元國際學術討論會論文（一九九三年八月）
淺論柳文文體變化　日本下定雅弘　柳州柳宗元國際學術討論會論文（一九九三年八月）
論韓愈與柳宗元的散文　任訪秋　新建設第九期
柳宗元及其散文　劉大杰　文學遺產增輯二輯
柳宗元的性情與寂寞　吳炎塗　鵝湖三卷六期
思想深湛的柳宗元　張樸民　反攻三七〇期
談韓柳的古文運動　彭逸群　臺北女師專學報二期
對韓柳古文運動的幾點看法　陸欽　人文雜誌三期
長安時代の柳宗元について　日本太田次男　斯道文庫第二輯
柳宗元に見える唐代の合理主義　日本重沢俊郎　日本中國學會報第三期
《柳文探微》（旨要）小識（上下）　張之淦　大陸雜誌六十五卷三、四期
評介浜著《柳河東詩研究》　李寅恂　世界華學季刊五卷二期
《柳宗元文集》版本考　伍莉莉　故宮學術季刊五卷四期